极地法律制度研究丛书

主　编／贾　宇
副主编／密晨曦

Legal Issues on the Arctic
Navigation Routes Governance

北极航道治理的
法律问题及秩序构建

密晨曦　著

社会科学文献出版社
SOCIAL SCIENCES ACADEMIC PRESS (CHINA)

摘　要

　　北极航道的开通，意味着连接东北亚与北美、欧洲的海上航程将大大缩短。中国是北极事务的重要利益攸关方，北极航道的开通对中国有着特殊且重要的意义。但北极航道实现大规模通航，除了受自然条件的制约外，还受北极航道的法律地位、环境条件、复杂的地缘政治和特殊的航行技术规范等诸多问题的制约。不同于南极有《南极条约》体系的规范，北极治理相关法律制度呈一定程度的碎片化。北极航道治理在法律层面面临的问题可从以下方面予以归纳：一是西北航道和北方海航道的法律地位问题悬而未决；二是北极航道相关的国际法、区域协定和沿岸国国内法等不同法律规范间存在冲突、有待协调；三是北极航道法律规则的完善和秩序构建何去何从。围绕上述问题，笔者对涉及北极航道的硬法和软法作了全面的梳理、分析和研究，结合不同国家的利益关切，对解决问题的可行途径从协商和司法两方面作了探讨，旨在探寻构建公平、合理的北极航道法律秩序的有效途径，为中国以适当角色有效参与北极航道治理、与有关国家共同促进北极航道绿色和平、开发、利用和保护提出中肯建议。

　　结合北极形势发展和各国实际利益需求，本书从现有国际法框架和北极治理机制切入，探寻保障北极航道实现公平合理可持续利用的现实可行的路径。除绪论和结论外，本书正文由六章组成。

　　第一章对当前形势下北极航道治理面临的法律问题作了分析。本章通过对"治理""北极治理"等概念的渐进式分析，将"北极航道治理"定义为以北极航道沿岸国和使用国的共同利益为价值导向，通过多元行为体的平等对话、协商和合作，共同探寻解决北极航运这一跨区域问题的规则、机制和方法。这一过程的基础是协调而非控制，体现为持续的互动。北极航道治理面临的法律问题主要是北极航道部分航段的法律地位争议问题以及国际法、区域协定与沿岸国国内法等不同层面法律制度间的冲突与协调问题。

第二章对北极航道的法律地位问题作了分析研究。在北极航道治理面临的法律秩序构建中，西北航道和北方海航道的法律地位争议是一个棘手且在短期内难以解决的问题。笔者认为，从航行角度看，北极航道法律地位争议的核心是西北航道和北方海航道相关海峡的法律地位以及应适用的航行制度问题。本章围绕上述问题作了研析，认为北极航道的法律地位争议涉及的法理问题本身具有一定的模糊性，缺乏具体的判断标准，加之北极航道法律地位争议在一定程度上与争议主体间的政治关系和利益关切密切相关，在短期内难以解决，继而认识到以包括北极理事会在内的既有北极治理平台为基础，结合既有国际海洋法和国际海事组织框架内航行法律规范，通过不同利益国间的多边磋商，有效协调适用国际法与沿岸国国内法，是突破当前形势下北极航道治理面临的法律困境的重要出路。

第三章着重围绕《联合国海洋法公约》（UNCLOS）在北极航道治理中的适用问题，对第234条"冰封区域"条款的解释和适用以及公约中关于航行制度的一般性原则和规定与北极航道沿岸国的国内法冲突作了分析。

第四章围绕国际海事组织框架内法律规范，包括一般性法律规范和专门适用于极地的具有非拘束力的指南或文件以及拘束力规则作了梳理，对国际海事组织框架内法律规范在北极区域协定制定和执行中的作用作了分析。

第五章对北极航道治理面临的法律问题解决途径作了探析。本章分析了既有的可资借鉴的共管模式，提出在国际海洋法和国际海事组织相关法律规范框架的基础上，发展和完善适用于北极航道的法律规制；探讨以现有北极治理机制为基础，由北极航道沿岸国和使用国共同促进北极航道绿色、和平以及可持续发展的法律和秩序建设完善路径。同时，结合国际司法、仲裁机构的动态，对将北极航道治理相关法律问题提交国际司法、仲裁机构解决以及提交国际海洋法法庭发表咨询意见的可能性作了分析。

第六章对当前形势下中国在北极航道法律规范制定完善和法律秩序构建中的角色作了思考，提出客观定位中国在北极航道的权益，在北极航道治理中担当北极航道合作共赢的推动者、和平利用的倡导者以及环境保护和航行利益的平衡者；并对中国如何有效参与北极航道治理、在航道法律秩序构建和法律规范制定与完善过程中发挥积极作用提出对策建议。

　　本书中的评述仅是作者的认识，不代表任何政府部门和单位的观点。囿于阶段性研究，难免有不足之处，敬请读者批评指正。

目　录

c o n t e n t s

绪　论

　　中国的对外贸易在很大程度上依赖海运，海运承载了 90% 以上的国际贸易运输总量。北极航道一旦大规模商业通航，将为中国提供更为便捷的到达欧洲和北美洲的航线。这有利于减少海上运输成本，促进中国经济发展战略布局的调整，减免途经马六甲海峡和索马里海域等高敏感区的安全风险，缓解现有主要海上运输通道的航运压力。本研究的目的是通过对北极航道治理面临的法律问题开展深入研究，探索适用于北极航道的管理模式和法律规则，客观定位中国在北极航道治理中的角色，倡导和平利用北极航道，兼顾环境和航运利益，建立公平、合理、科学的北极航运秩序。本研究属于理论性和应用性结合研究，将国际关系和国际法研究"联姻"，为中国有效参与北极航道治理和规则制定提出对策建议，切实保障中国在北极航道的航行利益、经济利益和潜在利益，更好地拓展和维护中国的远洋利益。

　　正因为北极航道商业通航有着广阔的利益和前景，利益相关国无论是官方还是学界，都在加紧对北极航道相关问题的研究。国际上现有大量的著作、论文或研究报告涉及北极的政治、经济、安全和法律等领域，对综合掌握北极航道的基本情况具有一定的参考价值。但涉及北极航道法律问题的文章或研究，多集中在某一个点，如西北航道或是北方海航道的法律地位问题或《联合国海洋法公约》（UNCLOS）第 234 条等，尚缺乏对北极航道重大关键法律问题的专门、系统和全面的研究，且国外的研究多有利益倾向性。在"极地热"的国际背景下，基于中国长远发展的利益需要，中国对北极地区的研究也取得一定的进展，国家海洋局极地考察办公室、自然资源部海洋发展战略研究所、中国极地研究中心以及相关科研院所、高校也就北极地区组织开展了研究，其中包括北极航道相关问题研究。

国外文献中，已存在若干关于北极航道的研究成果。William E. Butler 所著的 *Northeast Arctic Passage* 是研究东北航道的较早且较全面的专著，对东北航道的概念、概况、航运和政府采取的管理措施等进行了综合论述。[①] 加拿大学者 Donat Pharand 前后出版了 *The Law of the Sea of the Arctic：With Special Reference to Canada* 和 *Canada's Arctic Waters in International Law* 等，对西北航道法律地位涉及的历史性权利、直线基线等法理问题作了一定的研究。[②] 在关于极地或北极地区问题的著作中，也不乏涉及北极航道之作。如在 Erik Franckx 的 *Maritime Claims in the Arctic：Canadian and Russian Perspectives* 中，作者对加拿大和苏联/俄罗斯的海洋权益主张进行分析的同时，对东北航道和西北航道水域的法律地位问题作了评述。[③] 上述著作从不同角度分析了东北航道和西北航道沿岸国的权益主张和航运管控的历史变迁。由 Erik J. Molenaar 等编著的 *The Law of the Sea and the Polar Regions：Interactions Between Global and Regional Regimes* 对极地航运的国际法律规制作了梳理。[④]

在关于北极航道的文献中，UNCLOS 第 234 条是学界重点研究的内容之一，因为该条款是为"冰封区域"作出的专门规定。实践中，该条款成为加拿大和俄罗斯借以制定国内法律法规、加强管控相关航线的国际法依据。Kristin Bartenstein 在 "The 'Arctic Exception' in the Law of the Sea Convention：A Contribution to Safer Navigation in the Northwest Passage?" 一文中，指出第 234 条即使不是有争议的条款，也是整个条约中最引起分歧的条款。[⑤] Rob Huebert 在 "Article 234 and Marine Pollution Jurisdiction in the Arctic" 一文中，围绕 UNCLOS 第 234 条 "冰封区域" 条款，对沿海国以控制海洋环境

---

① William E. Butler, *Northeast Arctic Passage* (Leiden：Martinus Nijhoff Publishers, 1978).

② Donat Pharand, *The Law of the Sea of the Arctic：With Special Reference to Canada* (Ottawa：University of Ottawa Press, 1973)；Donat Pharand, *Canada's Arctic Waters in International Law* (Cambridge：Cambridge University Press, 1988).

③ Erik Franckx, *Maritime Claims in the Arctic：Canadian and Russian Perspectives* (Dordrecht：Martinus Nijhoff, 1993).

④ Erik J. Molenaar et al., *The Law of the Sea and the Polar Regions：Interactions Between Global and Regional Regimes* (Leiden：Martinus Nijhoff Publishers, 2013).

⑤ Kristin Bartenstein, "The 'Arctic Exception' in the Law of the Sea Convention：A Contribution to Safer Navigation in the Northwest Passage?", *Ocean Development & International Law* 42, 22 (2011).

污染为目的，在冰封区域制定法律和规章的法律问题进行了分析。① Don M. McRae 在 "The Negotiation of Article 234" 一文中，就第 234 条 "冰封区域" 条款的谈判过程进行了回顾，对各方利益和观点进行了归纳和论述。② 美国弗吉尼亚大学海洋法和政策中心在 *United Nations Convention on the Law of the Sea 1982：A Commentary* 中以第三次联合国海洋法会议官方文件为基础对第 234 条作了述评。③

国外政府的北极政策、研究报告、外交政策和相关国内立法以及北极理事会的文件、宣言或报告等，在本书的撰写过程中也是重点研究内容。北极周边八国均发布了北极政策，直接或间接涉及北极航道利用等事项。④ 除俄罗斯、加拿大和美国等主要争议国家外，冰岛外交部也曾组织相关人员就北极未来的航行问题进行研究，并以 "North Meets North：Navigation and the Future of the Arctic" 为题撰写了报告。⑤ 欧盟高度关注北极问题，曾于 2008 年公布的 "EU's High Representative & Commission Policy Paper on Climate Change and International Security Points to Arctic & Suggests EU Arctic Policy"⑥ 以及 2012 年北极新政策等，有诸多内容可在研究中国在北极地区和北极航道的立场及行动时进行对比分析和借鉴。

近年来，随着北极航道商业通航的可能性越来越大，国外研究机构对北极航道的研究也随之升温。美国弗吉尼亚大学海洋法和政策中心 Myron

① Rob Huebert，"Article 234 and Marine Pollution Jurisdiction in the Arctic"，in Alex G. Oude Elferink and Donald R. Rothwell，*The Law of the Sea and Polar Maritime Delimitation and Jurisdiction* (Leiden：Martinus Nijhoff Publishers，2001).

② Don M. McRae，"The Negotiation of Article 234"，in Franklyn Griffiths，*Politics of the Northwest Passage* (Montreal：McGill-Queen's University Press，1987).

③ Myron H. Nordquist (editor-in-chief)，Shabtal Rosenne and Alexander Yankov (volume editors)，*United Nations Convention on the Law of the Sea 1982：A Commentary*，Vol. IV (Netherlands：Martinus Nijhoff Publishers，1991).

④ Arctic Council，http://www. arctic-council. org/index. php/en/，最后访问日期：2016 年 1 月 6 日。

⑤ Report of a Working Group of the Ministry for Foreign Affairs，Iceland，July 2006，translated from the Icelandic original，entitled "fyrir stafni haf"，issued 1 February 2005，http://library. arcticportal. org/253/1/North_Meets_North_netutg. pdf. 2013，最后访问日期：2013 年 5 月 6 日。

⑥ 参见欧盟外交政策和安全事务高级代表哈维尔·索拉纳和欧盟委员会负责对外关系和欧洲睦邻政策的委员贝妮塔·费雷罗·瓦尔德纳曾于 2008 年 3 月就 "气候变化与国际安全" 提交报告，https://www. researchgate. net/publication/255204276_Climate_Change_and_International_Security，最后访问日期：2011 年 12 月 26 日。

H. Nordquist、John N. Moore 和 Alexander S. Skaridov 编纂的 *International Energy Policy, the Arcitc and the Law of the Sea* 一书收录的论文，对本书有着一定的启发。① 其中，Payel Dzubenko 在 "Russian Maritime Policy and Energy Resouces" 一文中，介绍了俄罗斯的海洋政策以及北部能源对俄罗斯的重要性。② Thor E. Jakobsson 在 "Climate Change and the Northern Sea Route: An Icelandic Perspective" 一文中，介绍了自然、环境和气候研究情况以及对北方海航道的影响。③ Franklyn Griffiths 在 "New Illusions of a Northwest Passage" 一文中对西北航道的冰况作了分析，对开通前景作了预测，并提出了和其他国家在北极水域问题上开展合作的建议。④ Rolf Scether 在 *What Do We Need? The Shipping Industry's Views on the Northern Sea Route's Potential and Problems* 中分析了北方海航道开通后航运业的前景及面临的潜在问题。⑤ 瑞典的"斯德哥尔摩和平研究所"对北极相关事务也有所研究，笔者曾赴瑞典与相关研究人员进行了交流。

中国关于北极地区的研究起步较晚，但进展很快，目前取得了一定的成果。由国家海洋局极地考察办公室组织的北极问题研究编写组编写的《北极问题研究》，是新中国成立以来首次对北极问题全面系统研究的成果展示，介绍了北极地区整体形势、北极人文、资源分布和开发利用以及北极航道概况等，分析了北极考察面临的机遇与挑战，为全面了解和掌握北极航道治理面临的形势和问题提供了翔实的资料。⑥ 郭培清等著的《北极航道的国际问题研究》一书，运用历史学、政治学、法学和管理学等学科的

① Myron H. Nordquist, John N. Moore and Alexander S. Skaridov, *International Energy Policy, the Arctic and the Law of the Sea* (Leiden: Martinus Nijhoff Publishers, 2005).
② Payel Dzubenko, "Russian Maritime Policy and Energy Resouces", in Myron H. Nordquist, John N. Moore and Alexander S. Skaridov, *International Energy Policy, the Arctic and the Law of the Sea* (Leiden: Martinus Nijhoff Publishers, 2005), pp. 19 – 21.
③ Thor E. Jakobsson, "Climate Change and the Northern Sea Route: An Icelandic Perspective", in Myron H. Nordquist, John N. Moore and Alexander S. Skaridov, *International Energy Policy, the Arctic and the Law of the Sea* (Leiden: Martinus Nijhoff Publishers, 2005), pp. 285 – 301.
④ Franklyn Griffiths, "New Illusions of a Northwest Passage", in Myron H. Nordquist, John N. Moore and Alexander S. Skaridov, *International Energy Policy, the Arctic and the Law of the Sea* (Leiden: Martinus Nijhoff Publishers, 2005), pp. 303 – 319.
⑤ Rolf Scether, *What Do We Need? The Shipping Industry's Views on the Northern Sea Route's Potential and Problems* (Netherlands: Springer Netherlands, 2000).
⑥ 北极问题研究编写组编《北极问题研究》，海洋出版社，2011。

研究方法，对北极航道涉及的国际问题进行了分析，提出了一系列独到的见解。① 陆俊元在《北极地缘政治与中国应对》一书中，从不同角度分析了北极地区在世界格局中的战略地位，以及北极周边国家战略对中国的影响和意义。② 杨剑等在《北极治理新论》中，回顾了《国际极地水域船舶航行安全规则》的制定过程，详细介绍了该规则的主要内容和特点。③ 王泽林在《北极航道法律地位研究》中深入分析了与北极航道相关的国际海峡、历史性水域、直线基线、冰封区域等国际法问题。④ 他编译的《北极航道加拿大法规汇编》，为掌握加拿大关于西北航道的国内立法提供了翔实的资料。⑤ 贾宇主编的《极地周边国家海洋划界图文辑要》，为掌握北极地区权益主张及形势发展提供了重要的图文资讯。⑥

中国学者对北极航道的相关问题还著有一些文章，对开展极地航道治理的法律问题研究或提供素材或起到重要的启示作用。围绕本书的写作主题和主要内容，从以下方面予以归纳。一是与北极航道法律地位和权益问题相关的文章，这些文章有的是专门聚焦北极航道的法律和权益问题，有的则是在评述中国在北极的权益时涉及北极航道，以以下文章为代表。李志文、高俊涛在《北极通航的航行法律问题探析》一文中认为应将北极航道定位为国际海峡，海洋法公约、国际海事公约以及沿岸国国内法需局部修正并适用于北极航线。⑦ 刘惠荣等在《保障我国北极考察及相关权益法律途径初探》中对北极航道的归属和管辖进行了分析，指出北极航道法律地位的争议焦点在于加、俄基于"历史性水域"、"直线基线"和"扇形理论"等分别将西北航道和北方海航道归为这两国的内水主张，美国则主张北极航道为"国际海峡"或"国际航道"，且得到了多数北极圈外国家学者的支持。⑧ 刘江萍、郭培清所作

① 郭培清等：《北极航道的国际问题研究》，海洋出版社，2009。
② 陆俊元：《北极地缘政治与中国应对》，时事出版社，2010。
③ 杨剑等：《北极治理新论》，时事出版社，2014。
④ 王泽林：《北极航道法律地位研究》，上海交通大学出版社，2014。
⑤ 王泽林编译《北极航道加拿大法规汇编》，上海交通大学出版社，2015。
⑥ 贾宇主编《极地周边国家海洋划界图文辑要》，社会科学文献出版社，2015。
⑦ 李志文、高俊涛：《北极通航的航行法律问题探析》，《法学杂志》2010 年第 11 期，第 62～65 页。
⑧ 刘惠荣、董跃、侯一家：《保障我国北极考察及相关权益法律途径初探》，《中国海洋大学学报》（社会科学版）2010 年第 6 期，第 1～4 页。

《保护还是搁置主权？——浅析美加两国西北航道核心问题》一文提到了美国在美加签署的 1988 年北极合作协议中，承诺美国破冰船在加拿大宣布为内水的区域，得到加拿大政府的同意才能通行，但同时阐明两国对此海域和其他海域的法律主张不因该协议或相关实践而受到影响。该文指出西北航道的未来走向取决于美加两国的政治关系。① 戴宗翰所作《由联合国海洋法公约检视北极航道法律争端——兼论中国应有之外交策略》一文指出加拿大对其北方岛屿划界原则与西北航道法律性质的解释，可为中国研究南海断续线法律地位提供借鉴，这对本书确定国际司法和仲裁途径研究的切入点起到了重要的启示作用。戴宗翰在文中还就中国在北极议题上建构中国与北极航道沿岸国的双赢外交格局提出了建议。② 白佳玉、李翔所作《俄罗斯和加拿大北极航道法律规制述评——兼论我国北极航线的选择》一文提出了实现我国多维度北极权益的理念。③ 孙凯、刘腾所作《北极航运治理与中国的参与路径研究》一文提到北极航道治理正处于"建章立制"阶段，中国应积极参与北极航运国际管制机制的构建，最大限度地实现和保障中国在北极的权益。④

二是与北极航道海运网络和经济价值有关的文章。李振福等在《北极航道海运网络的国家权益格局复杂特征研究》一文中分析了北极航道海运网络国家权益格局的复杂性。⑤ 张侠等在《北极航线的海运经济潜力评估及其对我国经济发展的战略意义》一文中提出中国应将北极航线开通纳入能源、资源战略和沿海地区经济发展战略布局的考虑因素。⑥ 王丹、张浩在《北极通航对中国北方港口的影响及其应对策略研究》一文中从完善港口布局、组建战略联盟、加大科研力度、促进合作交流等方面对中国北方港口布局

---

① 刘江萍、郭培清：《保护还是搁置主权？——浅析美加两国西北航道核心问题》，《海洋世界》2010 年第 3 期，第 52～54 页。

② 戴宗翰：《由联合国海洋法公约检视北极航道法律争端——兼论中国应有之外交策略》，《比较法研究》2013 年第 6 期，第 86～108 页。

③ 白佳玉、李翔：《俄罗斯和加拿大北极航道法律规制述评——兼论我国北极航线的选择》，《中国海洋大学学报》（社会科学版）2014 年第 6 期，第 13～19 页。

④ 孙凯、刘腾：《北极航运治理与中国的参与路径研究》，《中国海洋大学学报》（社会科学版）2015 年第 1 期，第 1～6 页。

⑤ 李振福、李亚军、孙建平：《北极航道海运网络的国家权益格局复杂特征研究》，《极地研究》2011 年第 2 期，第 122～127 页。

⑥ 张侠、屠景芳、郭培清、孙凯、凌晓良：《北极航线的海运经济潜力评估及其对我国经济发展的战略意义》，《中国软科学》（增刊下）2009 年第 S2 期，第 86～93 页。

提出应对策略。① 李振福等在《北极航线在我国"一带一路"建设中的作用研究》和《交通政治视角下"一带一路"及北极航线与中国的地缘政治地位》中，探讨了北极航道在中国"一带一路"建设中可发挥的作用，并以交通政治为视角，阐述了交通对地缘政治发展的推动作用以及北极航道开通给中国发展带来的机遇和挑战。② 刘惠荣等在《北极航线的价值和意义："一带一路"战略下的解读》和《"一带一路"战略背景下的北极航线开发利用》中，提出北极航线可成为海上丝绸之路经济带、海上丝绸之路拓展航线以及中国对外经贸网络的重要组成部分。③

此外，国内学者还著有一些关于北极环境保护和地缘安全的文章，对开展北极航道治理面临的航道法律秩序构建研究具有一定的借鉴价值，对中国以恰当身份介入北极航道治理，在相关规则磋商过程中发挥积极作用具有启示作用。

鉴于北极地区形势正处于发展变化中，法律秩序构建处于酝酿形成期，北极航道治理面临的法律问题研究是一项需要长期积累和定向跟踪的系统工程。目前关于北极航道的研究呈百花齐放的状态，与本书相关的既有研究成果可归纳为以下几类：一是北极航道的法律地位争议以及北极地缘政治和相关国家的权益主张研究；二是北极航道的航运价值对世界航运格局的影响以及对中国发展的意义研究；三是北极环境保护问题研究；四是北极安全相关问题研究。通过梳理大量资料，笔者注意到西北航道和北方海航道的法律地位争议是北极航道通航面临的突出法律挑战。通过研究北极航道法律地位争议涉及的关键法律问题，笔者分析了北极航道的法律地位争议长期以来悬而难决的原因：一方面，各方主张的法理依据或理论本身缺乏具体标准、存在模糊之处，相关条约条款的执行在实践中存在分歧；另一方面，北极航道涉及不同国家的利益，法律地位争议的解决很大

---

① 王丹、张浩：《北极通航对中国北方港口的影响及其应对策略研究》，《中国软科学》2014年第 3 期，第 16～31 页。

② 李振福、王文雅、朱静：《北极航线在我国"一带一路"建设中的作用研究》，《亚太经济》2015 年第 3 期，第 34～39 页；李振福、吴玲玲：《交通政治视角下"一带一路"及北极航线与中国的地缘政治地位》，《东疆学刊》2016 年第 1 期，第 55～61 页。

③ 刘惠荣、李浩梅：《北极航线的价值和意义："一带一路"战略下的解读》，《中国海商法研究》2015 年第 2 期，第 3～10 页；刘惠荣：《"一带一路"战略背景下的北极航线开发利用》，《中国工程科学》2016 年第 2 期，第 111～118 页。

程度上取决于不同利益相关国家间的政治关系和利益交换或共赢。本书结合北极航道治理的实际需求和各国的利益关切，研究了与北极航道法律地位和航行规则密切相关的国际海洋法、国际海事组织（IMO）框架下的航行法律规范以及现有北极治理机制，旨在以现有国际条约和规则以及治理机制为基础，探寻解决北极航道治理面临的法律问题的途径。考虑到加拿大和俄罗斯已依据 UNCLOS 第 298 条第 1 款（a）、（b）、（c）规定的事项作出排除司法和仲裁管辖声明①，笔者在研究过程中秉承兼顾周边与远洋利益的思路，在研究解决北极航道问题的法律途径时，对 UNCLOS 附件七仲裁程序也作了详尽的分析，为中加、中俄实现双赢外交格局提供新的共同利益关注点。

本书除绪论和结论外，共设置六章，结合北极形势发展和各国实际利益需求，对北极航道治理的法律问题开展研究。第一章阐述了基本研究范畴，分析了北极形势变化对北极航道治理的影响以及北极航道治理法律规制构建中应考虑的因素。第二章研究了北极航道地位争议涉及的关键法理问题，包括扇形理论、历史性权利和直线基线，并对西北航道和北方海航道上海峡的法律定位作了思考。第三章对国际海洋法特别是 UNCLOS 第 234条"冰封区域"条款在北极航道的适用作了研究，分析了加拿大和俄罗斯国内立法与国际海洋法的冲突之处。第四章对 IMO 框架内法律规范在北极航道的适用和对区域协定的影响作了分析研究。在上述研究的基础上，本书在第五章探讨了突破北极航道治理面临的法律困境的途径，提出以包括UNCLOS 在内的国际法和 IMO 框架内航运规范为基础，由北极航道沿岸国和使用国共同推进北极航道相关法律规制发展和法律秩序构建的愿景，并对通过法律程序解决北极航道问题作了前瞻性研究。最后，本书在第六章就中国作为北极的利益攸关方在北极航道治理中的角色作了思考，提出在北极航道法律秩序的构建中，中国应客观定位在北极航道的权益，借助现有国际和区域平台有效参与北极航道法律规则的制定和完善，在北极航道治理和法律秩序构建中做北极航道利益共赢的推动者、和平利用的倡导者以及环境保护和航行利益的平衡者。

---

① United Nations，http://www.un.org/Depts/los/settlement_of_disputes/choice_procedure.htm，最后访问日期：2016 年 5 月 5 日。

本书研究的是北极航道治理面临的法律问题，不仅涉及国际法、区域协定和沿岸国的国内立法和主张，还涉及国际关系、地区治理、地缘政治和生态环境等诸多领域，需要从北极航道治理的现实需求出发，以自由制度主义研究为视角，以现有国际法和北极治理机制为基础，以实现不同利益方的合作共赢和北极航道的可持续发展利用为目的，系统地将相关问题综合加以研究，探讨解决相关法律问题争议、发展和完善相关法律制度与构建北极航道法律秩序的方法。鉴于此，笔者主要采取了以下分析方法：文献资料研究法、比较分析法、案例分析法和层次分析法。

文献资料研究法。从硬法和软法两个层面，收集整理适用于北极地区和北极航道的一般国际法规则、国际公约、国际和区域协定、宣言、指南以及沿海国相关国内法、战略和政策等，查阅中英文理论著作和期刊论文以及其他相关资料，对北极航道的法律地位争议涉及的法理问题以及相关国际法适用问题进行分析研究，较为全面、系统地掌握北极航道治理各方面的资讯，在文献资料研究的基础上系统形成论据，支撑相应论点。相关参考文献和资料的主要来源如下：一是通过国家图书馆借阅；二是通过网络查阅和下载；三是利用各种文库，如中国知网、WESTLAW 等；四是通过参加国际研讨会和国内相关会议获得相关信息和资料；五是通过到相关主管部门调研、和国内外研究机构进行学术交流等了解相关动态信息。

比较分析法。本书从国际法视角对西北航道和北方海航道的沿岸国、其他环北极国家以及北极圈外的航道利益国的不同利益关切作了比较，由此挖掘不同利益方关于国际法的不同解释对未来北极航道法律规范的制定和完善以及法律秩序走向的影响，并从中探求平衡各方利益、实现航道利益共赢的途径。

案例分析法。在研究北极航道法律地位时，本书不仅涉及国际法理论研究，还涉及国际司法判例研究。本书对北极航道治理相关法律问题提交国际司法、仲裁机构或是咨询意见程序解决的可能性作了前瞻性研究，结合新近的 UNCLOS 附件七仲裁案特别是荷兰诉俄罗斯"北极日出号案"和国际海洋法法庭受理的"次区域渔业委员会咨询意见案"，对北极航道相关法律问题提交国际司法机构解决的可能性作出预判和评析。

层次分析法。本书并不是仅"就法论法"，而是将国际法和国际关系相结合，切实探索解决北极航道治理中面临的法律问题的途径。国际政治和国际关系研究具有复杂性并处于动态变化中，需要开展多层次的综合研究。本书分别从国际、区域和国家层面阐述了北极航道治理面临的不同层次的问题，层次分析法的应用使北极航道治理相关法律问题研究更加全面。

第一章 当前形势下北极航道治理面临的法律问题

北极航道是连接北极与大西洋和太平洋的快捷通道。北极冰融为北极航道的开通提供了自然条件。环北极国家在北极地区存在不同程度的权益之争、政治博弈和军事角力，北极地区形势处于变化之中，北极地区的法律制度正在酝酿和发展。航道治理相关法律问题需结合北极地区形势变化加以探讨。解决北极航道治理面临的法律问题，需做到"两个兼顾"、实现"两个平衡"，即兼顾平衡环境利益和航行利益，并兼顾平衡航道沿岸国和使用国的利益。

第一节 基本研究范畴的界定

北极地区是一个特殊的地理单元，中央是浩瀚的海洋，大部分海域处于冰封的状态。基于天寒地冻的环境和偏远的地理位置，北极曾是一个远离世界经济和政治中心的区域。气候变暖、冰融加速为北极航道实现规模通航提供了自然条件。北极航道作为各国实现在北极利益的重要载体，成为地缘政治博弈的重点关注领域。北极航道相关法律问题也随之升温，北极地区法律制度的碎片化对北极航道治理提出了挑战。

一 北极航道

北极航道是指穿过北冰洋，连接大西洋和太平洋的海上通道，包含联通亚洲、欧洲、北美洲三大洲的潜在最短航线。北冰洋几乎全部位于北极

圈以内，面积大约有 1400 万平方千米①，有八个附属海②。国际海事组织
（IMO）在起草《极地水域船舶操作国际规则》时，将北极水域定义如下：
从格陵兰岛法韦尔角以南北纬 58°，西经 42°处至北纬 64°37′，西经 35°27′，
再以恒向线至北纬 67° 3′9″，西经 26° 33′4″，由此处以恒向线至扬马延岛，
然后从其南部海岸以恒向线延伸至熊岛，再以大圆线至卡宁诺斯角，然后
沿着亚洲大陆北岸向东至白令海峡，然后向西南延至北纬 60°直至伊利佩斯
基，从此处沿北纬 60°纬度线东移至包括埃托林海峡在内的北美大陆，并从
此地沿北美大陆的北部海岸至东岸北纬 60°处，再从该处向东沿北纬 60°纬
度线至西经 56°37′1″处，最后回到北纬 58°，西经 42°包围的水域。③

从目前冰况看，北极航道主要包括穿过加拿大北极群岛水域的西北航
道、穿越欧亚大陆的北冰洋近海的东北航道以及一条穿越北极点的潜在航
线。东北航道是对穿越俄罗斯北部贯穿北大西洋和北太平洋的航线的一个
历史的、抽象的称谓，没有确切的范围。俄罗斯将东北航道中位于其北部
沿海的北冰洋离岸海域的航段称为"北方海航道"。其中，西北航道和北方
海航道的法律地位问题存在争议，涉及复杂的国际法问题。因此，本书关
于北极航道治理的法律问题研究将以西北航道和北方海航道的法律地位争
议为中心逐层展开分析。

二 北极航道治理

卡尔松等人对"治理"一词给予如下诠释：治理是各种各样的个人、
团体处理其共同事务的总和。治理是一个持续的过程，包括授予公认的团
体或权力机关强制执行的权力，以及达成认为符合其利益的协议。在这一

---

① Thor E. Jakobsson, "Climate Change and the Northern Sea Route: An Icelandic Perspective", in Myron H. Nordquist, John N. Moore and Alexander S. Skaridov, *International Energy Policy, the Arctic and the Law of the Sea* (Leiden: Martinus Nijhoff Publishers, 2005), p. 288.

② 挪威海（Norwegian Sea）、格陵兰海（Greenland Sea）、巴伦支海（Barents Sea）、喀拉海（Kara Sea）、拉普捷夫海（Laptev Sea）、东西伯利亚海（East Siberian Sea）、楚科奇海（Chukchi Sea）和波弗特海（Beaufort Sea）。北冰洋洋底分为三个水下海岭，分别是阿尔法海岭（Alpha Ridge）、罗蒙诺索夫海岭（Lomonosov Ridge）和北极海中央海岭（the Arctic Mid-Oceanic Ridge）；其他的水下海岭，如冰岛－法罗海岭（Iceland-Faeroe Ridge）将北冰洋与大西洋分离。

③ 中华人民共和国海事局：《北极航行指南（东北航道）2014》，人民交通出版社，2014，第 1 页。

过程中，相互间的冲突和不同的利益需求得到调和，并开展合作行动。① 从蔡拓关于全球治理的阐述中，可总结出"治理"的几个特征：一是以人类整体论和共同利益论为价值导向；二是通过多元行为体平等对话、协商合作；三是探寻共同应对某一问题的新的管理人类公共事务的规则、机制、方法和活动。②

有研究指出，北极治理范式间体现为"阶段性递进"关系：区域治理范式是初级阶段，多边治理范式是中级阶段，共生治理范式是高级阶段。北极航道问题是多边治理的典型，体现出多元行为体在多边制度形成中的推动作用，而选择性妥协则是促进普遍性准则的形成、保障多边互动有效的关键所在。③ 笔者赞同北极航道治理具有多边治理特征，并认为这是由北极航道问题的跨区域性所决定的。从经济利益看，北极航道一旦大规模商业通航，将有望形成"大西洋—太平洋轴心航线"，不仅可以缩短北美洲、欧洲、亚洲间的航线距离 6000～8000 千米④，还可能改变未来的全球贸易和航运格局。从环境利益看，北冰洋地区带有闭海特征，加之生态环境脆弱，又有冰雪覆盖，一旦发生污染事故，将可能造成难以挽回的重大损失，甚至将对全球的生态环境和气候变化产生影响。⑤ 目前北冰洋的污染主要为陆源污染，但随着北极航道的开通，北冰洋还将面临船舶污染的威胁。无论从经济利益还是环境利益看，北极航道治理均具有跨区域性特点，这要求在法律问题解决和法律规制构成中须以不同利益主体间的共同利益为价值导向，关切不同的利益需求。

北极地区复杂的地缘政治也要求多元行为体通过对话、协商和合作，共同探讨解决北极航道法律问题和构建法律规制的途径。目前的北极形势

① 〔瑞典〕英瓦尔·卡尔松、〔圭〕什里达特·兰法尔主编《天涯成比邻——全球治理委员会的报告》，赵仲强、李正凌译，中国对外翻译出版公司，1995，第 2 页；杨剑等：《北极治理新论》，时事出版社，2014，第 12 页。

② 蔡拓：《全球化与政治的转型》，北京大学出版社，2007，第 288 页。

③ 赵隆：《论北极治理范式及其"阶段性递进"机理》，博士学位论文，华东师范大学，2014。

④ Claes L. Ragner, "Northern Sea Route Cargo Flows and Infrastructure—Present State and Future Potential", *FNI Report* 13（2000）：2.

⑤ 密晨曦：《沿海地区陆源污染风险管理的典型案例及启示》，《环境保护》2015 年第 14 期，第 58 页。

正处于变化之中，北极法律制度尚处于酝酿发展期。环北极国家间的海洋划界尚未完成，北极地区的 200 海里外大陆架划界工作如火如荼，军事竞技暗潮涌动。近年来，环北极国家纷纷发布政策或战略，强调北极对其经济、安全等方面的重要性，北极航道问题在相关国家战略政策中占有重要一席。对于其他航道使用国而言，随着北极融冰速度的加快，北极航道的经济价值显现，北极航道实现大规模通航已不再是纸上谈兵。相对于军事价值而言，这些国家更为关切的是北极航道的经济价值。同时，北极地处一极，社会文化独特，人类在长期的摸索中创造出了与极寒地带相适应的生存文化，在北极航道治理中，还需适度关切原住民的利益。为此，解决北极航道治理中面临的法律问题，需结合北极地区形势的变化，综合考虑各方利益，由利益各方共同探寻一条合作共赢之路。

鉴于此，笔者将北极航道治理界定为：以北极航道沿岸国和使用国的共同利益为价值导向，通过多元行为体的平等对话、协商和合作，共同探寻解决北极航运这一跨区域问题的规则、机制和方法。这一过程的基础是协调而非控制，体现为持续的互动。从广义上看，各国在北极航道的不同空间享有相应的权利，本章将基于北极航道治理面临的迫切且突出的海洋航行法律问题开展研究。

三　北极航道治理面临的法律问题

加拿大依据历史性权利并通过划定直线基线，主张北极群岛水域是其内水，将西北航道收入囊中；俄罗斯将北方海航道视为历史上的国家交通运输航道，适用国内法律法规进行监管。以美国为代表的其他国家则从便利国际交通的目的出发，反对加拿大和俄罗斯对西北航道和北方海航道的主张和举措，主张北方海航道应适用国际海洋法以及国际海事公约和规则等国际法律规范进行监管。

不同于南极有南极条约体系一地规范缔约国在南极地区的活动，北极尚无专门适用于北极地区的条约体系，北极治理面临着法律制度碎片化的局面。北冰洋作为世界海洋的组成部分，诸多国际条约适用于此。从签约或制定主体和适用范围看，相关法律制度可作以下分类。一是适用于全球的公约或条约，此类公约或条约的规范事项涉及海洋权益、海上航行、气候变化、环境保护和生物多样性保护等不同领域。其中，与北极航道海上航行最为密切和直接相关的国际法律制度主要是《联合国海洋法公约》（UNCLOS）和 IMO 框架内的公约、规则和指南。二是适用于特定区域的条约，比如《斯匹次卑尔根群岛条约》（简称《斯约》）和北极理事会颁布的软法和硬法。三是双边条约，比如《美加 1988 年北极合作协议》。四是沿海国制定的适于各自国家管辖范围内的法律、法规和规定。北极治理面临的法律制度碎片化问题也反映在北极航道治理中，上述条约、规则、协定和沿岸国国内法等与北极航道治理有着千丝万缕的联系。

北极航道治理面临的法律困境主要体现为北极航道部分航段的法律地位争议以及国际法、区域协定与国内法等不同层面法律制度间的冲突与协调。相关法律问题的解决和法律规制的构建是北极航道治理不可规避的重要方面。结合北极航道治理面临的法律困境和不同国家的实际需求，本章将围绕以下层面对北极航道治理面临的法律问题开展研究。一是西北航道和北方海航道的法律地位争议。该问题的解决在一定程度上取决于国家间的政治关系和不同利益方间的博弈。二是适用于北极航道的不同层面的法律制度间的协调和完善问题。由于北极航道的法律地位争议短期内难见分晓，国际海洋法在西北航道和北方海航道的适用与沿岸国国内法存在明显冲突，北极航道相关的国际法、区域协定和国内法之间有待协调发展。三是北极航道未来的法律秩序构建问题。兼顾各方利益处理航道法律地位争议、共商制定和完善相关航行规则和法律制度、构建公平合理的航道利用法律秩序是北极航道治理面临的迫切任务。上述三个问题呈递进关系，航道法律地位争议对北极航道治理提出了挑战，致使北极航道法律规则和制度的协调与完善被提上日程，北极航道未来的法律秩序构建则需考虑前两个问题，结合地区形势发展和不同利益关切作出恰当的安排。

第二节　变化中的北极对北极航道治理的影响

北极航道实现大规模的商业通航既受到自然环境的制约，又面临法律层面的挑战。北极航道治理迫在眉睫，治理过程中法律规制的形成，需综合考虑相关国家的不同利益需求和关切，相应地受到北极地区形势变化和地缘政治的影响和制约。

一 自然环境变化促使将北极航道治理提上日程

欧洲国家从16世纪起就一直梦想能打通经北冰洋到达东方的便捷通道。但经过几个世纪的探险和利用，北极航道才揭开神秘面纱的一角。自然条件始终是决定北极航道未来航运情况和发展方向的关键因素。2001年，海军研究办公室（Office of Naval Research，简称ONR）《海军活动在不冻北极》的报告中指出，至2050年北极海冰将减少15%～40%，预测北冰洋夏季时段将呈现无冰的状态。[①] 这引发了学界对北极航道通航涉及的方方面面问题的热议，国际社会也开始关注北极航道的潜在价值以及未来的战略走向。然而，对于ONR的评估，学界存在不同的声音。如格里菲思（Griffiths）指出，报告名称中使用"不冻"（ice-free）本就具有误导性，实际关注的焦点不是"不冻北极"，而是"一个在海冰大量出没的水域可航行的北极"。[②] 就西北航道而言，冰情于不同的季节和区域处于持续变化之中。该报告在评估北极未来海冰状况时夸大了变化速度和结果。[③] 尽管北冰洋的海冰消融速度及北极航道实现商业通航的时间尚不十分明确，但有所共识的是：气候发生变化、冰盖逐步变薄和海冰日益消融是北极的现状及发展趋势。

数据显示，2007～2013年，北极9月平均海冰范围均是卫星记录以来的较低值。[④] 就东北航道而言，每年可通行的时段是7～10月。7月，喀拉海和拉普捷夫海出现大范围的开阔水域。8月和9月，除北极群岛附近局部海域可能发生海冰堵塞外，东西伯利亚海、拉普捷夫海和喀拉海大部分海域为开阔水域。东西伯利亚海、拉普捷夫海至10月开始封冻。喀拉海通行

① Office of Naval Research, Naval Ice Center, Oceanographer of the Navy, and the Arctic Research Commission, "Naval Operations in an Ice-free Arctic", Symposium 17 – 18 April 2001.

② Franklyn Griffiths, "New Illusions of a Northwest Passage", in Myron H. Nordquist, John N. Moore and Alexander S. Skaridov, *International Energy Policy, the Arctic and the Law of the Sea* (Leiden: Martinus Nijhoff Publishers, 2005), p. 305.

③ Franklyn Griffiths, "New Illusions of a Northwest Passage", in Myron H. Nordquist, John N. Moore and Alexander S. Skaridov, *International Energy Policy, the Arctic and the Law of the Sea* (Leiden: Martinus Nijhoff Publishers, 2005), pp. 303 – 305.

④ 李春花、李明、赵杰臣、张林、田忠翔：《近年北极东北和西北航道开通状况分析》，《海洋学报》（中文版）2014年第10期，第35页。

时段相对持续较长，直至 10 月大部分水域仍为开阔水域。① 2012 年 8 月维利基茨基海峡的开通，标志着东北航道的全线开通。② 近年来，通过东北航道的船舶逐渐增多。俄联邦海运和河运署统计，2010 年通过东北航道的船舶仅有 4 艘，2011 年船舶数量增至 34 艘，2013 年又实现数量上的大幅提升，从 2012 年的 46 艘增至 71 艘。货运量也从 2010 年的 11 万吨升至 2013 年的 137 万吨。③ 近年来，部分航段的通航时间已能达到 40 ~ 60 天，在不久的将来有实现全年通航的可能。④ 中国北极科考相关数据推测，至 2035 年左右，北冰洋可能出现无冰的夏季。⑤

相较东北航道而言，西北航道通航条件尚有差距。根据 2009 年北极理事会发布的《北极海运评估报告》，因为受季节、冰情、复杂的群岛、海图的缺乏、保险和其他花费等因素所限，直至 2020 年西北航道并不被认为是一个可行的穿越北极的航道。⑥ 此评估报告反映了以下情况：一是西北航道的正常开通尚面临诸多问题；二是这些问题的解决需要时间；三是这些问题难以仅靠单边或双边解决，需要多边努力共同商讨；四是这些问题的解决，与建立和完善适用于西北航道的法律制度相辅相成。东北航道的自然通航性优于西北航道，这是岛屿分布、海峡宽度和海冰情况等自然条件所致。加拿大群岛地区岛屿众多，岛屿间的海峡狭窄，易受海冰封堵。即使在气候变暖、海冰逐渐消融的今天，由于这一地区海冰分布和海冰厚度存在不确定性，因此难以制定绝对可靠的航行日程表。⑦

总体而言，从近年来海冰变化趋势看，北极航道未来可利用性是乐观的。北极的两个主要的海上通道——西北航道和东北航道——分别通过北

---

① 李春花、李明、赵杰臣、张林、田忠翔：《近年北极东北和西北航道开通状况分析》，《海洋学报》（中文版）2014 年第 10 期，第 35 页。

② 李春花、李明、赵杰臣、张林、田忠翔：《近年北极东北和西北航道开通状况分析》，《海洋学报》（中文版）2014 年第 10 期，第 39 页。

③ Björn Gunnarsson and Arild Moe, "Ten Years of International Shipping on the Northern Sea Route: Trends and Challenges", *Arctic Review on Law and Politics* 12（2021）: 9 – 13.

④ 刘大海、马云瑞、王春娟、邢文秀、徐孟：《全球气候变化环境下北极航道资源发展趋势研究》，《中国人口·资源与环境》2015 年第 5 期，第 7 页。

⑤ 刘大海、马云瑞、王春娟、邢文秀、徐孟：《全球气候变化环境下北极航道资源发展趋势研究》，《中国人口·资源与环境》2015 年第 5 期，第 6 页。

⑥ Arctic Council, *Arctic Marine Shipping Assessment 2009 Report*, p. 114.

⑦ Karl M. Eger, *Marine Traffic in the Arctic*（Norwegian: Norwegian Mapping Authority, 2011）.

冰洋和西伯利亚贯通大西洋和太平洋。北极航道一旦大规模商业通航，将有望形成"大西洋—太平洋轴心航线"，不仅可以缩短北美洲、欧洲、亚洲间的航线距离，还可能改变未来的全球贸易和航运格局。北极地区气温上升、海冰消融，不仅为国际贸易开辟了新的海上通道，同时也为北极地区的资源开发和运输提供了条件。关于北极资源与北极航运之间的关系，德国航运协会国际和欧盟事务部部长丹迪·豪瑟（Dandiel Hosseus）指出："气候变化使得欧亚之间的航行变得容易，但真正驱动北极航行的动力是自然资源的价格。一旦打破价格'瓶颈'，北极地区资源的开采就会启动，与资源开采相关的设备运输、资源运输和其他物品运输将日益频繁。"[1] 然而，这将在一定程度上对北极的地缘政治产生影响。正如欧盟的一份名为《气候变化与国际安全》的报告中所言："全球变暖使得北极地区所覆盖的冰盖加速融化，而这将为北极地区的开发提供便利，引发各国对北极的争夺……北极地区海冰加速融化，为新航道和国际贸易新路径的开辟提供了可能性。对北极地区所蕴含的丰富资源进行开采的可能性不断增加，这必将改变北极地区的地缘政治形态，将会对国际社会的稳定和欧洲安全造成重大影响。"[2] 自然环境变化为北极的开发利用提供了条件。经济利益的驱动，促使北极航道成为国际社会关注的热点，北极航道治理被提上日程。

二 不同利益关切牵动北极航道治理法律规制的走向

北极地区具有独特的地理优势、丰富的自然资源和特殊的战略价值。北极地区拥有丰富的自然资源，根据美国地质调查局 2008 年公布的数据，北极圈以北地区已发现的 440 多个油气田中，蕴藏着约 2400 亿桶油当量的石油和天然气，约占世界累计常规油气资源的 10%，是已知油气资源的 15%。[3] 北

---

[1] Dandiel Hosseus, "Global Approach", *Parliament Magazine* 4（2011）: 64，转引自杨剑《北极航运与中国北极政策定位》，《国际观察》2014 年第 1 期，第 125 页。

[2] 参见欧盟外交政策和安全事务高级代表哈维尔·索拉纳和欧盟委员会负责对外关系和欧洲睦邻政策的委员贝妮塔·费雷罗·瓦尔德纳于 2008 年 3 月提交的名为《气候变化与国际安全》的报告，https://www.researchgate.net/publication/255204276_Climate_Change_and_International_Security，最后访问日期：2011 年 12 月 26 日。

[3] USGS, "Cirum-Arctic Resources Appraisal: Estimate of Undiscovered Oil and Gas North of the Arctic Circle", https://pubs.usgs.gov/fs/2008/3049/fs2008-3049.pdf，最后访问日期：2022 年 3 月 24 日。

极地区鱼类等生物资源丰富，全球最大的鳕鱼资源区位于巴伦支海。北极地区具有重大的科研价值，是地球气候系统的重要驱动器，特别是冰冻圈、水圈、生物圈的快速变化，对全球的气候变化乃至社会经济发展产生重大影响，是当前科学研究的前沿领域。北极地区军事战略地位重要，扼守亚、欧及北美大陆要冲，可以有效俯瞰北半球。

基于北极独特的地理位置和特殊的价值，加之气候变暖为其价值的实现提供了条件，加剧了北极地区的地缘政治博弈。北极地区的总体形势是激烈竞争与互助合作交汇、内部冲突与区域排外并存，呈权益争夺、地缘外交、军事角力与低敏感领域国际合作并存的局面。随着北极地缘政治博弈的加剧，北极航道相关部分的法律地位争议、法律规则和制度的发展与完善以及未来法律秩序的构建成为北极航道治理过程中不可规避的问题。以"海上通衢"和"海上走廊"来形容北极航道在运输能源、资源和原材料中的作用，以及在将来承载亚洲、欧洲、北美洲间货物运输中的地位毫不夸张。① 北极航道的国际航运价值决定了北极航道问题的跨区域特征，需要不同利益方共同承担治理责任。通过分析相关国家的国内法律法规、战略或政策，笔者注意到北极航道在交通运输中占有重要一席。

俄罗斯主张北方海航道是其历史上的国家交通运输通道。俄罗斯的北极地区政策提到了其在北极地区的四项主要国家利益，其中包括将北方海航道用于国家联合运输航线。② 国家利益决定着俄联邦北极地区国家政策的主要目标、基本任务和战略优先方向。俄罗斯在其北极地区国家政策中设定了十个战略优先方向，其中包括在俄联邦司法管辖范围内，充分利用北方海上通道开展国际航运，协助组织过境运输，开辟跨极地空中航线。为了达成俄联邦北极地区国家政策的主要目标，俄罗斯提出了在社会经济发展领域的基本任务，其中包括：通过向破冰、救生和辅助船队以及岸上基础设施建设提供国家扶持等方式，保障北方海航道货运量的结构性调整；通过落实俄属北极区域水文气象和导航保障的综合措施，构建保障航运安全、疏导船只航行的监管体系。《2020 年前俄罗斯联邦北极地区发展和国家

---

① 杨剑等：《北极治理新论》，时事出版社，2014，第 3 页。
② Arctic Council, http://www.arctic-council.org/index.php/en/about-us/member-states/russian-federation，最后访问日期：2016 年 5 月 2 日。

安全保障战略》提到了北极发展的优先领域，包括综合社会经济发展、科技发展、最新信息和远程通信基础设施建设、环境安全和北极的国际合作。[①] 这些优先领域反映了俄罗斯在北极问题上的态度，作为主要沿岸国之一，将对北极航道治理产生一定的影响。

加拿大主张包括西北航道在内的北极群岛水域是内水。加拿大近年来的北极政策体现了其对包括西北航道在内的北极水域的有效监测和海上安全等问题的关切。加拿大在《加拿大北极外交政策声明》中宣布加拿大海岸警卫队将建一艘在其船队史上吨位和功率最大的破冰船。加拿大提到随着北极水域逐渐开放和海上活动的增加，加拿大将投资建造能够在冰中持续作业的新巡逻艇以确保近距离地监测相关水域。为了支持上述船只及在北方作业的其他加拿大政府船只，加拿大还在纳尼斯维克投资修建了靠泊和加油设施。[②] 加拿大以北极的环境保护、原住民繁荣以及北部安全为立足点维护其在北极地区的利益。相较于俄罗斯，加拿大并不急于推进西北航道的开发和运营，而是更加重视这一水域的安全、环境和监测等问题。加拿大也认识到改善空中和海上运输环节可以创造更多进入北极地区的机会，以便于北极贸易和投资。例如，为增加出口港以及与其他北方港口的双向贸易流通，加拿大投资改造了马尼托巴的丘吉尔港。

美国主张西北航道和北方海航道上的海峡是"用于国际航行的海峡"，各国船舶在北极航道应享有过境通行权；倡导北极地区海上运输安全有序地进行，认识到促进海上贸易发展的同时需保护海洋环境。美国建议通过参与 IMO 的工作，推动强化现有各项措施，必要时制定新措施以提高北极地区海上交通运输的安全保障，并保护该地区的海洋环境。美国将北极的海上航行运输问题视为实现其国家利益的重要途径。美国高度重视海洋自由，将此视为国家重点，认为维护在北极地区航行和飞越的权利将支持其

---

① The Russian Government，"The Strategy for the Development of the Arctic Zone of the Russian Federation and National Security up to 2020"，https://roscongress.org/en/materials/strategiya-razvitiya-arkticheskoy-zony-rossiyskoy-federatsii-i-obespecheniya-natsionalnoy-bezopasnos/，最后访问日期：2022 年 3 月 24 日。

② Government of Canada，"Canada's Arctic Foreign Policy"，https://www.international.gc.ca/world-monde/international_relations-relations_internationales/arctic-arctique/arctic_policy-canada-politique_arctique.aspx? lang = eng，最后访问日期：2022 年 3 月 24 日。

实现在全球享有的那些权利，包括通过战略通道的权利。① 近年来，美国先后发布了有关北极的政策和战略规划，又于 2014 年 2 月 24 日更新了《美国海军北极路线图（2014—2030 年）》，加强美国在北极地区的军事存在，为占据北极航道的战略支配优势和主导权提供保障。② 美国的北极政策和战略督促美国尽快批准 UNCLOS，以保护并增加包括北极在内的相关利益。美国主张在西北航道和北方海航道相关海峡的过境通行权，但因为未批准公约，无法直接援引公约相关条款，而称其权利主张依据是国际习惯法。美国一旦批准 UNCLOS，极可能推动相关条款的修改和阐释工作，北极航道治理将面临新的机遇和挑战。

除了美国和俄罗斯对北方海航道的法律地位、美国和加拿大对西北航道的法律地位所持立场存异以外，其他环北冰洋国家对北极航道应适用的法律制度表达了关切。作为 UNCLOS 缔约国的挪威，其海洋立法基本与 UN-CLOS 保持一致，挪威也支持 UNCLOS 适用于北冰洋，包括 UNCLOS "用于国际航行的海峡"的相关航行制度。冰岛外交部网站 2007 年 11 月 9 日公布的《北冰洋的法律地位》一文指出：《联合国海洋法公约》也规定了用于国际航行的海峡过境通行权，位于俄罗斯与阿拉斯加之间的白令海峡就是其中的一个海峡。相关沿岸国需要制定一致的规则来防止海洋污染，特别是在冰封区域。但至关重要的是，尊重《联合国海洋法公约》的相关规定和不对航行设置不必要的障碍。③ 2008 年，北冰洋五国发表《伊卢利萨特宣言》，认为现有的国际海洋法以及北极五国的合作可以解决北冰洋相关争端，以 UNCLOS 为框架解决北冰洋的法律事务也是环北冰洋五国的共识。④

在欧洲，欧盟委员会和欧盟外交与安全政策高级代表于 2012 年 6 月向

① The White House Office of the Press Secretary, National Security Presidential Directive/NSPD – 66, Homeland Security Presidential Directive/HSPD – 25，Ⅲ. B（5），http://www. nsf. gov/geo/plr/opp_advisory/briefings/may2009/nspd66_hspd25. pdf，最后访问日期：2015 年 6 月 1 日。

② 伊民：《美国海军更新北极路线图》，《中国海洋报》2014 年 3 月 5 日，第 4 版。

③ Iceland Ministry for Foreign Affairs, "Legal Status of the Arctic Ocean", Opening Address at the Symposium of the Law of the Sea Institute of Iceland on the Legal Status of the Arctic Ocean, the Culture House, Reykjavík, November 9, 2007, para. 18, http://www. mfa. is/news-and-publications/nr/3983. 最后访问日期：2012 年 2 月 3 日。

④ The Ilulissat Declaration, Arctic Ocean Conference Ilulissat, Greenland, May 27 – 29, 2008, https://arcticportal. org/images/stories/pdf/Ilulissat-declaration. pdf，最后访问日期：2022 年 3 月 24 日。

欧洲议会和欧盟理事会提交的一份联合报告中强调，在北极应"遵守国际法和《联合国海洋法公约》规定的原则，包括航行自由原则和无害通过的权利"①。欧盟理事会在 2009 年 12 月 8 日通过《理事会关于北极问题的决定》，明确提出欧盟的北极政策应建立在 UNCLOS 和相关法律文件的基础上，强调船旗国、港口国和沿岸国应推进和监督执行并进一步完善可在北极适用的国际公约的现有航行规则、海事安全、船舶路线体系和环境标准，特别是在 IMO 的框架之内。②

在亚洲，像中国这样的近北极国家以及依靠远洋运输的国家也重视在北极航道的利益，但这些国家对北极航道的关切，多集中在北极航道的商业价值上。以中国的邻国——韩国和日本为例，韩国海洋水产部于 2013 年 7 月 25 日发布"北极综合政策促进计划"，综合阐述了韩国的北极政策，韩国认为海冰融化为北极航道的商业开通提供了机遇，未来北极航道的开通将有助于物资流通、降低成本以及减少船舶能耗和排放。③ 从经济利益来看，北极航运利益是韩国在北极的首要利益。韩国的自然资源特别是非生物资源匮乏，石油完全依靠进口。根据美国能源信息部的统计，韩国是世界第二大液化天然气进口国、第三大煤炭进口国和第四大原油进口国。④ 韩国将开发利用海外资源提升至国家基本国策的高度。⑤ 国际贸易在韩国的经济发展中占据了重要的席位，海运在国际贸易运输中占到了 90%。⑥ 无论从资源还是国际贸易来看，北极航道的开通对韩国具有巨大的潜在利益和价

---

① Joint Communication to the European Parliament and the Council, Developing a European Union Policy Towards the Arctic Region: Progress Since 2008 and Next Steps, p. 17, http://ec. euro-pa. eu/maritimeaffairs/policy/sea_basins/arctic_ocean/documents/join_2012_19_en. pdf，最后访问日期：2014 年 8 月 23 日。

② Council of the European Union, "Council Conclusions on Arctic Issues", 2985th Foreign Affairs Council Meeting, Brussels, 8 December 2009, pp. 1, 4, http://ec. europa. eu/maritimeaffairs/pol-icy/sea_basins/arctic_ocean/documents/arctic_council_conclusions_09_en. pdf，最后访问日期：2012 年 9 月 20 日。

③ 桂静：《韩国北极综合政策及其实施评析》，《当代韩国》2014 年第 2 期，第 58 页。

④ U. S. Energy Information Administration, Country Analysis Executive Summary: South Korea, ht-tps://www. eia. gov/international/content/analysis/countries_long/South_Korea/south_korea. pdf，最后访问日期：2022 年 3 月 24 日。

⑤ 桂静：《韩国北极综合政策及其实施评析》，《当代韩国》2014 年第 2 期，第 54~55 页。

⑥ 杨元华：《韩国开发北极的举措值得借鉴》，《中国远洋航务》2013 年第 9 期，第 49 页。

值。其次是船舶产业，作为世界上最大的船舶制造国，韩国已于 2007 年通过"三星重工"成功制造了第一艘破冰油轮，并已向俄罗斯出口用于原油运输等目的的破冰船。① 韩国在北极的远洋渔业利益也需通过北极航运予以实现。

日本认为北极地区的战略环境以及经济领域的竞争格局演变"直接关乎日本的国家利益"②。日本虽然未出台北极政策，但日本外务省于 2010 年建立了北极特别行动组③，于 2013 年任命了负责北极事务的北极大使，反映了日本对北极事务的重视。④ 日本的北极利益主要包括经济和安全层面的利益：经济利益涉及的是北极航道利用和北极资源开发，而安全利益则是北极地缘政治变化对其安全保障和东亚格局的影响。⑤

总体而言，相关国家对北极航道的利益关切可分为三个利益圈。一是西北航道和北方海航道沿岸国，即加拿大和俄罗斯，分别通过国内立法和采取一系列的措施加强对航道的控制。对这两个国家而言，航道意义不仅在于航运价值和经济价值方面，还在于北方安全战略、近海环境保护以及原住民文化传承等方面。二是其他环北极国家，这些国家要么是北极航道的沿线国家，要么是北极航道的开通对其国内经贸布局产生直接影响的国家。这些国家主张北极航道适用的法律制度应在现有国际法框架下进行，包括 UNCLOS 和 IMO 制定的相关规范、规则，而不应受沿岸国国内法的控制。特别是美国，美国一直强调海上航行自由的重要性，主张北极航道上的相关海峡是用于国际航行的海峡。三是非北极圈国家。欧盟国家主张北极航道的法律规制应在一般国际法、UNCLOS 和 IMO 框架下进行。中、日、韩等亚洲国家并不想卷入环北极国家间的权益纷争，这些国家对北极航道

---

① Linda J. Akobson, Syong-Hong Lee, *The North East Asian States' Interests in the Arctic and Possible Cooperation with the Kingdom of Denmark* (Stokholm International Peace Research Institute, 2013), p. 32.

② 桂静：《韩国北极综合政策及其实施评析》，《当代韩国》2014 年第 2 期，第 53 页。

③ 英文表述为 Arctic Task Force。

④ 刘惠荣、陈奕彤：《北极理事会的亚洲观察员与北极治理》，《武汉大学学报》（哲学社会科学版）2014 年第 3 期，第 46 页。

⑤ 闫德学：《地缘政治视域的日本北极战略构想》，《东方早报》2013 年 8 月 2 日，第 A18 版，转引自王晨光、孙凯《域外国家参与北极事务及其对中国的启示》，《国际论坛》2015 年第 1 期，第 31 页。

的关切主要集中在航道开通带来的便捷航运和经济利益。在北极航道治理过程中，这些不同的利益关切需要通过相应的法律规则和制度予以协调。

三　法律制度碎片化对北极航道建章立制提出挑战

北极地区尚未形成像《南极条约》体系那样的系统的法律体系。北极地区的法律现状呈碎片化状态，具有国际法、区域协定、双边条约和国内法并存，软法和硬法并施的特点。从名称上看，适用于北极或与北极相关联的国际或区域法律文件有公约、条约、协定、守则、宣言等；从效力上看，这些法律文件又可分为有拘束力的硬法和无拘束力的软法；从法律适用上看，这些法律规范在主体、适用范围、权利和义务等方面的规定五花八门，此问题在短期内难以得到彻底的解决。法律制度碎片化是北极航道治理正在面临的问题。

UNCLOS 是处理海洋事务的综合性国际海洋法文件，也是可以直接适用于解决北极地区海洋权益问题的条约。UNCLOS 对船舶在内水、领海、专属经济区和公海这些不同法律地位海域的航行制度作了区分，并规定了"用于国际航行的海峡"制度和"冰封区域"制度。从地理要素上看，西北航道和北方海航道上的海峡符合"用于国际航行的海峡"标准。但作为西北航道和北方海航道的沿岸国，加拿大和俄罗斯依据"历史性权利""直线基线"等国际法理论分别主张西北航道和北方海航道上的海峡为本国内水，并借助 UNCLOS 第 234 条"冰封区域"条款，以保护北极的区域环境为由，对相关航道外国船舶的航行实施了不同程度的监管和制约。沿海国的国内法与国际法的适用冲突促使北极航道治理被提上日程，北极航道正处于建章立制的酝酿期。

令人欣喜的是，北极航道治理相关的国际法律制度和安排正在变动和发展中，并将不断地得到推动和完善。继 IMO 于 2002 年 12 月颁布了《在北极冰覆盖水域内船舶航行指南》后，国际船级社协会（IACS）于 2006 年颁布了《极地船级要求》，将 IMO 相关规定上升为对极地航行船舶的强制性要求。2009 年 12 月，IMO 又通过了《在极地水域内船舶航行指南》。经过多年的磋商，IMO 在此基础上将适用于极地航行的规则制定工作向前推动了一大步，起草制定了具有全球约束力的《极地水域船舶操作国际规则》

（以下简称《极地规则》）①。《极地规则》适用于船舶重量超过 500 总吨的所有客轮和货轮②，涵盖了极地区域船舶航行的各个方面，包括船舶设计和建造、船员培训和航海等，并对提高协调搜救行动能力作了规定。《国际海上人命安全公约》（简称 SOLAS）和《国际防止船舶造成污染公约》（简称 MARPOL73/78）就相关事项予以修订，以赋予《极地规则》强制拘束力。北极理事会分别于 2011 年和 2013 年签署的两个具有法律拘束力的协定，即《北极海空搜救合作协定》和《北极海洋油污预防与反应合作协定》均对 IMO 框架内的法律规范有所体现，这些新的进展为北极航道治理开创了好的局面。

第三节　北极航道治理法律规制构建中
应考虑的关键因素

北极航道治理既是跨区域问题，涉及沿海国和航道使用国等多方利益，也是跨领域问题，涉及经济布局、环境保护等各领域间的协调和平衡。为此，在未来的北极航道使用秩序以及航行法律规范的形成过程中，需综合考虑各方面的因素，顾及和平衡各方利益，实现北极航道的和平、合理、可持续利用。

一　兼顾环境利益和航行利益

气候变化是一把双刃剑。随着北极资源的开发利用成为可能，北极航道运输日趋频繁，北极脆弱的生态环境面临巨大挑战，而北极环境一旦受到污染，将可能对北极的生态和大气状况甚至全球气候和环境产生巨大的影响。这一问题在第三次联合国海洋法会议期间受到关注，并形成了 UNCLOS 第 234 条"冰封区域"条款。该条款为保护冰封区域特殊的生态环境

---

① Shipping in Polar Waters：Adoption of an International Code of Safety for Ships Operating in Polar Waters（Polar Code），https：//www.imo.org/en/MediaCentre/HotTopics/Pages/Polar-default.aspx，最后访问日期：2022 年 3 月 24 日。

② Michelle Howard，"Milestone for Enhanced Safety in Arctic Regions"，https：//www.maritimeprofessional.com/amp/news/milestone-enhanced-safety-arctic-regions - 249519，最后访问日期：2022 年 3 月 24 日。

而制定，旨在防止、减少和控制船只在专属经济区内冰封区域对海洋的污染，赋予沿海国制定和执行非歧视性的法律和规章的权利。UNCLOS 第 234 条"冰封区域"条款是俄罗斯在北方海航道和加拿大在西北航道采取较为严格的管理措施的重要国际法依据。UNCLOS 还规定，这种为环境的保护和保全而制定的法律和规章应适当顾及航行状况，并且需"以现有最可靠的科学证据"为基础。但此条仅作了原则性的规定，在执行中缺乏具体的标准。从第 234 条文本表述看，冰封区域应具备两个特征：一是"特别严寒气候"，二是存在"一年中大部分时候冰封"的情形。而且，上述情形需"对航行造成障碍或特别危险"。① 然而，随着气候变化，北极航道的自然条件也在发生变化，即使在同一年度，夏季和冬季冰情也有较大差异，这导致了相关区域适用法律法规、制度的不确定性。基于上述原因，UNCLOS 第 234 条这一专门针对极区特殊环境的条款也就不可避免地被纳入讨论范畴。如何保证北极脆弱的生态环境不因航行等人类活动而遭到破坏，是需要各国共同讨论和解决的问题。

随着人类在北极活动的增多，北极的环境保护问题受到关注。2013 年发生的"北极日出号案"，正是起因于绿色和平组织实施的"守护北极"系列抗议活动。此事件反映了一个发展趋势，即北极脆弱的生态环境将越来越受关注，在开发利用北极的同时需兼顾环境和生态已成为各国共识。鉴于气候变化对全球生态、农业乃至经济等方面产生的负面影响，包括北极地区升温导致海平面上升等现实问题，国际社会将可能制定和完善有拘束力的气候协定，或推行更为严格的全球性或区域性的国际法规则，这将对北极开发和航道利用产生一定的约束。鉴于此，不排除未来在北极适用更为严格的环境保护制度的可能。也正是考虑到冰区环境的脆弱性和特殊性，IMO 才酝酿并制定船舶极区航行以及海洋污染防治专门规则和规范。在北极航道治理相关法律规制构建中，需统筹考虑保护北极特殊的生态环境，并兼顾北极航道的利用以及各国应享有的合法权益。

① 《联合国海洋法公约》第 234 条规定："沿海国有权制定和执行非歧视性的法律和规章，以防止、减少和控制船只在专属经济区范围内冰封区域对海洋的污染，这种区域内的特别严寒气候和一年中大部分时候冰封的情形对航行造成障碍或特别危险，而且海洋环境污染可能对生态平衡造成重大的损害或无可挽救的扰乱。这种法律和规章应适当顾及航行和以现有最可靠的科学证据为基础对海洋环境的保护和保全。"

二　兼顾航道沿岸国和使用国的利益

有学者认为："北极之所以成为全球热点地区，其根本原因是经济利益。连接亚欧大陆的北冰洋国际贸易新航线和北极丰富的自然资源，尤其是油气资源成为北极域内相关国家扩大全球影响力和地位的政治外交资本。"[①] 经济利益是各国将目光聚焦到北极航道的主要驱动力之一。

俄罗斯将北方海航道视为海上生命线，主要是出于经济利益的考虑。北极丰富的油气资源主要分布在北冰洋沿海国的沿岸和附近海域，特别是在俄罗斯北部沿海与巴伦支海地区。[②] 普京于 1999 年底发布《千年之交的俄罗斯》，开启俄罗斯探索强国之路。"海洋强国"战略是俄罗斯强国战略的组成部分。发展海洋经济作为"海洋强国"战略的重点，表现为开发海底油气资源、发展海上航运业、复兴船舶工业、开展海洋科学研究等方面。[③] 其中，北极能源资源开采和北方海航道开发是俄罗斯北极开发政策的两大核心内容。[④] 自然资源是俄罗斯经济发展的基础。随着油气等资源的大规模开采，与此相关的设备、物资等运输将随之频繁。作为维持经济增长、改善国际环境的重要手段，油气等资源还将出口到海外市场，这也离不开海上运输。为了将北方海航道打造成连接亚洲和欧洲与北美洲的国际性水道，俄罗斯投入了大量的资金、人力和物力。

相比东北航道，西北航道的开发和基础设施建设相对落后，这一方面是由于西北航道自然条件与东北航道有一定差距，另一方面是由于加拿大的行政管理和司法体系与俄罗斯存在较大差异。相较于开发西北航道获取经济利益而言，加拿大更看重的是坚持西北航道相关水域的内水地位，并对其进行控制和管理。环境保护则是实现这一目标的重要切入点。另外，加拿大的政府体制决定了北极资源的开发、西北航道的开通还需考虑和面对确保北方安全、原住民保护等问题。加之国内政治、行政、民主等问题

---

① 钱宗祺：《俄罗斯北极治理的政治经济诉求》，《东北亚学刊》2014 年第 3 期，第 19 页。

② 杨剑：《北极航运与中国北极政策定位》，《国际观察》2014 年第 1 期，第 125 页。

③ 胡德坤、高云：《论俄罗斯海洋强国战略》，《武汉大学学报》（人文科学版）2013 年第 6 期，第 41 页。

④ 万芳芳、王琦：《俄罗斯北极开发政策影响因素探析》，《俄罗斯学刊》2013 年第 6 期，第 11 页。

的影响，加拿大开发西北航道的步伐比较缓慢。

以美国为代表的国家主张北极航道上的相关海峡是"用于国际航行的海峡"，船只享有相应的过境通行权。美国国务院也曾多次发表声明，称相关海峡的地位应由国际法决定，而非由沿岸国的国内法决定。① 经济因素是美国关注北极航道的重要原因。东北航道一旦大规模商业通航，则可能形成以北美、北欧地区和俄罗斯为主体的环北极经济圈，进而对世界贸易格局产生重大影响。西北航道则是美国阿拉斯加州石油东运的便捷海上通道，对美国有着重要的经济利益。此外，美国还有战略上的考虑。如果美国潜艇或军舰在北极航道享有过境通行权，则更有利于其在北极地区设局布阵，毕竟北极冰层是隐藏潜艇的天然屏障，如果从北冰洋地区发射导弹，将对周边国家形成巨大威胁。② 而对加拿大、俄罗斯而言，如果分别承认西北航道和北方海航道是"用于国际航行的海峡"，则其北部沿海的国防将面临一定的潜在威胁和挑战。国家间的利益关切不同，是北极航道法律地位争议僵持不下的原因之一。

有文献表明：北极航道不仅会改变全球贸易和航运格局，还将促进环北极经济圈的整体增长。③ 北极航道实现大规模通行，对于欧洲、亚洲和北美洲的国家而言有着重要的经济、航运价值。因此，北极航道治理需要考虑沿海国和航道使用国间的利益平衡，一味否定沿海国基于地理位置的特殊性，仅强调国际社会的航运利益，可能激化相关矛盾，甚至产生新的问题，致使争议进一步复杂化。而完全接受沿海国的规制，则不利于保护各国的航运利益，毕竟沿海国的权利主张和国内立法与国际法律制度存在巨大差异。

第四节　小结

北极是一个特殊的地理单元，生态环境脆弱、自然资源丰富、地缘政

---

① 如 1992 年和 1994 年，美国均曾发表此类声明。2009 年 1 月 9 日，美国颁布《国家安全总统指令》与《国土安全总统指令》，重申了北方海航道上的海峡的法律地位。

② 戴宗翰：《由联合国海洋法公约检视北极航道法律争端——兼论中国应有之外交策略》，《比较法研究》2013 年第 6 期，第 91 页。

③ 杨剑：《北极航运与中国北极政策定位》，《国际观察》2014 年第 1 期，第 123 页。

治复杂、战略地位扼要。北极地区尚未形成南极那样的条约体系，北极周边国家间存在不同程度的权益之争。有关国家围绕科研、资源、军事等方面利益的竞技已经展开。北极航道作为实现上述利益的重要载体，其法律秩序建设不仅关乎航道沿岸国的利益，还关乎其他航道使用国的利益。气温上升导致自然环境发生变化，为北极航道的通航创造了条件，促使北极航道治理提上日程。然而，北极航道治理面临复杂的法律问题，北极航道法律地位争议相持不下，国际法、区域协定和国内法有待协调与完善，各国不同利益关切牵动着北极航道治理法律规制的走向，法律制度碎片化对北极航道的法律秩序建设提出了挑战。

北极地区复杂的地缘形势要求多元行为体通过对话和合作，共同探讨解决北极航道法律问题和构建法律秩序的途径。本章将北极航道治理界定为：以北极航道沿岸国和使用国的共同利益为价值导向，通过多元行为体的平等对话、协商和合作，共同探寻解决北极航运这一跨区域问题的规则、机制和方法。这一过程的基础是协调而非控制，体现为持续的互动。为实现北极航道的公平、合理和可持续利用，北极航道治理法律规制构建应考虑"两个兼顾"，一是兼顾环境保护和航行利益，二是兼顾航道沿岸国的利益和使用国的利益。

第二章 北极航道的法律地位问题研析

北极航道法律地位争议的核心是西北航道和北方海航道的法律地位以及应适用的通行制度问题。判断西北航道和北方海航道的法律地位，需从扇形理论、历史性权利和直线基线这几个国际法问题切入来进行剖析和论证。上述理论本身在包括 UNCLOS 在内的一般国际法中缺乏明确的判断标准，这为加拿大和俄罗斯分别对西北航道和北方海航道的法律地位诠释提供了空间，也是各方就相关争议相持不下的原因。

第一节 相关国家的主张和争议焦点

加拿大、俄罗斯将扇形理论、历史性权利等作为权利主张依据，通过公布直线基线将两个航道上重要的海峡划为内水来控制相关海峡、排除过境通行制在途经海峡的适用。UNCLOS 第 234 条"冰封区域"条款以防止、减少和控制船只在专属经济区范围内冰封区域的海洋污染为目的，赋予沿海国制定和执行非歧视性的法律和规章的权利。加拿大和俄罗斯将该条视为 UNCLOS 赋予冰封区域沿海国的特殊权利，以此为由通过国内立法，以加强对航道的控制。美国则主张西北航道和北方海航道上的海峡是"用于国际航行的海峡"，不应受到沿岸国管控，应适用过境通行制。随着气候变暖，北极航道实现规模通航成为可能，其他航道使用国也开始关注北极航道的法律地位问题。从航行角度看，东北航道法律地位争议的焦点是西北航道和北方海航道上的海峡是内水还是"用于国际航行的海峡"。沿岸国对其内水享有完全的主权，各国船舶行驶于内水要完全受沿岸国国内法律的管理。而行驶在"用于国际航行的海峡"的外国船舶则适用过境通行或无害通过制，船舶航行的自由度和自决权要远大于在沿岸国内水中航行。

一　加拿大的主张和举措

加拿大是西北航道的沿岸国。加拿大对北极群岛水域的主张建立在北极群岛主权的基础之上，宣称其北极群岛内的所有水域（包括西北航道）是加拿大的历史性内水，加拿大对其行使主权[1]，通过直线基线将上述水域圈划在内，并制定了一系列的法律法规规范西北航道的通行、利用和管理。加拿大是 UNCLOS 的缔约国，其国内法也建立了领海、毗连区、专属经济区和大陆架制度等。

加拿大通过海洋立法逐步加强对西北航道相关水域的控制。讨论加拿大的海洋外交政策和海洋法律制度，1926 年是一个合适的起始时间[2]，因为直到1926 年大英帝国会议才赋予加拿大立法和制定对外政策的权利。在 1930 年海牙国际法编纂会议上，加拿大支持对所有国家和一切目的都适用 3 海里的领海宽度。[3] 由于加拿大取得制定其海洋政策的权利仅几年的时间，这一时期加拿大测算领海（territorial sea）、毗连区（contiguous zone）、潜在的毗邻渔区（adjacent fishing zones）海域宽度的基线方法等均和英国的立场保持一致。[4] 然而，随着国际海洋法律制度的发展，海洋问题层出不穷，加拿大逐步调整和形成了符合其国家实际需求的海洋政策，并建立了相应的国内海洋法律体系。

加拿大对海洋主张进行首次调整取决于两个因素：一是为了管理沿岸日益增长的非法酒业交易，1936 年建立了 12 海里的毗连区；二是在加拿大沿海捕鱼的外国渔船日渐增多，加拿大面临修改海洋政策的国内压力。[5] 从

---

[1] Suzanne Lalonde, "The Arctic Exception and the IMO's PSSA Mechanism: Assessing Their Value as Sources of Protection for the Northwest Passage", *The International Journal of Marine and Coastal Law* 28, 401 (2013): 401 – 432.

[2] Erik Franckx, *Maritime Claims in the Arctic: Canadian and Russian Perspectives* (Leiden: Martinus Nijhoff Publishers, 1991), p. 71.

[3] League of Nations, *Acts of the Conference for the Codification of International Law*, Vol. Ⅲ, Minutes of the Second Committee, Territorial Waters, League of Nations Doc. C 351 (b). M. 145 (b). 1930. V (LoN Pub. No. 1930. V. 16), p. 123.

[4] League of Nations, *Acts of the Conference for the Codification of International Law*, Vol. Ⅲ, Minutes of the Second Committee, Territorial Waters, League of Nations Doc. C 351 (b). M. 145 (b). 1930. V (LoN Pub. No. 1930. V. 16), p. 123.

[5] Erik Franckx, *Maritime Claims in the Arctic: Canadian and Russian Perspectives* (Leiden: Martinus Nijhoff Publishers, 1991), p. 68.

第一和第二次联合国海洋法会议来看，加拿大基于渔业问题开始逐步调整其海洋主张和国内政策，作出扩大渔业管辖的选择。第一次联合国海洋法会议①始终未能解决领海宽度和渔区界限的问题。第二次联合国海洋法会议②对领海宽度和渔区界限问题继续开展了激烈的讨论。苏联建议，各国有权确立 12 海里领海。在领海不足 12 海里的地方，沿海国在毗邻领海的海域可建立渔区，但领海和渔区的总宽度不能超过 12 海里。十八国提案③与苏联的提案趋同，差别主要体现在"对领海与渔区的宽度少于 12 海里的国家可适用与对方同样的领海与渔区宽度的对等原则"这一提议上。英、美、日等国家则坚决反对扩大领海宽度。加拿大这一时期不再拘泥于英国的主张，而是与美国提出联合方案，提出建立 6 海里的领海与 6 海里的渔区。④虽然这一提案因未获得三分之二赞成票而未能通过，但加拿大并未停止调整其海洋政策的步伐。早在 1964 年，加拿大已提出"建立 12 海里渔区"和"引入直线基线可能性"的构想，但未能纳入 1964 年法令。⑤

20 世纪 70 年代，加拿大彻底摆脱了英国对其海洋主张的影响，开始强调和重视其作为沿海国的自身特征，对待国际法的方式发生了根本性的变化。加拿大在海洋制度的形成中更多地考虑和侧重本国的利益和需求，不再局限于优先考虑国际社会和相关利益国的立场。环境保护和污染防治成为加拿大制定一系列管控西北航道法律制度的推动力。1969 年美国"曼哈顿"号油轮成功穿越西北航道，并计划于次年再次穿行此航道，引发了加拿大对其北极水域的担忧。加拿大 1964 年《领海与捕鱼区法》规定的领海宽度仅为 3 海里，这意味着"曼哈顿"号航行的绝大多数航段是公海，不属于加拿大的主权管辖范围。为实现对西北航道的管控，确保北极水域安

---

① 1958 年 2 月 24 日至 4 月 27 日在日内瓦召开。86 个国家代表参加了会议。会议通过了四个公约：《领海及毗连区公约》、《公海公约》、《捕鱼与养护公海生物资源公约》和《大陆架公约》。

② 1960 年 3 月 17 日至 4 月 27 日在日内瓦举行。88 个国家的代表和若干联合国专门机构以及国际组织的代表参加了会议。

③ 印度尼西亚、伊拉克等 16 个亚非国家加之墨西哥、委内瑞拉提案，称为"十八国提案"。

④ 张海文主编《〈联合国海洋法公约〉释义集》，海洋出版社，2006，第 4~5 页。

⑤ Territorial Sea and Fishing Zone Geographical Coordinates (Areas 4, 5 and 6) Order of 1969, reprinted in United Nations, United Nations Legislative Series, National Legislation and Treaties Relating to the Law of the Sea (U. N. Doc. ST/LEG/SER. B/16), 1974, pp. 6 – 9.

全、宣示对北极水域的权利以及防止其北部水域的污染，加拿大通过单边的国内立法程序，于 1970 年 4 月 8 日通过《北极水域污染防治法》（以下简称 AWPPA），AWPPA 将"北极水域"界定为位于北纬 60°以北、西经 141°和西经 60°之间毗邻大陆和岛屿向外海方向 100 海里范围内的水域。随着国际海洋法律制度的发展，加拿大对 AWPPA 进行了修订，适用范围扩展至 200 海里。① 同年，加拿大作出对国际法院的排除管辖声明，将渔业和污染问题排除出国际法院的管辖范围。② 为了消除来自国际社会的压力，加拿大在第三次联合国海洋法会议期间，以海洋特殊环境保护为由，推动了 UN-CLOS 第 234 条的产生，为其在北极水域单方面制定和执行法律法规及在其专属经济区内执行控制船舶航行的环保法规创建了国际法依据。

以海岸线上众多的曲口和不规则性为由，加拿大坚持在北极水域用直线基线替代低潮线作为测算领海宽度的一般方法。③ 这也遭到了一些国家和学者的质疑，认为加拿大采取直线基线这一做法与其沿岸的一般构造特征不符。加拿大先后两次公布领海地理坐标令。1972 年 5 月 9 日发布的领海地理坐标令划定 6 个区域，分别适用三种领海基线的基点坐标，即直线基线、沿岸低潮线、岛屿和低潮高地的低潮线。④ 1985 年 9 月 10 日发布的关于区域 7 的领海地理坐标令对北极岛屿和大陆，包括一切岛屿和毗邻的低潮高地的三类基点坐标作了规定，采用直线基线将整个北极群岛水域圈为内水，西北航道也被囊括其中。⑤ 加拿大借此强化了相关主张：一是采用直线基线，划定在北极的内水范围，明确加拿大对线内西北航道的主权；二是强调加拿大北方领土的完整性，包括陆地、海洋和冰盖；三是提出加拿大对北

① Arctic Waters Pollution Prevention Act, http://laws – lois. justice. gc. ca/eng/acts/A – 12/FullText. html, 最后访问日期：2012 年 9 月 16 日。
② Canadian Declaration Concerning the Compulsory Jurisdiction of the International Court of Justice (April 7, 1970), reprinted in 9 Int'l Legal Materials, pp. 598 – 599 (1970).
③ Erik Franckx, *Maritime Claims in the Arctic*: *Canadian and Russian Perspectives* (Leiden: Martinus Nijhoff Publishers, 1991), p. 69.
④ The Territorial Sea Geographical Co-ordinates Order of 9 May 1972, https://www. un. org/depts/los/LEGISLATIONANDTREATIES/PDFFILES/CAN_1972_Order. pdf, 最后访问日期：2022 年 3 月 24 日。
⑤ The Territorial Sea Geographical Co-ordinates (Area 7) Order of 10 September 1985, https://www. un. org/depts/los/LEGISLATIONANDTREATIES/PDFFILES/CAN_1985_Order. pdf, 最后访问日期：2022 年 3 月 24 日。

极水域主张主权的历史性依据，作为直线基线的法理基础之一；四是转变排斥国际法院管辖的态度，撤销加拿大于 1970 年作出的国际法院排除管辖声明。上述转变反映出加拿大维护北极群岛水域主权的信心倍增，态度也随之变得强硬。直线基线公布后，美国和欧盟成员国分别致函/照会加拿大表示了抗议。在此背景下，美加开展谈判，于 1988 年达成美加北极合作协议，在该协议中美国虽然没有明确承认加拿大对西北航道的主权，但此后美国破冰船①穿行西北航道都要事先征得加拿大的许可。戏剧性的是，1994 年 5 月 10 日，加拿大又撤回了接受国际法院强制管辖的声明。② 以海洋环境保护为由，加拿大就船舶在其北极水域的航行问题制定了一系列的法律、规则和指南等，对西北航道进行控制。

二 俄罗斯的主张和举措

东北航道的法律地位争议主要集中在北方海航道上。北方海航道并不等同于东北航道，确切地说，北方海航道仅是东北航道的一部分。"东北航道"这一称谓在欧洲已有数百年的历史，该航道一直被视为缩短欧洲和东亚海运的冒险捷径，③ 通常是指绕过斯堪的纳维亚半岛北端，穿越巴伦支海、喀拉海、拉普捷夫海、东西伯利亚海和楚科奇海，直到白令海峡的航路。它是连接大西洋和太平洋的海上捷径，也是连接欧亚两地海上的最短航线。俄罗斯通过立法，将东北航道上位于其北部沿海的北冰洋离岸海域称为"北方海航道"（Northern Sea Route），并将其视为俄罗斯在北极的历史上既存的国家交通运输通道，作为其国家交通航线进行监管，适用其本国制定的法律法规。北方海航道沿欧亚大陆北部沿岸延伸，连接大西洋和太平洋。④ 相对"东北航道"这一地理概念而言，"北方海航道"则带有更多地政治和法律色彩。俄罗斯也是 UNCLOS 的缔约国，其海洋主张包括领

---

① 协议仅提到了破冰船，未提及其他船只和潜艇。

② Notification in Relation to the Compulsory Jurisdiction of the International Court of Justice, May 10, 1994, http://www.un.org/Depts/los/LEGISLATIONANDTREATIES/PDFFILES/CAN_1994_Notification.pdf, 最后访问日期：2014 年 9 月 16 日。

③ Claes Lykke Ragner, "Northern Sea Route Cargo Flows and Infrastructure—Present State and Future Potential", *FNI Report* 13 (2000): 2.

④ Willy Østreng, "The Northern Sea Route: A New Era in Soviet Policy?", *Ocean Development & International Law* 22, 259 (1991): 259 – 260.

海、毗连区、专属经济区和大陆架。俄罗斯对北极地区高度关注和重视，提交的 200 海里外大陆架划界案直达北极点。

1985 年苏联公布关于北冰洋的直线基线，将北方海航道的大片水域和海峡圈入内水，其中包括维利基茨基海峡、绍卡利斯基海峡、德米特里·拉普捷夫海峡以及桑尼科夫海峡等重要的海峡。1990 年，苏联批准《北方海航道航行规则》，以国内立法的方式规定了北方海航道的范围：北方海航道是位于苏联内海①、领海（领水）或毗连苏联北方沿海的专属经济区的必要的运输航线，包括适合船只引航的冰区航道。其最西边的点为新地岛海峡的西部入口，与梅斯热拉尼亚海角的北部经线相交，东边（白令海峡）与北纬 66°线齐平，与西经 168°58′37″相交。② 1991 年，在苏联解体的前几个月，北方海航道正式对外开放。苏联解体后，俄罗斯继承了苏联的法律法规和国际条约，尽管其国内法中明确规定北方海航道不仅位于内水，还位于领海、专属经济区等更为广阔的区域，俄罗斯仍在 1990 年《北方海航道航行规则》规定的北方海航道范围的基础上，进一步修改和确定了北方海航道的范围，并通过一系列法律法规，将北方海航道作为一个整体进行监管。

三　其他国家的立场

美国强调北极航道是用于国际航行的海峡，经过这些海峡，应适用过境通行制度。美国国务院曾在多个场合表明这一立场，主张相关海峡的法律地位应由国际法决定，而非由沿岸国的国内法决定。针对加、俄在不同时期作出的关于北极航道法律地位的立场声明或是表态，美国曾在相应的时期申明过立场。比如，1964 年 7 月 21 日苏联向美国提交备忘录，提到东北航道上的德米特里·拉普捷夫海峡和桑尼科夫海峡"历史上"属于苏联，并称北方海航道是苏联重要的国家交通运输通道。美国在其第 112 号海洋边界报告中，将德米特里·拉普捷夫海峡和桑尼科夫海峡纳入过度的国家海

① 此规则英文文本中"内海"一词表述为"inland seas"，而未使用"internal waters"。
② Regulations for Navigation on the Seaways of the Northern Sea Route, Art. 1 (2). Quoted from Leonid Tymchenko, "The Northern Sea Route: Russian Management and Jurisdiction over Navigation in Arctic Seas", in Alex G. Oude Elferink and Donald R. Rothwell, *The Law of the Sea and Polar Maritime Delimitation and Jurisdiction* (Leiden: Martinus Nijhoff Publishers, 2001), p. 271.

洋主张。① 在第三届联合国海洋法会议期间，针对加拿大外长关于西北航道是内水、不适用过境通行制的表态，美国指出西北航道是"用于国际航行的海峡"，船舶应享有过境通行权。在美国看来，如果加拿大成功将西北航道变成内水，将会树立国家通过单边声明将国际海峡划为内水的恶劣先例。② 在 2009 年 1 月 9 日颁布的《国家安全总统指令》与《国土安全总统指令》中，美国重申西北航道是"用于国际航行的海峡"，北方海航道上的海峡用于国际航行，过境通行制应适用于这些海峡。③ 2019 年 6 月，美国国防部向国会提交了新的北极战略报告，再次提到俄罗斯和加拿大分别对北方海航道和西北航道的主张超出了国际法允许的权限，主要提及以下方面：俄罗斯要求外国船只在进入北方海航道之前要获得许可，并要求俄罗斯冰上领航员登船，在俄罗斯破冰船的护航下航行，俄罗斯还威胁道要对不遵守俄罗斯法规的船只使用武力；加拿大认为西北航道的水域属于内水，受加拿大完全主权的支配。④

其他国家虽然没有公开支持西北航道和北方海航道相关海峡是国际海峡、适用过境通行制的观点，但也并不支持加拿大和俄罗斯通过国内立法和举措对西北航道和北方海航道实施的监管。英国曾针对加拿大外长于1985 年发表的关于北极群岛直线基线的声明，代表欧洲共同体拒绝承认加拿大的北极水域是历史性内水。⑤ 2018 年 8 月 15 日，英国下议院国防委员会公布的《如履薄冰：英国北极防务》报告提到了未来可能造成地

① United States Department of State Bureau of Oceans and International Environmental and Scientific Affairs, "No. 112 United States Responses to Excessive National Maritime Claims", *Limits in the Seas* (March 9, 1992) p. 20, https://www.state.gov/wp-content/uploads/2019/12/LIS - 112. pdf, 最后访问日期：2022 年 3 月 28 日。

② Nathan Read, "Claiming the Strait: How U. S. Accession to the United Nations Law of the Sea Convention Will Impact the Dispute Between Canada and the United States over the Northwest Passage", *Temp. Int'l & Comp. L. J.* 21 (2007): 413-417.

③ The White House Office of the Press Secretary, National Security Presidential Directive/NSPD - 66, Homeland Security Presidential Directive/HSPD - 25, Ⅲ. B (5), http://www.nsf.gov/geo/plr/opp_advisory/briefings/may2009/nspd66_hspd25.pdf, 最后访问日期：2015 年 6 月 1 日。

④ Office of the Under Secretary of Defense for Policy, Report to Congress Department of Defense Arctic Strategy, June 2019, p. 4.

⑤ Ted L. McDorman, "The Northwest Passage: International Law, Politics and Cooperation", in Myron H. Nordquist, John N. Moore and Tomas H. Heidar, *Changes in the Arctic Environment and the Law of the Sea* (Leiden: Martinus Nijhoff Publishers, 2010), p. 236.

区紧张局势的几个领域，其中包括西北航道和东北航道的部分航线的法律地位争议。在述及北极航道部分航线的争议时，该报告指出："西北航道和北方海航道分别穿越加拿大和俄罗斯的部分领海和专属经济区（EEZs）。加拿大声称部分西北航道是内水，这一地位受到美国等国家的争议，其认为这些区域是'用于国际航行的海峡'。俄罗斯通过国内立法主张类似的规制权，对寻求通过该航线的外国注册船只实行高度国家控制的规制。"①

欧盟多次表态北极航道的利用应在包括 UNCLOS 在内的国际法以及 IMO 的法律框架内进行。欧盟代表的是其成员国的立场，这意味着欧洲诸多国家并不支持加拿大和俄罗斯通过单方制定的国内法律法规对西北航道和北方海航道进行管控。欧盟关于北极航道的观点和主张基本上为其他环北极国家所接受。美国、加拿大和俄罗斯之外的环北极国家的北极战略或政策呈现出不同程度的竞争合作性或是合作性表征。丹麦于 1973 年即已加盟欧洲共同体，在西北航道的立场上与欧洲共同体保持一致。丹麦将北极国际合作视为优先方向，强调在包括海事安全等领域开展不同层次的深入合作。② 但丹麦于 2011 年联合格陵兰和法罗群岛发布的《2011—2020 年丹麦王国北极战略》则要求在格陵兰水域向格陵兰航行的船舶须持续向格陵兰当局报告所处位置。③ 挪威外交部的法律部门认为，一切在北冰洋的活动必须在 UNCLOS 的法律框架内进行。任何国家涉及航行的立法和实践需考虑是否符合 UNCLOS。该法律部门认为，UNCLOS 相关规定的设立是为了促进航行自由，在适当顾及航行的前提下，可依据第 234 条制定符合 UNCLOS 的海洋环境保护的法律法规。④ 通过分析挪威的北极政策和战略可知，挪威注重国际合作以及与相关大国特别是俄罗斯的双边关系。由此，挪威在关于西北航道和北方海航道的表态上估计不会采取过于鲜明的立场或是过激的言辞。冰岛外交部在 2005 年曾发布《北部到北部：航行与北极的未来》政策报告，将其自身视为北极航道相关航线上的重要"中转港口"，

---

① On Thin Ice: UK Defence in the Arctic, August 2018, paras. 9 - 10, https://publications. parliament. uk/pa/cm201719/cmselect/cmdfence/388/38802. htm，最后访问日期：2018 年 11 月 2 日。

② 赵隆：《北极治理范式研究》，时事出版社，2014，第 86 页。

③ 王泽林：《北极航道法律地位研究》，上海交通大学出版社，2014，第 67～68 页。

④ 王泽林：《北极航道法律地位研究》，上海交通大学出版社，2014，第 68～69 页。

建议提前规划应对航行事故的突发应急机制和其他长效应对措施。① 冰岛还曾提出，UNCLOS 的相关规定应受到尊重，沿岸国不应该对航行设置不必要的障碍。并认为，相关沿岸国需要制定一致的规则来防止海洋污染，特别是在冰封区域。② 芬兰和瑞典的政策合作性表征更为突出，在北极航道问题上也是强调通过国际和周边国家间的合作维护航行安全、抵御事故风险。

第二节　沿岸国主张涉及的关键法理问题分析

加拿大和俄罗斯早期均采用扇形理论作为主张北极领土、岛屿的法律依据，其间也曾考虑过借用扇形理论对扇形区域内的水域主张主权，但随着国际海洋法的发展，两国先后放弃扇形理论在其北极水域主张中的作用，转而从一般国际法原则和国际海洋法中寻求法理支撑。两国均提出历史性权利主张，并在此基础上划定直线基线，将基线内水域视为内水，由此将航道上的海峡作为内水进行监管。

一　扇形理论

扇形理论是指以极点为顶点，以两条相关的经线为两腰，以某条纬线为底所形成的扇形范围内区域归邻接极点的国家所有。这是一种利用子午线划分领土的方法，最早可追溯到 15 世纪。③ 加拿大最初基于扇形理论仅对北极群岛的陆地提出主权主张。苏联从 20 世纪 20 年代将扇形理论引入其法律理论体系。④ 此后，曾有人主张将扇形理论延用至海域，但随着国际海洋法的发展，这一观点在加拿大和俄罗斯相继淡出历史舞台。

---

① North Meets North：Navigation and the Future of the Arctic，参见赵隆《北极治理范式研究》，时事出版社，2014，第 86 页。

② Iceland Ministry for Foreign Affairs，"Legal Status of the Arctic Ocean"，Opening Address at the Symposium of the Law of the Sea Institute of Iceland on the Legal Status of the Arctic Ocean, the Culture House, Reykjavík, November 9, 2007, para. 18, http://www.mfa.is/news-and-publications/nr/3983. 最后访问日期：2012 年 2 月 3 日。

③ 郭培清等：《北极航道的国际问题研究》，海洋出版社，2009，第 108 页。

④ Erik Franckx，"Nature Protection in the Arctic：Recent Soviet Legislation"，*International & Comparative Law Quarterly* 41, 366（1992）：368.

（一）扇形理论在加拿大主张中的作用

扇形理论从产生之初就存在较大争议，但在特定的历史时期，扇形理论对于强化加拿大对北极群岛的领土主张起到了积极的作用。尽管可将1926 年认定为加拿大有权制定政策的开始，但是加拿大在北极的领土主张需追溯至 1880 年英国将这片区域转交加拿大之时。有一句拉丁谚语说，"无人能够转交他人超过自身拥有的权利"①，弗兰克（Franckx）在其论著中引用此语，认为要想确定加拿大在北极主张的合法性，有必要先考察英国对北极群岛相关权益的确切主张。在英加讨论移交的具体领土范围时，加拿大坚持清晰地定义东北、北部和西北边界。② 然而在领土移交时，最终还是采取了模糊的描述方式，除纽芬兰殖民地以及其属地外，移交领土包括 "尚未包括在加拿大统治下的一切在北美的大英领土（territories）和领地（possessions），以及一切毗连任何此类领土或领土的岛屿……"③。从此表述看，英在移交领土时，仅涉及陆地领土，而未涉及海域范围。而且对于领土范围的表述也是模糊的。史密斯（Smith）指出，如仅从字面看，这一定义甚至可意味着包括英属洪都拉斯，百慕大群岛和英属西印度群岛。④此种模糊表述反映了英加两国当时难以将确切的移交范围落实于纸，这一方面是受当时的知识所限，另一方面源自外界潜在的威胁。英国移交这些领土出于两点考虑：一是抵御美国对相关区域的控制，二是美国更易于接受这些领土的主权归于加拿大而非英国。⑤ 历史上，有 3 个国家挑战过加拿大对北极群岛部分岛礁的管辖，分别是美国、丹麦和挪威。1853 年至 1902年，美国探险家曾抵达埃尔斯米尔岛的中心部分并于 1882 年主张取得正式

---

① "Nemo Plus Juris and Alium Transferre Potest, Quam Ipse Habet", in Erik Franckx, *Maritime Claims in the Arctic：Canadian and Russian Perspectives*（Leiden：Martinus Nijhoff Publishers，1991），p. 71.

② Morris Zaslow, *The Opening of the Canadian North 1870 – 1914*（Toronto：McClelland and Stewart，1971），pp. 251 – 252.

③ The Imperial Order in Council of 31 July 1880, *Canada Gazette*, October 9, 1880. 此命令于1895 年为帝国法令所确认。

④ Gordon W. Smith, "Sovereignty in the North：The Canadian Aspect of an International Problem"，in R. Macdonald ed.，*The Arctic Frontier*（Toronto：Toronto University Press，1966），pp. 194 – 204.

⑤ Erik Franckx, *Maritime Claims in the Arctic：Canadian and Russian Perspectives*（Leiden：Martinus Nijhoff Publishers，1991），p. 71.

所有权。1898 年至 1902 年，挪威发现阿克塞尔·海伯格岛、埃勒夫·灵内群岛以及埃尔斯米尔岛西海岸，并以挪威王国的名义主张取得正式所有权。① 丹麦的主张则在第一次世界大战爆发之后。

加拿大接手北极地区后，并未急于立法，而是声称将在必要的时候，比如人口增多或其他情形产生之时再进行规制。直至 1895 年，在相关国家行为的刺激下，加拿大才首次发布命令，规定了北方属地的边界，包括北纬 83°四分之一以内的一切岛屿，比如埃尔斯米尔岛的最北点，该线所封闭的一切岛屿为加拿大领土。② 但这一正式宣告未能减少来自外部的威胁，也未能消除加拿大对此区域的担忧。1907 年 2 月，在加拿大国会讨论此问题期间，参议员波里尔（Poirier）提出了著名的"扇形理论"，建议将位于北极统治地区的陆地和岛屿属地，延伸至北极点。③ 参议院并未采纳这一提议。但卡特赖特（Cartwright）接着这一话题，指出加拿大应对北方边界问题给予适当注意，而恰当地实现这一目标的途径是加强加拿大在这一地区的存在。随后这一政策通过一系列的考察探险远征活动得以落实。④ 第一次世界大战爆发后，加拿大政府的视线曾一度转移。然而，丹麦于 1920 年将埃尔斯米尔岛视为无人岛并随意猎杀麝香牛，引起加拿大政府的注意并激起强烈反应。加拿大政府特别指派了一个技术咨询委员会来解决主权问题。委员会报告强烈要求政府对北部实施管理，加拿大在北极开展了一系列的北极活动。自 1922 年开始，加拿大每年都安排到相关地区的考察活动。⑤ 1926 年，加拿大采纳了保护北极岛屿的委员会法令⑥，对扇形内的北方部分作了描述。这一法令规定，北极区域是加拿大用于本国人狩猎的、带有排

① V. Kenneth Johnston, "Canada's Title to the Arctic Islands", *Canadian Historical Review* 14, 26 (1933): 26 – 29.

② Erik Franckx, *Maritime Claims in the Arctic: Canadian and Russian Perspectives* (Leiden: Martinus Nijhoff Publishers, 1991), p. 72.

③ Canada, Senate Debates, February 20, 1907, p. 266.

④ Erik Franckx, *Maritime Claims in the Arctic: Canadian and Russian Perspectives* (Leiden: Martinus Nijhoff Publishers, 1991), p. 72. 在议案提出之时，加拿大已分别于 1903 年 4 月、1904 年 5 月、1906 年 7 月三次派遣人员探险其北方地区，此后又分别于 1908 年 9 月、1910 年 11 月安排了两次探险。

⑤ Gordon W. Smith, "Sovereignty in the North: The Canadian Aspect of an International Problem", in R. Macdonald ed., *The Arctic Frontier* (Toronto: Toronto University Press, 1966), pp. 208 – 209.

⑥ Canadian Order in Council on the Arctic Islands Preserve.

他性质的领土。①

弗兰克认为,这一时期加拿大对北极群岛的主张得到了国际上的承认。尽管在他国主张放弃的具体的时间节点问题上存在争议,但可以肯定的是,至第二次世界大战爆发,所有其他国家的争议都消失了。丹麦和挪威通过默认、接受或是通过买卖等方式承认了加拿大对北极群岛相关岛屿的主权主张。美国 1930 年至 1940 年关于北极的官方政策声明进一步确认了美国无条件接受了加拿大对其北部岛屿的主权。1930 年 8 月 8 日,通过巨额交易,挪威承认了加拿大对相关岛屿的主权。② 直至 1971 年,由于加拿大和丹麦试图划分大陆架边界发生"汉斯岛之争",这是目前为止加拿大在北极唯一未决的岛屿争议问题。

在梳理加拿大关于北极领土的主张脉络过程中,笔者注意到,1907 年,加拿大参议员在提及扇形理论时,强调的是位于两条国界线之间直至北极点的一切土地应当属于邻接这些土地的国家③,而非海域。随后,有人提出加拿大的主权及于加拿大北极群岛内的岛屿和"冰冻海域"(frozen sea)。1956 年,加拿大的北方事务部部长提出,加拿大从未认为扇形理论仅适用于冰区,海洋不论是否结冰皆是海洋,加拿大的主权及于陆地以及其领水(territorial waters)。④

1957 年,三艘美国破冰船在未征得加拿大同意的情况下通过西北航道的水域,加拿大时任总理宣布西北航道是加拿大的领海。1969 ~ 1970 年发生的"曼哈顿"事件,将加拿大北极扇形水域的法律地位问题再次提上日程。"曼哈顿"事件因美国尝试寻求将阿拉斯加北坡油田的石油运往南方市场的便利途径而起。1969 年,美国派出"曼哈顿"号油轮航行于西北航道。"曼哈顿"号此行的任务是代表大西洋里奇菲尔德公司(Atlantic Richfield Company),考察从阿拉斯加普拉德霍湾(Prudhoe Bay)向美国东海岸运输

---

① Donat Pharand, *Canada's Arctic Waters in International Law* (Cambridge: Cambridge University Press, 1988), p. 51.

② Erik Franckx, *Maritime Claims in the Arctic: Canadian and Russian Perspectives* (Leiden: Martinus Nijhoff Publishers, 1991), p. 73.

③ 邹克渊:《两极地区的法律地位》,《海洋开发与管理》1996 年第 2 期,第 36 页。

④ Paul A. Kettunent, "The Status of the Northwest Passage under International Law", *Det. C. L. Rev.* 929 (1990): 973.

石油的可能性。加拿大要求"曼哈顿"号进入西北航道须事先提出申请并获得批准，并分别于 1969 年 5 月和 6 月照会美国政府，强调"加拿大的主权及于北极岛屿、大陆架和水域"，表示"加拿大在北极地区有重要的利益"。① 美国接受了加拿大破冰船的护航，但为避免承认加拿大对北极水域的主权，拒绝了加拿大提出的申请和批准程序。1969 年 8 月 24 日至 9 月 14 日，"曼哈顿"号穿过西北航道，加拿大海军上尉作为联络官登船随行，途中因当时兰开斯特海峡的自然条件限制转行威尔士王子海峡，全程成本和耗资低于横跨阿拉斯加的管道运输。这令美国进一步认识到西北航道的价值，同时也刺激加拿大采取切实有效的措施对西北航道实施控制。随着加拿大在其国内颁布执行 AWPPA 以及一系列的西北航道航行规则和规定并在第三次联合国海洋法会议期间成功促成"冰封区域"条款，特鲁多总理于 1979 年明确否认了扇形理论在确定北极水域主权中的作用，称扇形理论既不为国际法也不为美国所接受。②

扇形理论对加拿大在北极的陆地领土主张起到了关键的作用。但该理论提起之初并不涉及海洋。之后，随着加拿大意欲对北极群岛水域主张内水地位，但迫于缺乏法律依据，加拿大对扇形理论的作用进行了扩大解释，延伸至海洋，以此作为对北极群岛水域主权提出主张的法理依据。在加拿大对其北极群岛内水主张不自信而又要应对美国船舶强行通过的情况下，扇形理论作为权宜之计发挥了一定的作用。但扇形理论适用于加拿大北极群岛水域的观点在一般国际法和国际海洋法中难以找到依据，受到国际社会的质疑。加拿大自身也意识到了扇形理论在其北方水域主张中的牵强之处，转而占领海洋环境保护的道德制高点，通过国内环境立法对包括西北航道在内的水域进行实际控制，并借助第三次联合国海洋法会议平台推动"冰封区域"条款，逐步加强了对其北方水域的监督和管理。扇形理论在加拿大对北极水域的主张中逐渐淡出舞台。

（二） 扇形理论在俄罗斯主张中的作用

1926 年 4 月 15 日，苏联中心执行委员会通过法令，主张北冰洋北部的

---

① 郭培清等：《北极航道的国际问题研究》，海洋出版社，2009，第 65～66 页。
② Paul A. Kettunent, "The Status of the Northwest Passage Under International Law", *Det. C. L. Rev.* 929 (1990): 974.

扇形区域内一切陆地和岛屿，包括已发现的或将来可能发现的，均属苏联的领土，但该法令公布时苏联政府已承认的他国领土除外。① 从该法令的用语看，仅提及了陆地和岛屿，未提及相关海域的法律地位。1986 年水手通告附件设了"苏联国家机关在航行问题上的法律和规则"一章，该章包含了上述 1926 年法令。有学者认为，此种规定仅是为了保护苏联在北极的岛屿的领海利益。②

也有苏联学者对扇形理论进行了扩大解释。科罗温（Korovin）是首个主张 1926 年法令起草者所称"土地和岛屿"，依其本意包括移动冰块和环绕的海洋的学者。③ 直至 20 世纪 80 年代后期，扇形理论虽然在北极水域法律地位问题上仍为苏联学者所引用，但关于具体内容的阐释各异，态度上呈温和趋势。有些苏联学者不再援引扇形理论，转而以国际法一般原则和国际海洋法作为法律论证的基础。

苏联时期的两本教科书反映了这一趋势。1988 年的国际海洋法教科书④专章讨论了北极的法律体系，文中逐字地援引了科罗温关于 1926 年法令的扩大解释，用以说明当时的苏联法学家已经注意到苏联对北极水域的"特殊权利"（special rights）。书中进一步得出结论，上述关于"特殊权利"的原则已在国际法中得到不完全的体现。⑤

另一本是 1987 年的国际法教科书。其中有一个段落专门提及北极法律体制，采取的是不同的阐述方式。该书不赞同把北极的海洋空间并入扇形理论中，而是主张将扇形区域内的岛屿和群岛与海洋区分开来，前者由苏联行使完全主权，后者的法律制度则适用国际海洋法的规则和原则。⑥

---

① Leonid Tymchenko, "The Russian Arctic Sectoral Concept: Past and Present", *Arctic* 50, 30 (1997).

② Leonid Tymtchenko, "The Russian Arctic Sectoral Concept: Past and Present", *Arctic* 50, 29 (1997): 30 – 33.

③ Erik Franckx, "Nature Protection in the Arctic: Recent Soviet Legislation", *International & Comparative Law Quarterly* 41, 366 (1992): 398.

④ Blishchenko (Belyavsk, D. trans. from Russian), *The International Law of the Sea* (Moscow: Progress Publishers, 1988).

⑤ Erik Franckx, "Nature Protection in the Arctic: Recent Soviet Legislation", *International & Comparative Law Quarterly* 41, 366 (1992): 369 – 370.

⑥ Erik Franckx, "Nature Protection in the Arctic: Recent Soviet Legislation", *International & Comparative Law Quarterly* 41, 366 (1992): 366 – 367.

作者紧接着补充称，这些国际海洋法的规则和原则可以在一定程度上基于扇区的特殊环境予以修改。这些特殊环境包括冰的存在、国际航行的缺乏、对沿岸国国内航行的特殊重要性以及对北极圈国家的重要经济和战略意义。① 1985 年苏联海军的《海洋法指南》采纳了上述观点。该指南指出，扇形区域的两条边线不是苏联的国界线，但基于北极海域对沿岸国的特殊重要意义，可以认定北极扇形区域为具有经济和防卫利益的区域，应采用适当的划界方法，依照 UNCLOS 规定的专属经济区和大陆架制度在该区域进行划界。② 俄罗斯依据"扇形理论"主张 200 海里外大陆架直达北极点。

俄加两国在北极的陆地领土主张依据具有相似性，俄罗斯历史上通过扇形理论对其北冰洋北部扇形区域内一切陆地和岛屿主张主权，虽然在后来的航行规则中，比如 1986 年水手通告附件中也对扇形区域有所援引，但扇形理论在俄罗斯对其北极水域主张中所居的位置始终是暧昧的。随着国际海洋法的发展，俄罗斯在扇形区域的利益更多地体现为特殊经济和防卫利益，扇形区域两条边线的国界线价值受到否定，这在俄罗斯向大陆架界限委员会提起的 200 海里外大陆架划界案中也有所反映。

二　历史性权利

加拿大和俄罗斯在强调西北航道和北方海航道相关水域的法律地位时，皆强调对相应航道的"历史性"拥有。加拿大明确主张其北极群岛水域是"历史性内水"，西北航道应适用其国内立法；俄罗斯则强调北方海航道是其历史上的国内交通运输航线。关于历史性权利的含义，在现有国际公约或条约中没有明确的界定，因此，本部分在评析加拿大和俄罗斯的历史性权利主张之前，先就历史性权利的含义和性质作了分析研究。

（一）历史性权利的含义

对于历史性权利的定义、内涵和外延，国际法学者从不同的角度作了

---

① Erik Franckx, "Nature Protection in the Arctic: Recent Soviet Legislation", *International & Comparative Law Quarterly* 41, 366 (1992): 370.

② Erik Franckx, "Nature Protection in the Arctic: Recent Soviet Legislation", *International & Comparative Law Quarterly* 41, 366 (1992): 370–371.

阐述。邹克渊认为，"历史性权利"概念往往与国际法中的领土取得有关，不仅在海域存在着历史性权利，在陆地也存在着历史性权利。历史性权利不仅适用于历史性海湾、历史性水域，还包括某些特殊的权利，比如一国在公海特定海域的历史性捕鱼权等不涉及完全主权的权利主张。① 布卢姆（Blum）也认为历史性权利并不仅是一种海洋权利，也包括国家对陆地的占有权利。他强调历史性权利形成过程的长期累积性和逐渐强化性，认为历史性权利是包含一连串的行为以及行为模式的长期过程的结果，此种权利基于这一过程的完整性以及累积效果而产生，并基于历史性逐渐强化为国际法上有效的权利。② 王军敏认为，根据历史性权利主张的性质不同，历史性权利既包括具有专属性质的历史性所有权，又包括历史性航行权和历史性捕鱼权等非排他性的历史性权利。③ 曲波、于天一在认同历史性权利实质上是一种领土取得方式的基础上，作了进一步的分析，认为"历史性权利是历史性水域的理论依据，历史性水域是历史性权利的标的，而历史性海湾只是历史性水域的一种"④。

"历史"或"历史性"多次出现在 UNCLOS 中。UNCLOS 第 10 条第 6 款提到"历史性海湾"（historic bays）；第 15 条提到"历史性所有权"（historic title）在海岸相向或相邻国家间领海划界的例外；第 46 条提到"群岛"这一概念也包括"历史上（historically）已被视为这种实体"的地形；第 149 条提到"考古和历史文物（historical objects）"，强调应特别顾及"历史（historical）和考古上的来源国的优先权利"；第 298 条第 1 款（a）（1）提到一国可通过书面声明将涉及"历史性海湾或所有权"（historic bays or titles）的争端排除强制司法或仲裁管辖程序；第 303 条分别在第 1 款和 4 款中两次提到"历史性文物"（historical objects）。从这些表述中可以看出，UNCLOS 尊重历史上即已存在的权利，并对"历史"或"历史性"的表述采取了多

① Zou Keyuan, "Historic Rights in International Law and in China's Practice", *Ocean Development & International Law* 32, 149（2001）: 150 – 152.

② Yehua Z. Blum, "Historic Rights", in Rudolf Bernhard, *Encyclopaedia of Public International Law*, Installment 7（Amsterdam: North-Holland Publishing Co., 1984）, p. 120.

③ 王军敏：《国际法中的历史性权利》，中共中央党校出版社，2009，第 43 ~ 45 页。

④ 曲波、于天一：《历史性权利的习惯国际法地位思考》，《大连海事大学学报》（社会科学版）2012 年第 2 期，第 51 页。

样的形式。

关于历史性权利，UNCLOS 中提到了两个重要的概念，分别是"历史性海湾"（historic bays）和"历史性所有权"（historic title）。《布莱克法律词典》对"historic bay"的解释是"一个海湾，基于其形状不应视为在沿海国的管辖之下，除非该国对其有长期单方主张；或沿海国对该海湾从传统上宣称和维持控制"①。"title"有两种含义：一是"所有元素的组合（诸如所有、占有和保管）形成了法律上财产控制和处置权"，"财产所有者和财产本身间的法律关系"；二是对财产所有权的法律依据。② 在"布基纳法索诉马里案"判决中，关于"title"的解释是，包括可以确立权利存在的证据，又包括那些权利的实际来源。③ 詹宁斯（Jennings）认为："所有权存在与否最终取决于某些事实的存在。'所有权'的主要含义是法律承认其产生一个权利的授权性事实。"④ 菲德罗斯在其著作中，将领土"所有权"视同于领土"主权"。⑤ 笔者认为，从领土或水域取得角度看，所有权是指授权性法律事实；从法律性质看，领土或水域所有权则是指权属者有权依据国际法对抗第三国。

就国际司法实践而言，"历史性海湾"这一概念的出现，可追溯到国际常设仲裁法院于 1910 年作出的"北大西洋海岸渔业案"的裁决。该案中，法庭承认："条约和已确立的惯例可以视为领有这些海湾的基础，由此可以称为历史性海湾，在缺乏关于此问题的国际法规则的情况下，此类主张应

---

① Historic bay: A bay that, because of its shape, would not be considered a bay subject to the coastal country's jurisdiction, except for that country's longstanding unilateral claim over it; a bay over which the coastal country has traditionally asserted and maintained domination. Bryan A. Garner, *Black's Law Dictionary* (tenth edition) (Thomson West, 2014), p. 182.

② The union of all elements (as ownership, possession, and custody) constituting the legal right to control and dispose of property; the legal link between a person who owns property and the property itself (no one has title to that land), Cf. OWNERSHIP; POSSETION; Legal evidence of a person's ownership rights in property; an instrument (such as a deed) that constitutes such evidence (record your title with the country clerk). Bryan A. Garner, *Black's Law Dictionary* (tenth edition) (Thomson West, 2014), p. 1712.

③ Faso B. V. Mali, *I. C. J. Reports*, 1986, p. 564.

④ Robert Y. Jennings, *The Acquisition of Territory in International Law* (Oceana: Manchester Univ. Press 1963), p. 4, 转引自王军敏《国际法中的历史性权利》, 中共中央党校出版社, 2009, 第 125 页。

⑤ 〔奥〕阿·菲德罗斯等：《国际法》（上册），李浩培译，商务印书馆，1981，第 324 页。

视为有效的。"① 从国际实践和国际法学者的观点看，历史性水域包括但不限于历史性海湾。② 国际法院关于"英挪渔业案"的判决书中多次提及历史性因素，包括历史性所有权、历史性水域（historic waters）、历史性根据（historic grounds）等。③ 国际法院对"历史性水域"作出以下诠释："'历史性水域'通常意味着那些被视为内水但如果不存在历史性所有权（historic title）则不具备那种特征的水域。"④ 值得提及的是，英国曾在本案中提出应将海湾和海峡作区别对待，认为那些建立在"历史性"权利基础上的连接公海的两个部分的海峡，应认定为领水而非内水。在"英挪渔业案"中，英国对"法律上的海峡"（legal strait）作了界定，即指连接公海的两个部分的任何地理上的海峡。⑤ 英国主张："挪威，基于峡湾……的历史性所有权（historic title），对位于挪威的岛屿边缘和大陆间的水域有权主张其为领海或内水。为了确定哪些必须视为岛屿和大陆间的区域，且这些区域是领海或内水，必须援引上述第 6 款⑥和第 8 款⑦作为海湾和法律上的海峡的定义。"⑧ 英国进一步主张：

---

① Permanent Court of Arbitration：The North Atlantic Coast Fisheries Case（Great Britain V. United States of America），Award of the Tribunal，September 7，1910，p. 25，https://pcacases.com/web/sendAttach/496，最后访问日期：2022 年 3 月 24 日。

② Leo J. Bouchez，*Regime of Bays in International Law*（The Hague：Nartinus Nijhoff，1964），p. 199.

③ 历史上，英国渔民到挪威附近的海域捕鱼，由于挪威的抗议，自 17 世纪起英国渔民终止了这样的行动。但自 1906 年起，英国拖网渔船出现在这一海域，引起挪威及其国民的关注。正是在此背景下，挪威颁布 1935 年皇家敕令，划定了北纬 66°28′8″以北的渔区。1948 年和 1949 年挪威扣押或没收了大量英国渔船，英国此时向国际法院提起诉讼，请求国际法院说明上述界限和划界方法是否违反国际法。

④ Fisheries Cases（United Kingdom V. Norway），Judgment of December 18th，1951：*I. C. J. Reports* 1951，p. 130，https://www.icj-cij.org/public/files/case-related/5/005 - 19511218 - JUD - 01 - 00 - EN. pdf，最后访问日期：2022 年 3 月 24 日。

⑤ Fisheries Cases（United Kingdom V. Norway），Judgment of December 18th，1951：*I. C. J. Reports* 1951，p. 120，https://www.icj-cij.org/public/files/case-related/5/005 - 19511218 - JUD - 01 - 00 - EN. pdf，最后访问日期：2022 年 3 月 24 日。

⑥ "英挪渔业案"中关于海湾的阐述。（6）That the definition of a bay in international law is a well-marked indentation，whose penetration is in such proportion to the width of its mouth as to constitute the indentation more than a mere curvature of the coast.

⑦ "英挪渔业案"中关于法律上的海峡的阐述。（8）That a legal strait is any geographical strait which connects two portions of the high seas.

⑧ Fisheries Cases（United Kingdom V. Norway），Judgment of December 18th，1951：*I. C. J. Reports* 1951：120，http://www.icj-cij.org/docket/files/5/1809. pdf. 最后访问日期：2015 年 1 月 20 日。

那些位于曲口的区域具备海湾特征的，且在适当的封口线内的，视为内水；那些位于曲口的区域具备法律上的海峡的特征的，且在适当的界限内的，视为领水。

联合国第一次海洋法会议讨论直线基线时，提到了"无害通过的历史性权利"（the historic right of innocent passage），第二次海洋法会议讨论扩大领海宽度、专属渔区问题时提出了"历史性捕鱼权"（historic rights of fishing）问题。第三次海洋法会议基于确立领海划界制度的需要，对"历史性海湾"、"历史性所有权"以及"历史性捕鱼权"等问题继续作了讨论。1958年《领海及毗连区公约》（以下简称"1958年《公约》"）对历史性权利给予了尊重和重视，在第5条第2款规定了"历史性的无害通过权"[1]；第12条规定了历史性所有权（historic title）在海岸相向或相邻国家间海洋划界中的保留和例外："……但如因历史上权利或其他特殊情况而须以异于本项规定之方法划定两国领海之界限，本项规定不适用之。"[2] 需说明的是，1958年《公约》第12条的中文版用了"历史上权利"的表述，在该公约的英文中使用的则是"historic title"。UNCLOS 未对"历史性海湾"和"历史性所有权"作出具体的界定，而是基本照搬了1958年《公约》中的相关规定。[3]

正如贾宇总结的那样："历史性权利是国际法上的基本理论问题之一，产生于确定领海基线的国家实践之中。历史性权利的内涵主要包括历史性所有权、传统捕鱼权和历史性航行权。"[4] 基于法律地位、权利属性以及用途的不同，历史性权利可分为以下两类：一类是权利主张国视为内水或领海的海域，此种海域具有国家领土的性质，权利主张国对其享有排他性的

---

[1] 1958年《公约》第5条第2款规定："依第4条划定直线基线致使原先认为领海或公海一部分之水面划属内水时，在此水域内应有第14条至第23条所规定之无害通过权。"该公约于1958年4月29日订于日内瓦，1964年9月10日生效。国际法委员会网站：http://www.un.org/chinese/law/ilc/tsea.htm，最后访问日期：2014年2月11日。

[2] 1958年《公约》第12条第1款规定："两国海岸相向或相邻者，除彼此另有协议外，均无权将本国领海扩展至每一点均与测算各该国领海宽度之基线上最近各点距离相等之中央线以外。但如因历史上权利或其他特殊情况而须以异于本项规定之方法划定两国领海之界限，本项规定不适用之。"国际法委员会网站：http://www.un.org/chinese/law/ilc/tsea.htm，最后访问日期：2014年2月11日。

[3] 王军敏：《国际法中的历史性权利》，中共中央党校出版社，2009，第41页。

[4] 贾宇：《中国在南海的历史性权利》，《中国法学》2015年第3期，第179～203页。

主权，如历史性海湾和历史性水域即属此类海域，UNCLOS 将国家对此类海域的权利称为历史性所有权（historic title）。肖（Shaw）对所有权的理解是："所有权概念实质上是对法律和事实因素的说明，根据国际法规则，这些因素是有效取得或保持领土主权的前提。"① "历史性所有权"的概念是一个一般国际法上的概念，判断历史性海湾和历史性水域的标准与领土所有权的取得要件有着很大的契合性。确切地说，作为内水或领海②存在的历史性海湾或历史性水域的权利属性和领土所有权是基本一致的。另一类是非领土主权性质的权利，如国家长期以来在特定海域享有的历史性捕鱼权或历史性航行权。历史性航行权具体体现在 1958 年《公约》第 5 条第 2 款③和 UNCLOS 第 8 条第 2 款④中，是指国家根据领海无害通过原则或公海自由原则对某些海域享有的权利，只是由于沿海国使用直线基线的效果使将原来认为是领海或公海的海域包围在内成为内水，其他国家在此海域享有的无害通过权。⑤ 需说明的是，UNCLOS 与 1958 年《公约》关于历史性航行权的规定存在细微的差别，1958 年《公约》第 5 条第 2 款关于适用历史性航行权的限定语是"……直线基线的效果使原来被认为是领海或公海的一部分的水域被包围成为内水"，而 UNCLOS 第 8 条第 2 款的相应限定词则是"……直线基线的效果使原来并未认为是内水的区域被包围在内成为内水"。后一个公约一方面反映了编纂者考虑到了"专属经济区"等新的概念；另一方面更加明确地规定了历史性航行权的适用条件，理顺了历史性水域和

① Malcolm N. Shaw，*Title to Territory in Africa*：*International Legal Issues*（Oxford：Oxford University Press，1986），p. 17.
② 沿海国在领海享有主权，除了他国在沿海国领海享有无害通过权以外，沿海国对领海和对内水的权利是一样的。
③ Art. 5 para. 2，Geneva Convention on Territorial Sea and Contiguous Zone，1958：Where the establishment of a straight baseline in accordance with Article 4 has the effect of enclosing as internal waters areas which previously had been considered as part of the territorial seas or of the high sea，a right of innocent passage，as provided in Articles 14 to 23，shall exist in those waters. 如果根据第 4 条确定直线基线的效果是使原来被认为是领海或公海的一部分的水域被包围成为内水，则在此种水域内应存在本公约第 14 条至第 23 条所规定的无害通过权。
④ Art. 8 para. 2，United Nations Convention on the Law of the Sea，1982：Where the establishment of a straight baseline in accordance with the method set forth in article 7 has the effect of enclosing as internal waters areas which had not previously been considered as such，a right of innocent passage as provided in the Convention shall exist in those waters.
⑤ 王军敏：《国际法中的历史性权利》，中共中央党校出版社，2009，第 45 页。

历史性航行权的关系，即原来不是内水的海域，即使采用直线基线后成为内水，也不应适用内水的管理制度，而是应结合这片水域的历史属性，考虑和尊重各国在上述水域的航行权。此观点在 UNCLOS "用于国际航行的海峡"的法律制度中得到了呼应。①

（二）加俄的历史性主张检视

在 1980 年的一份备忘录中，加拿大明确表示，西北航道不属于国际海峡，而是加拿大的内水，为了航行安全和环境目的，任何在西北航道的航行均需接受加拿大的控制和规定。② 1985 年 9 月 10 日，加拿大时任外长克拉克在国会发表声明："加拿大的北极主权不可分割，它包括陆地、海洋和冰盖，不受阻碍地沿北极群岛外侧向海洋方向延伸。……从远古时代，加拿大的印第安人一直使用和占有海冰，如同使用占有陆地一样……"③ 克拉克还宣布，加拿大公布的直线基线确定了加拿大历史性内水的外部界限，加拿大的领水从基线向外延伸 12 海里。④ 加拿大将包括西北航道在内的北极群岛水域视为历史性内水。

俄罗斯虽然采取了模糊的说法，称北方海航道是其历史上的国家交通航线，但俄罗斯对包括北方海航道在内的北极海域的特殊权利主张也建立在历史性水域理论的基础上。1998 年《俄罗斯联邦内水、领海和毗连区法》第 1 条规定了俄罗斯的内水范围，强调内海水是俄罗斯联邦领土的组成部分，并在第 2 款中强调其内水包括"海湾（gulfs and bays）、水湾（inlets）、暗礁（reefs）、海（seas）和海峡（straits），它们的入口宽度超过 24 海里且历史上属于俄罗斯联邦"；第 14 条将北方海航道定义为俄罗斯联邦在北极的历史上的国家统一交通航线，海上航行需遵守俄罗斯的联邦法律和其他法规、其签署的国际协定以及该国通过的穿越北方海航道的各种航行规则

---

① 《联合国海洋法公约》第 35 条规定："本部分的规定不影响：（a）海峡内任何内水区域，但按照第七条所规定的方法确定直线基线的效果使原来并未认为是内水的区域被包围在内成为内水的情况除外；……"

② Paul A. Kettunent. "The Status of the Northwest Passage under International Law", *Det. C. L. Rev.* 929（1990）：974.

③ Franklyn Griffiths, *Politics of the Northwest Passage*（Canada：McGill-Queen University Press, 1987），pp. 269 – 273.

④ 王泽林：《北极航道法律地位研究》，上海交通大学出版社，2014，第 229 页。

和航海通告等。① 本书考察了 1985 年直线基线公布前"历史上"这一表述出现在苏联国内立法中的语境。1960 年《国家边界法》第 4 条笼统地规定，苏联的内海水包括"历史上属于苏联的海湾（bays）、水湾（inlets）、小海湾（coves）和河口（estuaries），以及海（seas）和海峡（straits）"②。1982 年苏联新的《国家边界法》第 6 条第 4 款关于历史性水域的规定再次采用了1960 年法令的表述。③ 上述立法有着以下共同特点：一是关于"历史上"的阐述均出现在关于内水的界定条款中；二是在界定历史上属于俄罗斯内水的范畴时均提到了海峡。这佐证了俄罗斯关于北方海航道上相关海峡的主张是一种具有历史性所有权性质的主张。其国内学者的著述也对此有所反映。如 Odnopozov 认为，喀拉海、拉普捷夫海和西伯利亚海是苏联的历史性水域。Boitsov、Ivanov 和 Makovskii 认为楚科奇海也是如此。Khamanev 在分析北方海航道的法律地位时，列举了大量的法律依据，并认为苏联对其北极海域的历史性所有权主张是法律依据之一，此依据与苏联在建立关于北方海航道的法律制度时所有国家的默认，以及其他国家的船舶不曾使用北方海航道一并，使得相关质疑立不住脚。④

　　既然加拿大主张其对西北航道相关海峡的权益以及俄罗斯主张其对北方海航道相关海峡的权益是一种历史性所有权或是具有历史性所有权性质的权益，本书在此部分将着重从历史性所有权构成要件的角度对俄加的主张进行分析。在成文法中，难以找到关于历史性权利构成要件的具体规定。联合国秘书处在《包括历史性海湾在内的历史性水域法律制度》的研究报告中提到确定历史性水域是否存在需考虑三个因素：一是主张历史性水域的国家在该区域实施了管辖；二是此种管辖的实施具有连续性；三是其他

---

① Federal Act on the internal maritime waters, territorial sea and contiguous zone of the Russian Federation, 1998, 根据第 14 条，"北方海航道"的定义为"the historical national unified transport line of communication of the Russian Federation in the Arctic", http://www.un.org/Depts/los/LEGIS-LATIONANDTREATIES/STATEFILES/RUS.htm, 最后访问日期：2014 年 12 月 1 日。

② 王泽林：《北极航道法律地位研究》，上海交通大学出版社，2014，第 187 页。

③ United Nations, "The Law of the Sea: Current Developments in State Practice", 1987, pp. 99 - 100.

④ 关于俄罗斯学者的相关观点，参见 Leonid Tymchenko, "The Northern Sea Route: Russian Management and Jurisdiction over Navigation in Arctic Seas", in Alex G. Oude Elferink and Donald R. Rothwell, *The Law of the Sea and Polar Maritime Delimitation and Jurisdiction* (Leiden: Martinus Nijhoff Publishers, 2001), pp. 277 - 278。

国家的态度。主张国在相关海域有效实施主权管辖是构成历史性水域的必要条件①，此种主权行使需要经历相当长的时间，因此形成一个惯例，国外其他国家对于主张国在这一区域活动的态度表现为一般性容忍。按照"谁主张，谁举证"的一般举证原则，历史性水域的举证责任应由主张该项权利的国家承担，从此意义上讲，如果一个国家不能证明完全履行了必要的条件，则其关于权利的主张将会被否决。② 上述理论对历史性所有权的判断标准仅给出了框架性的建议，故有学者指出了判断历史性所有权构成要件的复杂性，比如西蒙斯（Symmons）在其书中列举了在判断历史性水域地位时存在的大量困难和不确定性。西蒙斯指出，就上述三个因素是否属于三个独立的必要条件还是在这些因素中寻求平衡也是一个有待探讨的问题。③结合前文提到的历史性所有权含义的阐述和国际司法实践，本书概括归纳了历史性所有权的构成要件，俄加的历史性主张是否符合一般国际法原则可从以下几个方面进行分析。

1. 是否由主权国家明确提出并行使排他性主权

布卢姆认为，历史性所有权的形成需要国家以主权者名义行使排他性的国家权利为前提。④ 从主体来看，主张历史性所有权的主体须是主权国家。新国家可引用宗主国在历史上对相关海域行使国家主权的事实主张历史性所有权。⑤ 从权利性质来看，排他性意味着此种权利专属于权利主张国，而其他国家只有在征得权利主张国的同意或是在遵守权利主张国的法律法规或规定的前提下才可行使相应的权利和自由。个人自发的行为在判

---

① The UN Secretariat, U. N. Doc. A/CN. 4/143, 9 March 1962. "Juridical Regime of Historic Waters, Including Historic Bays", reprinted in *Yearbook of the International Law Commission*, Vol. Ⅱ, 1962 (New York, 1964), p. 25.

② Ted L. McDorman, "The Northwest Passage: International Law, Politics and Cooperation", in Myron H. Nordquist, John N. Moore and Tomas H. Heidar, *Changes in the Arctic Environment and the Law of the Sea* (Leiden: Martinus Nijhoff Publishers, 2010), 233.

③ Clive R. Symmons, *Historical Waters in the Law of the Sea: A Morden Re-appraisal* (Leiden: Martinus Nijhoff, 2008); Ted L. McDorman, "The Northwest Passage: International Law, Politics and Cooperation", in Myron H. Nordquist, John N. Moore and Tomas H. Heidar, *Changes in the Arctic Environment and the Law of the Sea* (Leiden: Martinus Nijhoff Publishers, 2010), p. 234.

④ Yehuda Z. Blum, *Historic Title in International Law* (Oxford: Oxford University Press, 1965), p. 124.

⑤ 王军敏：《国际法中的历史性权利》，中共中央党校出版社，2009，第134页。

断国家所有权的问题上是否有意义取决于具体情形。"英挪渔业案"中，英挪两国就挪威渔民在争议海域捕鱼的行为是否可以作为所有权主张依据的问题进行了讨论。虽然国际法院在判决书中未涉及此问题，徐谟（Hsu Mo）法官在"独立意见"（Separate Opinion）中，就挪威以当地居民在相关海域捕鱼且禁止外国人在此捕鱼为由主张历史性所有权认为"个人，仅为了他们自身的利益且没有其政府授权而主动从事的活动，不能赋予国家主权，即使经历了时间以及未受到其他国家国民的妨碍"①。马克奈（Arnold Mc-Nair）先生在其"不同意见"（Dissenting Opinion）中，赞同国家可以基于历史性所有权对假如不存在此种权利则具有公海地位的海域主张权利，但他认为证明历史性所有权的存在，通常需要有一些关于国家行使管辖行为的证据。个人的独立行为在证明所有权问题上没有太大的价值，除非能证明个人的行为是根据国家颁发的执照或是政府的其他授权，或是通过其他的方式证明政府通过他们实施了管辖权。② 但不能完全否认个人行为在证明国家拥有所有权中的作用，虽然个人自发实施的行为不构成国家对领土所有权主张的基础，但在某些情形下，个人行为可以作为国家对争议地区实施主权的证据或是非专属性历史性权利主张的证据，这在"敏基埃群岛案"和"埃克里赫斯群岛案"（法国/英国）中有所体现。③

（1）加拿大

在很长一段时期内，加拿大并未对西北航道行使排他性的主权。西北航道曾是一条用于各国航行和探险的航道。15 世纪 90 年代起，欧洲人开始探索西北航道通航的可能性，以便找到一条能够更直接地通往东方的航路。1497 年，意大利航海家约翰·卡波特从布里斯托尔出发，开启探索航道之旅，但未成功。1778 年，英国皇家海军军官、航海家、探险家詹姆斯·库

① Separate Opinion of Judge Hsu Mo, ICJ, fisheries cases, Pleadings, Oral Argument, Documents, Vol. Ⅲ, p. 157，另见 https://www.icj-cij.org/public/files/case-related/5/005 – 19511218 – JUD – 01 – 02 – EN. pdf, 最后访问日期：2022 年 3 月 24 日。
② Dissenting Opinion of Sir Arnold McNair, ICJ, fisheries cases, pp. 183 – 184, https://www.icj-cij.org/public/files/case-related/5/005 – 19511218 – JUD – 01 – 03 – EN. pdf, 最后访问日期：2022 年 3 月 24 日。
③ ICJ, the Minquiers and Ecrehos Case（France /United Kingdom），本案于 1953 年 11 月 17 日作出判决，详见 https://www.icj-cij.org/public/files/case-related/17/017 – 19531117 – JUD – 01 – 00 – EN. pdf, 最后访问日期：2022 年 3 月 24 日。

克首次尝试从西侧探寻西北航道。1800 年，皇家海军探寻了现今位于加拿大北极群岛一带的岛屿和狭窄水道。1845 年，英国人约翰·富兰克林率领探险队向北至巴芬湾后失踪。此后十年间，为寻找富兰克林及其队员，皇家海军进行了多次搜寻活动，对整个群岛也有了初步的了解。直到 1900 年，挪威探险家罗尔德·亚孟森成为第一个乘船通过整个西北航道的人。1942 年，加拿大"圣罗什"（St. Roch）号完整地自西往东完成西北航道的航行，随后又自东向西成功返程。① 各国船舶在西北航道的航行实践表明，西北航道历史上并非专属于加拿大所有，加拿大也未对西北航道行使排他性的权利。

加拿大开始对其北极水域提出主张可追溯至 20 世纪 50 年代，但这一时期加拿大对其北极水域范围的描述和法律地位定性带有模糊性并处于不断试探和变化中，既未明确北极群岛水域和西北航道的范围，也未明确其"历史性水域"的内水地位。比如 1958 年，加拿大负责北方事务的部长阿尔文·汉密尔顿在下议院声明："加拿大以北的地区，包括岛屿和岛屿之间的海域及以外的地区，被看作是我们自己的。本届政府，并且我认为以往各届加拿大政府，都毫无疑问地认为，这是国家的属地（national terrain）。"② 但美国破冰船分别于 1960 年和 1962 年成功地穿越西北航道③，加拿大并未采取强有力的措施进行阻止。1969 年 5 月 15 日，刚于 1968 年上任的特鲁多发表声明称，加拿大对北极的主权已确立，"没有任何人及国家提出过抗议，……也没有任何国家根据任何其他事实反对加拿大的主权，……许多国家以各种方式承认加拿大对北极水域的主权"④。事实上，在此之前，美国的潜艇巡航曾多次穿行于加拿大所谓的北极扇形水域，美国的一些漂流站也曾进入过这一水域。

因此，严格意义上讲，加拿大对西北航道的权利主张并不符合由国家

---

① 本部分根据相关资料予以整理，http://baike. so. com/doc/，最后访问日期：2015 年 9 月 10 日。

② 1957 - 1958 Debates, House of Comments, Canada, Vol. 2, p. 1559.

③ Erik Franckx, *Maritime Claims in the Arctic: Canadian and Russian Perspectives* (Dordrecht: Martinus Nijhoff, 1993), p. 75.

④ J. A. Beesley, "Canadian Practice in International Law During 1969 as Reflected in Public Correspondence and Statements of the Department of External Affairs", *Canadian Yearbook of International Law* 8, 337 (1970): 343.

为主体明确提出并行使排他性权利的条件。虽然历史上加拿大的船舶在西北航道曾有航行实践，但此种行为不具有排他性，西北航道曾是用于各国的航行、探险或勘探活动的航道，同一时期加拿大以外国家的船舶也均具有在相关航道航行的实践。随着北极航道航运价值的显现，加拿大政府开始对其北极群岛水域蠢蠢欲动，但由于加拿大政府本身对权利性质的不确信，加之顾及国际社会的反应，加拿大政府在 20 世纪 70 年代之前对包括西北航道在内的北极群岛水域的法律地位问题始终含糊其词，未对西北航道的范围以及法律性质作出明确界定，在较长一段时间内也并未采取有效措施对西北航道实施排他性管辖。

（2）俄罗斯

包括北方海航道在内的东北航道也曾是由多个国家用于探险和商贸的海上通道，并非仅限于俄使用。最早沿俄北部海岸航行的尝试可追溯至 11 世纪，16 世纪始，俄北部沿岸的水道引起英国和荷兰的关注，西方认为这是一个可替代由西班牙和葡萄牙控制的通往东方南部航线的航道。① 18 世纪和 19 世纪，俄国人利用东北航道开展了一系列的探险活动，并发现了一系列新的岛屿。但这一时期，英国人、瑞典人、奥地利人、美国人和挪威人等出于科研、航行和经济的目的，在东北航道均留下过时代的印迹。自 19 世纪 60 年代起，挪威的商船于夏季定期造访喀拉海，美国的捕鲸人和商人通过白令海峡至楚科奇海直到叶尼塞河的河口与当地的部落进行交易。值 1904～1905 年日俄战争期间，俄国意识到了东北航道的战略价值，特别是在快速和秘密地向东方输送船只的问题上。尽管此计划当时并未真正得到落实，但这一发现促使更多的探险队和考察队前往东北航道。1914～1915 年，两艘破冰船"泰梅尔"（Taymyr）号和"瓦伊加奇"（Vaygach）号首次成功全程通行于东北航道，并发现和命名了"北地群岛"。② 1912～1914 年，俄政府沿东北航道建了三个无线电报站，并建立西伯利亚汽船公司，

① Leonid Tymchenko, "The Northern Sea Route: Russian Management and Jurisdiction over Navigation in Arctic Seas", in Alex G. Oude Elferink and Donald R. Rothwell, *The Law of the Sea and Polar Maritime Delimitation and Jurisdiction* (Leiden: Martinus Nijhoff Publishers, 2001), p. 272.

② Terence Armstrong, *The Northern Sea Route: Soviet Exploration of the North East Passage* (Cambridge: Cambridge University Press, 1952), p. 30.

用于"一战"期间从英国到斯堪的纳维亚的货物运输。① 但这仅能证明该国为便利通信和海上航行之目的有所行动，不能证明此项活动具有排他性的主权管辖性质。

1917 年十月革命后，苏联于 1920 年建立了北方海航道委员会（Committee of the Northern Sea Route）作为西伯利亚革命委员会的一个部门，负责从欧洲部分到四个西伯利亚河流的海上运输，后来北方海航道委员会从属于苏联人民贸易委员会（USSR People's Commissariat of Trade）。该委员会负责包租外国船舶从东边运输货物到鄂毕河和叶尼塞河，这些外国船舶主要来自挪威和英国。一些苏联商船也在北方海航道航行。东北航道的东部，从白令海峡到科累马河，直到 1930 年持续为美国船舶所用。1932 年，北方海航道首席管理局（Chief Administration of the Northern Sea Route）建立，用于协调一个新的北极开发项目。这一机构的特殊职责是发展北方海航道的沿岸航线。1937 年，该机构与其他部门分配职责，1953 年，该管理局从属于苏联商船部（USSR Ministry of the Merchant Marine），1963 年，该机构被完全遣散，其功能和职责分配给该部的其他不同部门。②

虽然苏联建立了相关部门对北方海航道的运输活动进行管理，但相关机构的建立主要为了服务苏联的海上商贸，并非对北方海航道进行排他性使用和管理。随着苏联商船舰队的剧增，其他国家在北方海航道航行的船舶数量骤减，但仍有其他国家在此航行的实践。直至 1985 年，在北极的直线基线公布之前，俄罗斯历届政府从未对北方海航道明确提出过排他性权利主张。1990 年俄罗斯《北方海航道航行规则》颁布之前，北方海航道的范围甚至都是不确定的，自然无法谈及排他性管辖的问题。苏联时期的相关书籍和学者论著对北方海航道的模糊描述正反映了历史上北方海航道范围的不确定性。《苏联大百科全书》将北方海航道定义为："苏维埃社会主义共和国联盟在北极的主

① Leonid Tymchenko, "The Northern Sea Route: Russian Management and Jurisdiction over Navigation in Arctic Seas", in Alex G. Oude Elferink and Donald R. Rothwell, *The Law of the Sea and Polar Maritime Delimitation and Jurisdiction* (Leiden: Martinus Nijhoff Publishers, 2001), p. 273.

② Leonid Tymchenko, "The Northern Sea Route: Russian Management and Jurisdiction over Navigation in Arctic Seas", in Alex G. Oude Elferink and Donald R. Rothwell, *The Law of the Sea and Polar Maritime Delimitation and Jurisdiction* (Leiden: Martinus Nijhoff Publishers, 2001), pp. 273 – 274.

要海运通道。航道位于北冰洋内并连接欧洲和苏联远东港口。长度是 5600 千米。"① 巴特勒认为，北方海航道通常指从列宁格勒到符拉迪沃斯托克（海参崴）用于苏联商船海运的海道。它在某种意义上是一个国内运输概念，紧密连接服务于北西伯利亚和远东的经济需要，并自 1932 年起以该名称正式运作。② 还有学者指出北方海航道和其他航道的不同，即北方海航道没有唯一的固定的路线。它可沿新地岛和北地群岛的北部边缘，绕开那些把陆地构造和苏联大陆主权分离的海峡。但在任何情况下，北方海航道的一个明显的部分是位于苏联的经济区，或是领海甚至是内水以内的部分。③

总之，苏联一直未明确北方海航道的历史性水域地位，在 1990 年之前对北方海航道的认识及其范围规定是模糊的，而且 1990 年及以后的立法明确规定，北方海航道不仅位于内水，还位于领海甚至专属经济区。正如其国内学者所描述的那样："北方海航道是俄罗斯沿岸的一系列穿行于北冰洋的（喀拉海、拉普捷夫海、东西伯利亚海和楚科奇海）海运航线，取决于冰情，可能位于俄罗斯的专属经济区、领海和内陆航道，包括近极的航行。…… 此海运航道的地理定义是历史上形成的，在一定时间内经历了显著的变化。"④ 虽然俄罗斯较早关注北方海航道，在苏联时期已成立相关机构服务于北方海航道的海上贸易和运输，但机构成立目的是对北方海航道上的活动进行协调而非排他性管辖，且并未排除其他国家的船舶在相关海域的航行。

2. 国家是否持续地、和平地实施了主权行为

国家对某一海域行使主权，根据时间、地理和用途等条件的不同，可表现为不同的形式，要根据具体情况作出判断。基德尔认为权利取得行为可表现为：拒绝外国船舶进入相关海域或外国船舶遵守沿海国为航行利益

① A. M. Prokhorov, *Sovetskii Entsiklopedicheskii Slovar'* (1989), p. 1196. Quoted from Leonid Tymchenko, "The Northern Sea Route: Russian Management and Jurisdiction over Navigation in Arctic Seas", in Alex G. Oude Elferink and Donald R. Rothwell, *The Law of the Sea and Polar Maritime Delimitation and Jurisdiction* (Leiden: Martinus Nijhoff Publishers, 2001), pp. 269 – 270.

② William E. Butler, *Northeast Arctic Passage* (Leiden: Martinus Nijhoff Publishers, 1978), p. 42.

③ A. L. Kolodkin and M. E. Volosov, "The Legal Regime of the Soviet Arctic", *Major Issues* 14 (1990): 164.

④ Y. Ivanov and A. Ushakov, "The Northern Sea Route Vow Open", *International Challenges* 12 (1992): 15.

制定的法规。① 在"东格陵兰案"中，挪威认为该地区是无主地并宣布其对这一地区的占领。丹麦则认为他对格陵兰的有效权利已存在很长时间。国际法院作出了有利于丹麦的判决，肯定了 1921～1931 年丹麦一系列活动的有效性，包括国家贸易垄断法的实施，授予贸易、采矿和其他许可权，缔结相关条约以及行使政府职能和行政管理行为等。② 因此，国家作为主权者行使权利的判断标准，不仅包括主权者具有行使主权的意图和意志，还包括主权者实现了行使或展示主权的行为，包括国家立法、司法管辖权的行使以及行政管理行为等，此种行为需是持续和有效的，持续性是有效占有的条件之一。在"帕尔玛斯岛仲裁案"中，仲裁员胡伯称："对行使领土主权的持续的、和平的（与其他国家的关系是和平的）显示，与权利一样重要。"他进一步指出："根据时间和地点条件，对行使领土主权的显示假定存在不同的形式。虽然原则上持续的主权在事实上不能时时刻刻在有关领土的每一个地方得以行使，但是，就有人居住或无人居住的地区，或不可否认拥有主权的领土内的某一地区，如从公海可延伸的地区而言，与维护权利相容的间歇和不连续性必然相应地有所不同。"③"持续"顾名思义是指一个时间段而非时间点，意味着权利的产生、形成和巩固需要经历足够长的时间。考虑到海洋和陆地领土的差别，如果权利主张国对相关海域提出所有权主张，并根据相关海域的实际情况，通过适当的方式以主权者的名义在相当长的时间内持续和平地行使了主权行为，也就形成了将相关海域视为其领土组成部分的法律确信。

（1）加拿大

加拿大政府明确提出北极群岛水域是其历史性内水的时间较晚。加拿大最初试图以扇形理论作为对包括西北航道在内的北极群岛水域主张权利的依据。随着形势的发展，加拿大不断调整策略，在北极群岛水域地位的

---

① Gidel, Droit interntional public de la mer, Vol. Ⅲ: 633, 转引自王军敏《国际法中的历史性权利》，中共中央党校出版社，2009，第 138 页。

② 〔英〕伊恩·布朗利：《国际公法原理》，曾令良、余敏友等译，法律出版社，2003，第 121 页。

③ 帕尔玛斯岛位于当时处于美国管辖之下的菲律宾群岛和当时处于荷兰管辖之下的荷兰东印度中间。美国主张，《巴黎条约》规定西班牙将其在该地区的全部权利通过割让转让给美国。在仲裁员认定西班牙与帕尔玛斯岛上有关的活动证据不充分之后，又就荷兰对该岛和平、持续地显示国家权威做了考察，作出了有利于荷兰的判决。参见〔英〕伊恩·布朗利《国际公法原理》，曾令良、余敏友等译，法律出版社，2003，第 120 页。

阐述上含糊其词。比如，加拿大在 1970 年照会美国："关于北极群岛水域，加拿大的立场一直是，这些水域属于加拿大。"① 直至 1973 年，加拿大才首次正式宣布"北极群岛水域基于历史，是加拿大内水"，尽管之前从未在任何协议、立法中宣称过。② 加拿大在美国"曼哈顿"号破冰船意在强行通过西北航道的刺激下才作出上述应激反应。美国认为西北航道是国际海峡，拒绝承认加拿大对北极群岛水域的主权，试图通过"曼哈顿"事件对西北航道的法律地位明晰地表明立场，引起了加拿大国内在野党的关注和社会公众的担忧。此时的加拿大政府面临国外和国内双重压力。在"曼哈顿"号穿行西北航道之前，国内反对党即呼吁直接宣布北极水域为内水，置于加拿大主权管辖范围内。事发后，加拿大公众也提出此类要求，认为加拿大有权控制航道，禁止、杜绝任何其他国家运输石油的船只穿行西北航道，并拦截试图穿行航道的船只。③ 在此背景下，特鲁多总理向加拿大人民保证加拿大对北方领土的主权要求是没有争议的，并宣告加拿大的北方区域，包括岛屿和岛屿间的水域均视为其所拥有，无论该政府还是加拿大的前政府均认为北方区域是其国土（national terrain）。④ 值得提及的是，20 世纪 70 年代，"内水"（internal waters）概念早已存在，但当时特鲁多总理却将"national terrain"这样一个模糊的概念引入西北航道的权利主张中。

事实上，加拿大政府认识到其他国家对"北极群岛的岛屿间水域是内水且加拿大享有完全主权"这一主张存在分歧，从而提出分歧应在现有国际法

① Canada, "Note No. 105 from the Embassy of Canada to the United States Department of State", 16 April 1970, in Case Concerning Delimitation of the Maritime Boundary in the Gulf of Maine Area (Canada/United states), International Court of Justice Pleadings, Oral Arguments, Documents, Annex 8 to Reply of the United States, p. 534; "Summary of Canadian Note of April 16 Tabled by the Secretary of State for External Affairs in the House April 17", reprinted in *International Legal Materials* 9 (1970): 613; Ted L. McDorman, "The Northwest Passage: International Law, Politics and Cooperation", in Myron H. Nordquist, John N. Moore and Tomas H. Heidar, *Changes in the Arctic Environment and the Law of the Sea* (Leiden: Martinus Nijhoff Publishers, 2010), p. 232.
② Letter dated 17 December 1973; Ted L. McDorman, "The Northwest Passage: International Law, Politics and Cooperation", in Myron H. Nordquist, John N. Moore and Tomas H. Heidar, *Changes in the Arctic Environment and the Law of the Sea* (Leiden: Martinus Nijhoff Publishers, 2010), p. 231.
③ 郭培清等：《北极航道的国际问题研究》，海洋出版社，2009，第 67 页。
④ Canada, House of Commons, Debates, Vol. 8, at 8720 (May 15, 1969). Quoted from Donald R. Rothwell, "The Canadian-US Northwest Passage Dispute: A Reassessment", *Cornell Int'l L. J.* 26, 331 (1993): 338.

原则下解决。① 加拿大政府将主权争议的视线转移到防治油污和环境保护上，通过国内立法实现实际上的控制和管理，并通过多边框架将国内法精神转化为国际法上的相关条款。1969 年 10 月 23 日，加拿大发表御前宣言（Speech from the Throne），宣布将通过立法杜绝北极污染。随后于 1970 年 4 月 8 日通过 AWPPA，将加拿大北极领土外 100 海里纳入国家管辖范围。在"专属经济区"概念产生之前，加拿大通过国内立法扩大管辖权的做法可谓对当时国际法的挑战，但因为借以环境保护这一道德制高点，加之加拿大在颁布该法之时避开主权问题的审慎和模糊态度以及借助第三次联合国海洋法会议推动"冰封区域"条款的出台，AWPPA 最终为国际社会所接受。② 1970 年 4 月，"曼哈顿"号油轮再次通过西北航道时，被迫遵守了加拿大的规定，并出具文书同意交付加拿大完全的航行控制权。③ 加拿大还对 1964 年的《领海与捕鱼区法》作了修正，将领海从 3 海里扩展到 12 海里，根据修正案，航道西端的威尔士王子海峡和东端的巴罗海峡完全成为加拿大领峡，覆盖了原有的公海区域。④

1985 年 8 月，美国海岸警卫队的重型破冰船"极地海"号在未向加拿大提出申请的情况下横穿西北航道，再次引发加国内外对西北航道法律地位的关注。在"极地海"号出发前，加拿大政府致函美国政府，就美国长期以来拒绝承认加拿大对北极群岛水域的主权管辖深表遗憾，重申西北航道属于加拿大内水。⑤ 基于苏联对东北航道的类似主张，苏联驻渥太华大使馆宣布支持西北航道属于加拿大内水的主张。⑥ "极地海"号事件再次刺激了加拿大政府，促使加拿大国内海洋立法实现再一次跨越。1985 年，加拿

① Paul A. Kettunent, "The Status of the Northwest Passage under International Law", *Det. C. L. Rev.* 929 (1990): 973.
② 《北极水域污染防治法》公布后，加拿大总理称该法"不是主权宣示"。David. L. Larson, "United States Interests in the Arctic Regions", *Ocean Development & International Law* 21, 167 (1990): 178.
③ J. Kirton, M. Don, "The Manhattan Voyages and Their Aftermath", in Franklyn Griffiths, *Politics of the Northwest Passage* (Canada: McGill-Queen University Press, 1987), pp. 91 - 93.
④ 1970 年 4 月 17 日，Bill C - 203 法案，转引自郭培清等《北极航道的国际问题研究》，海洋出版社，2009，第 74 页。
⑤ Canada, Department of External Affairs, Canadian Embassy, Washington, DC, Note No. 433, dated 31 July 1985.
⑥ M. Fisher, "U. S. Remains Silent over Testing Claim on Soviet Passage", *Globe and Mail* 8, 1 (1995).

大揭开了在北极水域半遮半掩的面纱，围绕北极岛礁划定基线，用以确定加拿大声称的历史性内水的外部界线。[①]

因此，直到 1973 年，加拿大才对其包含西北航道在内的北极水域提出明确主权主张。在 1985 年公布直线基线之前，由于加拿大对北极群岛水域的内水地位尚处于不自信的状态，加拿大对西北航道的监管实际上避开了主权问题，是以环境保护为由进行的。单就环境保护而言，沿海国在某一特定海域行使环境管辖权并不能绝对认定是行使了主权行为，因为沿海国在专属经济区内也可行使环境管辖权。在此期间，加拿大不断地调整相应举措，试图在不引起国际社会强烈反应的前提下为确立对包括西北航道在内的北极群岛水域的内水地位创造条件。

（2）俄罗斯

苏联/俄罗斯仅就东北航道上的个别海峡明确提出过其在历史上属于该国，对整个北方海航道则采取了含糊其词的说法，采用"历史上的国家交通航线"或"历史上属于苏联"的表述，避开"主权"这一敏感话题。1964 年 7 月 21 日苏联向美国提交备忘录，仅提到了德米特里·拉普捷夫海峡和桑尼科夫海峡"历史上"属于苏联，禁止无害通过；[②] 北方海航道毗邻苏联北冰洋沿岸，长期由苏联和苏联租赁的船只使用，是一条重要的苏联国内交通运输通道。[③] 从 1964 年备忘录看，苏联仅对个别海峡明确提出过内水主张，在北方海航道的法律地位问题上则采取了模糊的说法。1965 年水手通告要求穿行维利基茨基海峡和绍卡利斯基海峡的船舶接受强制引水。1967 年值中东危机期间，苏联政府主动将北方海航道作为用于国际航行的中转海上航线，前提

① Canada, Territorial Sea Geographical Coordinates (Area 7) Order, Canada Gazette Part Ⅱ, Vol. 119, SOR/85 – 872, September 10, 1985, pp. 3996 – 4002; Ted L. McDorman, "The Northwest Passage: International Law, Politics and Cooperation", in Myron H. Nordquist, John N. Moore and Tomas H. Heidar, *Changes in the Arctic Environment and the Law of the Sea* (Leiden: Martinus Nijhoff Publishers, 2010), p. 232.

② "The Dmitry, Laptev and Sannikov Straits, which unite the Laptev and Eastern-Siberian Seas…belong historically to the Soviet Union", Aide-memoire from the soviet Ministry of Foreign Affairs to the American Embassy in Moscow, July 12, 1964. Quoted from United States Department of State Bureau of Oceans and International Environmental and Scientific Affairs, "No. 112 United States Responses to Excessive National Maritime Claims", *Limits in the Seas*, March 9, 1992, p. 20, https://www. state. gov/wp-content/uploads/2019/12/LIS-112. pdf, 最后访问日期：2022 年 3 月 24 日。

③ 管清蕾、郭培清：《北方海航道上的冲突事件（上）》，《海洋世界》2010 年第 2 期，第 66 页。

条件是接受苏联破冰船的引航服务。然而，外国航运公司拒绝了苏联的邀请，此政策从此也就不了了之。[①] 1971 年，苏联的部长理事会建立北方海航道管理局（Administration of the Northern Sea Route），该局归属于商船部。北方海航道管理局的基本职责包括：一是对作为苏联在北极的主要运输航线的北方海航道的合理利用实施国家监管；二是组织北极航行，采取措施确保在北方海航道以及毗邻海域航线的航行安全（对船舶提供破冰船护航和引航服务，以及提供航行和水文测量服务；确保空中航行，对遇难的船舶和飞行器提供援助）；三是采取措施阻止和消除苏联北部海岸的海洋环境污染后果，并出于此目的对船舶以及其他可能排放污染的河流物实施监控。[②] 当时的条例未对北方海航道作出具体定义和解释，也未就具体如何执行上述职责作出规定。接下来，1972 年穿行于德米特里·拉普捷夫海峡和桑尼科夫海峡的船舶也被要求强制引水。

1985 年，苏联通过《确认测算北冰洋、波罗的海、黑海领海、专属经济区和大陆架宽度的基线位置的地理坐标列表》的法令，明确地罗列出了历史性水域。法令在最后一部分规定，苏联的历史性水域包括白海、巴伦支海的 Cheshskaia 湾和喀拉海的 Baidaratskaia 湾。[③] 北方海航道上的重要海峡被圈入其中。1990 年，苏联通过《北方海航道航行规则》首次明确了北方海航道的地理范围，但对整个北方海航道水域的法律地位并未作出明确界定，也未将北方海航道和相关海峡明确称为"历史性水域"，而仅笼统地称北方海航道是一条国家交通航线，并且不仅限于内水，还涉及领海（领水）和专属经济区甚至更广阔的海域。[④] 1993 年，俄罗斯联邦通过《俄罗

---

① Willy Østreng, "The Northern Sea Route: A New Era in Soviet Policy?", *Ocean Development & International Law* 22, 259 (1991): 280.

② William E. Butler, "Soviet Maritime Jurisdiction in the Arctic", *Polar Record* 102, 418 (1972): 418–421.

③ Leonid Tymchenko, "The Northern Sea Route: Russian Management and Jurisdiction over Navigation in Arctic Seas", in Alex G. Oude Elferink and Donald R. Rothwell, *The Law of the Sea and Polar Maritime Delimitation and Jurisdiction* (Leiden: Martinus Nijhoff Publishers, 2001), p. 281.

④ 《北方海航道航行规则》(Regulations for Navigation on the Seaways of the Northern Sea Route) 第 1 条第 2 款规定，北方海是位于苏联内水、领海（领水）或毗连苏联北方沿海的专属经济区的国内运输航线，包括适合船只引航的冰区航道。其最西边的点为新地岛海峡（Novaya Zemlya straits）的西部入口，与梅斯热拉尼亚海角（Mys Zhelaniya）的北部经线相交，其东边的点则位于白令海峡，与北纬 66°线齐平，与西经 168°58′37″相交。

斯联邦国家边界法》，但也未对"历史性水域"作出新的明确的规定。①
1998 年《俄罗斯联邦内水、领海以及毗连区法》规定，北方海航道是俄罗
斯联邦历史上形成的国家交通运输通道，但该法只明确点到维利基茨基海
峡等四个重要海峡，对整个北方海航道仅笼统地强调了历史性存在。②

鉴于此，除了对北方海航道上的个别海峡外，俄罗斯从未以主权者的名
义行使主权行为，而是以属于历史上的国家交通航线为由，对北方海航道加
以控制。至于历史上的国家交通航线应享有什么样的法律地位，行使何种性
质的权利，俄官方从未进行过澄清，而是采取了模糊的表述，并通过一系列
的国内法律法规和规定，成立管理机构，对整个北方海航道实施了监管。

3. 是否获得国际社会的广泛承认

国际社会的承认，表现为明示承认、默示承认等不同的形式。国际社会
的承认或默认反映了国际社会的接受程度，它不是历史性权利构成的必要条
件，但国际社会的广泛承认在判断历史性权利存在与否的过程中可起到补充
和佐证的作用。他国对沿海国在相当长的时期内连续有效行使权利而采取沉
默或不作为的态度，足以使权利主张国形成在相关海域的历史性权利，但并
非一切沉默或不作为均可推断为默认。权利主张具有广为知悉性是将沉默或
不作为推定为默认的首要前提。关于他国的反对和抗议是否能够阻止历史性
权利的问题，取决于个案的具体情况，包括抗议的种类、反对的规模以及提
出反对的时间等。就抗议的种类而言，外交抗议或类似行为、公开发表声明、
抵制实施权利主张或实施某种对抗行为等均具有阻止取得时效性权利的效
果。③ 关于反对的主体需达到何种规模可起到阻止历史性权利产生的效果，
布歇（Bouchez）认为，如果利益直接相关的大多数国家提出抗议，那么该
历史性权利不能成立。布歇所提到的直接利益国是指邻国和虽距离主张海
域较远但在此存在传统利益的国家。④ 也有学者认为应取决于具体情况，并

① Act on the State Border of the Russian Federation, April 1, 1993, http://www.un.org/Depts/los/LEG-ISLATIONANDTREATIES/PDFFILES/RUS_1993_Act.pdf, 最后访问日期：2012 年 12 月 1 日。
② Federal Act on the Internal Maritime Waters, Territorial Sea and Contiguous Zone of the Russian Federation, July 1998, http://www.un.org/Depts/los/LEGISLATIONANDTREATIES/STATE-FILES/RUS.htm, 最后访问日期：2012 年 12 月 1 日。
③ Gerald Fitzmaurice, "The Law and Procedure of the Interntional Court of Justice, 1951 – 1954: General Principles and Sources of Law", *BYIL* 30 (1953): 42.
④ 王泽林：《北极航道法律地位研究》，上海交通大学出版社，2014，第 170~171 页。

非应将所有的反对都置于同样的地位。① 关于何时提起反对才能有效阻止历史性权利形成，显然应是在权利形成之前。对已经形成且持续存在的历史性权利，即使有国家提出反对，也不能扭转已经存在的历史事实。

从加拿大对西北航道的主张脉络、俄罗斯对北方海航道的主张脉络看，两国的共性是在历史性权利形成之前，随着航道价值的体现和国外活动的刺激，两国才采取应对措施，在探索中逐步提出权利主张并不断为其权利主张寻求法律依据。这反映了加拿大和俄罗斯均是在历史性权利形成之前，便已受到美国的挑战。比如美国通过 1969 ~ 1970 年"曼哈顿"事件表达西北航道应是国际海峡的立场，促使加拿大政府内部呼吁明确其北极群岛水域的内水地位。在 UNCLOS 磋商期间，加拿大外长称："西北航道不是用作国际航行的海峡，是加拿大的内水，公约的过境通行制不适用于西北航道。"② 美国则针锋相对地称，西北航道是用于国际航行的海峡，船舶应享有过境通行权。

美国在不同场合多次反对加拿大将北极水域视为历史性内水的主张，比如，在 1986 年美国国务院的信件中评论道："美国的立场是加拿大的主张缺乏国际法的依据，美国不能够接受加拿大的主张。因为，如果这样做将会构成承认加拿大完全控制西北航道，并且将终止美国依据国际法穿行于航道的权利。"③ 在 1994 年，美国总统克林顿对美国参议院所作的关于公约的评论也持此种观点。虽然欧洲共同体没有公开支持美国"关于西北航道是用于国际航行的海峡，船舶享有过境通行权"的观点④，也没有其他国家公开支持美国"关于西北航道是国际海峡"的观点，但英国代表欧洲共

---

① 王军敏：《国际法中的历史性权利》，中共中央党校出版社，2009，第 157 页。

② MacEachen, A. Minister of the External Affairs, House of Commons, Minutes of Proceedings and Evidence of the Standing Committee on External Affairs and National Defence, May 22, 1975 (30th Parliament, 1st Session, 1975), Issue No. 24: 6. Quoted from Ted L. McDorman, "The Northwest Passage: International Law, Politics and Cooperation", in Myron H. Nordquist, John N. Moore and Tomas H. Heidar, *Changes in the Arctic Environment and the Law of the Sea* (Leiden: Martinus Nijhoff Publishers, 2010), p. 236.

③ J. Ashley Roach and Robert W. Smith eds., *United States Responses to Excessive Maritime Claims* (The Hague: Martinus Nijhoff 2nd ed, 1996), p. 118.

④ Ted L. McDorman, "The Northwest Passage: International Law, Politics and Cooperation", in Myron H. Nordquist, John N. Moore and Tomas H. Heidar, *Changes in the Arctic Environment and the Law of the Sea* (Leiden: Martinus Nijhoff Publishers, 2010), p. 236.

同体于 1985 年向加拿大表明立场，拒绝承认加拿大关于北极水域是历史性内水的主张。正如罗奇在其文中提及的那样："美国和许多其他国家都认为，西北通道是'用于国际航行的海峡'，根据《联合国海洋法公约》的规定，船舶和飞机在其中享有不可中止的过境通行的权利。"①

历史上苏联仅对个别海峡提出过历史性内水的主张，在北方海航道的法律地位问题上则采取了模糊的说法。比如 1964 年 7 月 21 日向美国提交的备忘录中，仅提到德米特里·拉普捷夫海峡和桑尼科夫海峡"历史上"属于苏联②，禁止无害通过；北方海航道毗邻苏联北极洋沿岸，长期由苏联船只和苏联租赁的船只使用，是一条重要的苏联国内交通运输通道。③ 美国在其第 112 号海洋边界报告中，将德米特里·拉普捷夫海峡和桑尼科夫海峡纳入过度的国家海洋主张，称即使假设国际法的"历史性水域"制度能够适用于国际海峡，苏联对这些水域的历史性因素主张仍缺乏任何基础。④ 从中东危机期间，苏联政府以接受苏联破冰船和引航服务为前提条件将北方海航道作为用于国际航行的中转海上航线，而遭受外国航运公司拒绝来看，各国对苏联试图管控北方海航道也是持排斥态度的。

4. 地理因素和重要利益的地位和作用

根据现有研究，地理因素在历史性所有权形成过程中的地位和作用问题，在学界存在争议，国际司法实践中也未见明确的解释。海德（Hyde）强调地

---

① J. Ashley Roach, International Law and the Arctic, *Southwestern Journal of International Law* 15 (2009): 310.

② "The Dmitry, Laptev and Sannikov Straits, which unite the Laptev and Eastern-Siberian Seas…belong historically to the Soviet Union". Aide-memoire from the soviet Ministry of Foreign Affairs to the American Embassy in Moscow, July 12, 1964. Quoted from United States Department of State Bureau of Oceans and International Environmental and Scientific Affairs, "No. 112 United States Responses to Excessive National Maritime Claims", *Limits in the Seas*, March 9, 1992, p. 20, https://www.state.gov/wp-content/uploads/2019/12/LIS-112.pdf, 最后访问日期: 2022 年 3 月 24 日。

③ 管清蕾、郭培清：《北方海航道上的冲突事件（上）》，《海洋世界》2010 年第 2 期，第 66 页。

④ "So far as the Dmitry, Laptev and Sannikov Straits are concerned, the United States is not aware of any basis for a claim to these waters on historic grounds even assuming that the doctrine of historic waters in international law can be applied to international straits." Aide-memoire from the soviet Ministry of Foreign Affairs to the American Embassy in Moscow, July 12, 1964. Quoted from United States Department of State Bureau of Oceans and International Environmental and Scientific Affairs, "No. 112 United States Responses to Excessive National Maritime Claims", *Limits in the Seas*, March 9, 1992, p. 21, http://www.state.gov/documents/organization/58381.pdf, 最后访问日期: 2015 年 1 月 1 日。

理因素在认定历史性海湾中的作用①，也有学者持相反意见。笔者注意到，"英挪渔业案"中涉及地理因素的问题，挪威基于其沿岸的岛屿、岩礁和暗礁构成的复杂地形，援引地理因素作为它对上述地形的附属水域享有主权的法律依据。英国也没有否认地理因素在决定海域所有权中的作用。但国际法院在判决中并未继续考察地理因素的问题，尽管事实上挪威沿海特殊的地理特征是国际法院对挪威作出有利判决的因素之一。

"重要利益"这一概念伴随着历史性海湾理论产生，最早出现在国际常设法院对"北大西洋海岸捕鱼案"的裁决中。该案提到测算领海宽度的基线应排除海湾，即从不具备海湾外形和特征的地方划出，出于对领土完整、国防和对岸居民工商业的特殊价值等因素的考虑，沿海国需要控制深入国家海岸线的海湾。"北大西洋海岸捕鱼案"反映了在判断海洋的法律地位时需考虑沿海国特殊利益和需要的倾向，这在1917年中美洲法院关于"丰塞卡湾案"的判决中也有所体现。1951年国际法院关于"英挪渔业案"的判决也考虑到了重要利益这一因素，主要体现为对地理和经济方面的考虑。

在国家实践中，苏联在1958年1月7日的照会中提到大彼德湾是内水，理由是这一海湾特殊的地理环境及其对经济与国防的重要性。肯尼亚主张翁瓦纳湾（Ungwana Bay）是其历史性海湾，理由是保护沿岸居民的重要利益。② 在国际实践中，斯托尼向国际法学会1922年会议上提交的《国际条约草案》第7条规定："在国家通过连续的和远古的常例确立了管辖权，或这些常例不存在的情况下，但根据第2条出于自卫、中立或保证各种航行和沿岸海域秩序的要求，沿岸国可以将河口湾、大海湾、海湾或一部分海域包括在其领水内。"③ 在海牙国际法编纂会议第二委员会的讨论中，葡萄牙代表在提出的修正案中也持类似的观点，即考虑自卫、中立或保证各种航行和沿岸海域秩序是否必要。④ 有学者持相反的观点，认为重要利益不是历

---

① Charles Cheney Hyde, *International Law Chiefly as Interpreted and Applied by the United States* (Boston: Little Brown, 1947), p. 469.

② Clive R. Symmons, *Historic Waters in the Law of the Sea* (Leiden: Martinus Nijhoff Publishers, 2008), p. 252.

③ Buenos Aires, Report of the Thirty-first Conference, Internaitonal Law Association, 1922, Vol. 2, pp. 98 – 99.

④ Ser. L. O. N. P. 1930, V. 16, p. 107.

史性所有权的法律依据。王泽林解释说，这一因素之所以不适用于历史性水域，"是因为这种主张忽略了其他国家乃至国际社会的利益，而基于这种主张就回避了国际默认这个构成要件。更重要的是，这个主张并没有一个客观的标准加以判定"①。布卢姆认为，主张重要利益是形成历史性所有权的法律依据将剥夺历史性所有权所具有的历史性特征。② 总之，在国际海洋法的编纂过程中，尽管有些国家和部分学者曾主张重要利益是沿海国对历史性海湾享有所有权的法律依据，但国际社会并未对此予以正式的认可。

就西北航道和北方海航道而言，虽然两航道无论是从地理位置还是从重要利益来看，对沿岸国均有着特殊的意义，特别是经济利益和国家安全利益，但仅凭此两点难以抹杀这两个航道在国际航行中的意义和价值。适当顾及航道沿岸国的利益，兼顾航道沿岸国和使用国间的利益平衡，才是解决问题的恰当做法。

综上所述，加拿大和俄罗斯关于西北航道和北方海航道的历史性主张受到诸多因素的牵制。两国的"历史性"主张并不吻合"历史性所有权"的构成要件，存在诸多值得商榷之处。加拿大对西北航道正式提出历史性内水主张的时间较晚，在提出历史性主张的过程中，受到他国的质疑。加拿大对其历史性权利主张本身缺乏法律确信，在1985年直线基线划定之前，主要以环境保护为由，对西北航道上的船舶进行监控。俄罗斯官方则始终未明确提及过对整个北方海航道的"历史性"主张是何种性质的主张。随着气候变暖，东北航道通航成为可能，"北方海航道"这一概念和具体范围也才被逐渐纳入苏联的国内立法。除了个别海峡外，苏联对北方海航道采用的表述是"历史上属于苏联"，对整个北方海航道则主张其是"历史上"形成的国家运输通道。总之，两国的主张主要存在以下共性问题：一是正式提出历史性主张的时间较晚；二是经考察，历史上的立法表述和权利主张，具有模糊性、间断性和反复性，缺乏一贯坚持；三是在历史性权利主张过程中，受到多国的质疑和反对。

---

① 王泽林：《北极航道法律地位研究》，上海交通大学出版社，2014，第 171～172 页。
② Yehuda Z. Blum, *Historic Title in International Law* (Oxford：Oxford University Press，1965)，p. 182.

三 直线基线

加拿大和俄罗斯将历史性权利作为划定直线基线的依据之一,分别在位于各自北部的北极水域公布了直线基线,将北极航道上的重要的海峡囊括其中。两国均将线内水域视为内水,完全适用国内立法。

关于直线基线的国际司法实践可追溯至 1951 年"英挪渔业案"。本案中存有争议的海岸地貌独特,分布着峡湾、岛屿、礁石和暗礁,形成连续不断的群岛,称为"岩石壁垒"(Skjærgaard)。沿岸是渔业资源丰富的渔场。自远古以来,挪威大陆和岛屿的居民就已开发利用这些资源,主要是捕鱼。1935 年 7 月 12 日,挪威通过皇家敕令(Royal Decree)以岛屿、礁石和其他地物为基点划出直线基线,从该基线量起向海延伸 4 海里为领海。国际法院认为,紧邻沿海国大陆的群岛适用直线基线需具备的地理特征是:沿海国海岸线向内凹陷,群岛与海岸线紧密相邻。在划定直线基线时需受以下条件的限制:一是海岸极为曲折,或海岸邻接一个群岛;二是群岛延伸方向与海岸线的走向大致相符。上述两项属于强制性的条件。国际法院还认为,某一地区特有的某些经济利益的现实性和重要性清楚地经由长期利用予以证明,则有必要对此因素也予以考虑。[①]

国际法院在审理案件时,除了考虑到挪威沿岸复杂的地理构造外,还考察了历史性因素。英国提出挪威一些基线的划法缺乏正当理由,严重偏离了海岸的一般走向,而且不是以合理的方式划出的,这涉及三个地区,分别是斯瓦尔霍维特(Sværholthavet)地区、洛普哈维特(Lopphavet)地区和韦斯特峡湾(Vestfjorden)地区。其中,关于洛普哈维特地区,挪威政府主要援引的是历史性所有权,提出 17 世纪通过颁发一系列许可证授予挪威国民独有的捕鱼和捕鲸的排他特权,由此可认为这些水域是在挪威的主权之下。[②] 挪威认为,1812 年挪威法令以及此后的一系列法令、报告、外交信

[①] Fisheries Cases (United Kingdom V. Norway), Judgment of December 18th, 1951: I. C. J. Reports 1951, p. 133, https://www.icj-cij.org/public/files/case-related/5/005 - 19511218 - JUD - 01 - 00 - EN.pdf, 最后访问日期:2022 年 3 月 24 日。

[②] Fisheries Cases (United Kingdom V. Norway), Judgment of December 18th, 1951: I. C. J. Reports 1951, p. 133, https://www.icj-cij.org/public/files/case-related/5/005 - 19511218 - JUD - 01 - 00 - EN.pdf, 最后访问日期:2022 年 3 月 24 日。

函等显示，挪威因特殊的地理特征而采用直线基线，此制度已确立并在持续的、长期的实行中得到巩固，此种历史巩固可强制性地对抗一切国家。此制度过去也未遭到过其他国家的反对，英国也一直未提出抗议，直至1933 年才提出了正式明确的反对。国际社会的普遍默认表明挪威的做法和国际法并不矛盾。[1] 国际法院最终承认了挪威 1935 年敕令采用的直线基线的合法性。

"英挪渔业案"所确立的直线基线的基本原则逐渐为国际社会所接受，体现在 1958 年《公约》第 4 条以及 UNCLOS 第 7 条中，并得到演进和发展。两部公约对原来并未认为是内水的区域通过直线基线的划定被包围成内水的情形，也作了区别规定。要明确北方海航道和西北航道的法律地位，需论证两个问题：一是俄加采用的直线基线是否符合国际法的相关标准；二是直线基线内水域原本的法律地位，对于原本并非内水，因划定直线基线而成为内水的海域，应适用有别于内水的航行制度。

（一）加拿大的直线基线合法性研判

在 20 世纪 60 年代以前，加拿大并未就北极群岛基线作清晰的规定或阐述。这一时期加拿大的立场并不明确。有观点认为，1951 年国际法院关于"英挪渔业案"的判决为加拿大在北极群岛适用直线基线、扩大水域的主张提供了依据，也有观点质疑加拿大作出此种主张的有效性，还有观点坚持认为应适用一般的规定，比如围绕各岛屿分别确定领海。[2] 20 世纪 60 年代后期，当加拿大政府迫于各种压力需要在此问题上明确立场和主张时，通过公布直线基线确立对北极群岛水域的权利成为为数不多的行之有效的途径。然而，这一问题再次招来热议。加拿大著名学者法兰德（Pharand）在向加拿大政府递交的一份材料中称，如果围绕整个群岛划分单一的领海将有违国际法，建议政府采取两套独立的直线基线体系，一个围绕连接沿岸岛屿和大陆的帕里海峡的岛屿划定基线，另一个围绕帕里海峡北部的伊丽

① Fisheries Cases（United Kingdom V. Norway），Judgment of December 18th, 1951：I. C. J. Reports 1951，p. 133，https：//www. icj-cij. org/public/files/case-related/5/005 - 19511218 - JUD - 01 - 00 - EN. pdf，最后访问日期：2022 年 3 月 24 日。

② Erik Franckx，*Maritime Claims in the Arctic*：*Canadian and Russian Perspectives*（Leiden：Martinus Nijhoff Publishers，1991），p. 83.

莎白女王群岛划定基线，将其视为外沿群岛。这一提议并未得到支持，原因是加拿大政府认为这一提议忽视了群岛的单一特征。①

加拿大通过两个法令公布了领海基线。先是于 1972 年在拉布拉多海沿纽芬兰和巴芬岛海岸划设直线基线②，后于 1985 年 9 月 10 日发布《领海地理坐标（7 号区域）命令》，在北极群岛水域建立领海基线体系③，在绝大部分北极海岸地方使用了直线基线，部分海岸使用的是正常基线，西北航道成为横穿内水而过的航道。美国对加拿大北极群岛水域直线基线上的多个部分表示抗议。

加拿大划定的直线基线是否符合国际法是一个有争议的问题，要回答这一问题，首先要考察其国际法依据。如上文所述，1951 年"英挪渔业案"提到了直线基线的标准，相关标准在后来的 1958 年《公约》以及 UNCLOS 中均有体现。根据 1958 年《公约》第 4 条第 1 款，"在海岸线极为曲折的地方"或"紧接海岸有一系列岛屿"均可为采用直线基线的前提条件，但该条第 2 款则规定了限制条件，即"此种基线的划定不应在任何明显的程度上偏离海岸的一般方向，而且基线内的海域必须充分接近陆地领土，使其受内水制度的支配"。该条第 4 款规定，在确定特定基线时，"有关地区所特有的，并经长期惯例清楚地证明为真实而重要的经济利益"是可考虑因素。UNCLOS 第 7 条第 1 款对采用直线基线的前提条件、第 3 款对基线走向以及第 5 款对可考虑的经济利益等的规定，沿袭了 1958 年《公约》制定的标准。

加拿大倾向于依据国际习惯法划定直线基线，即依据"英挪渔业案"确立的基线标准划定直线基线，而不是依据上述两个公约。其理由是加拿大并未批准 1958 年《公约》，而在 1986 年关于北极群岛的直线基线法令生效时，UNCLOS 尚未生效。④

当对照"英挪渔业案"和两个公约中关于采用直线基线地理标准的用

---

① Erik Franckx, *Maritime Claims in the Arctic：Canadian and Russian Perspectives* (Leiden：Martinus Nijhoff Publishers, 1991), p. 83.

② The Territorial Sea Geographical Co-ordinates Order of 9 May 1972.

③ The Territorial Sea Geographical Co-ordinates (Area 7) Order of 10 September 1985.

④ 加拿大公布北极群岛直线基线的法令：Order-in-Council P. C. 1985 - 2739，生效时间是 1986 年 1 月 1 日；《联合国海洋法公约》生效时间是 1994 年 11 月 16 日。

语时，可发现前者的表述是海岸邻接一个"群岛"，而两个公约中则表述为紧接海岸有一系列"岛屿"，前者显然对加拿大更有利。依据 1951 年"英挪威渔业案"裁决，挪威直线基线内水域的法律地位是内水，外国船舶不享有无害通过权。

依据"英挪渔业案"中提及的适用直线基线的第一个条件，即海岸极为曲折或海岸邻接一个群岛，加拿大北极群岛的直线基线划定基本是达标的，除了巴芬湾南端，北极群岛基本都在北极圈以北。群岛沿加拿大海岸东西延伸，全长 3000 千米，西部海岸有大量的海湾和海峡处于几个大的凹陷中；东部则有哈德逊湾以及一些小的海湾嵌入内陆。北极群岛水域中分布着无数的岛屿、岩礁和暗礁，使其陆地和群岛连接在一起，在陆地和群岛间难以划出清晰的界限。[①] 而北极群岛水域一年中大多数时间处于结冰的状态，加强了北极群岛作为一个整体的紧密性。

就第二个条件即符合大陆海岸线走向而言，北极群岛呈三角体态向北延伸，而加拿大的大陆海岸则是东西走向，貌似背道而驰。这与挪威的"石垒"紧沿挪威海岸的方向分布有所不同。对此，加拿大学者解释："适用直线基线并不能仅仅依赖于领海公约中的沿岸群岛之规定，而且也要依赖于适用洋中群岛的类似规定……"[②] 这一方面反映了加拿大学者对北极群岛是否符合第二个地理标准心存不确定性，同时也反映了在学界存在这样一种观点，即洋中群岛的类似规定可在一国划定直线基线时予以考虑，而非群岛国的专利。还有学者认为，虽然北极群岛的直线基线呈三角形，偏离加拿大大陆"海岸"的东西走向，但加拿大的北方海岸有其特殊性：一是加拿大海岸及岛礁轮廓极度曲折，难以精确衡量海岸走向；二是加拿大对群岛向海一面的海岸主张本身也可视为"海岸"走向的构成部分。[③] 从既有国际司法实践来看，尚无关于判断是否偏离海岸一般方向的确切标准。北极群岛是否真的偏离大陆海岸走向，因地处高纬度，依据不同的投影法

---

① 李靓：《直线基线的划法及其对加拿大西北航道的历史性权利主张的影响》，《知识经济》2015 年第 7 期，第 28 页。

② Donat Pharand, *The Law of Sea of the Arctic, with Special Reference to Canada*, 1973, p. 94，转引自王泽林《北极航道法律地位研究》，上海交通大学出版社，2014，第 218 页。

③ Mark Killas, "The Legality of Canada's Claims to the Waters of Its Arctic Archipelago", *Ottawa Law Rev.* 19, 95 (1978): 118.

绘制的地图可得出不同的结论。北极群岛水域呈三角形，面积约为 210 万平方千米，从加拿大大陆以北到埃尔斯米尔岛北端哥伦比亚角，南北长约为 1900 千米，从东端巴芬岛东岸到西端班克斯岛，东西长约为 2400 千米。① 根据兰勃特圆锥投影法，加拿大北极群岛的直线基线明显偏离加拿大海岸的一般走向。相较而言，运用罗宾逊投影法绘制的地图中，北极群岛的直线基线与大陆海岸的一般方向背离程度不是那么明显。②

第三个条件即长期惯例形成的特别经济利益，无论是国际法院的判决还是此后的 1958 年《公约》和 UNCLOS，均未将其视为划定直线基线的必要条件，特别经济利益仅是一个可参考因素，即如果前两个条件不具备，特别经济利益也就失去了证据价值。加拿大主张因纽特人很早即在此活动，从而加拿大在此具有长期惯例证明的利益。③ 兰开斯特海峡和阿蒙森湾是西北航道重要的入口处，直线基线横跨湾口且距离较长。根据 UNCLOS 第 10 条第 4 款，海湾天然入口两端间的基线长度不应超过 24 海里。加拿大学者却认为，因纽特人长期在北极群岛的大部分海域和冰面开展捕鱼、狩猎等活动，由此在北极水域长期拥有重要的经济利益，特别是在兰开斯特海峡和阿蒙森湾附近④，以此为加拿大在北极群岛，特别是兰开斯特海峡和阿蒙森湾的直线基线提供依据。

加拿大关于北极群岛的直线基线的划定受到美国的质疑。在 1986 年加拿大划定的北极群岛直线基线生效前后，美国国务院分别采取致函加拿大政府、发表声明等方式，指出加拿大关于北极群岛水域的主张缺乏国际法基础，强调西北航道是用于国际航行的海峡，适用过境通行制度。其后，美国还曾指出，如果国际社会承认加拿大单方面宣称的主权管辖，将会影响到全球其他地区海域热点争议的顺利解决。⑤ 欧共体也抗议称：单纯的地理因素或许会影响到特定情况下的直线基线的划定，但各成员国均不承认

① 李靓：《直线基线的划法及其对加拿大西北航道的历史性权利主张的影响》，《知识经济》2015 年第 7 期，第 28 ~ 29 页。
② 见美国国家地理学会 1988 年出版的地图；另见王泽林《北极航道法律地位研究》，上海交通大学出版社，2014，第 220 ~ 221 页。
③ 王泽林：《北极航道法律地位研究》，上海交通大学出版社，2014，第 222 页。
④ Donat Pharand, "The Arctic Waters and the Northwest Passage: A Final Revisit", *Ocean Development & International Law* 38, 3 (2007): 21.
⑤ 李德俊：《西北航道利用的法律地位问题探究》，《太平洋学报》2014 年第 2 期，第 9 页。

目前加拿大单方划定的直线基线是合理的，同时也不承认"历史性权利"
是判定直线基线并使其合法化的有效依据。欧共体将继续根据国际法保留
在相关水域的基本权利。① 学界对加拿大在北极群岛水域划定的直线基线也
存在不同的看法。如奥康奈尔（O'Connell）认为，加拿大沿岸有些区域虽
然的确与挪威相似，但加拿大是将直线基线制度适用于整个海岸，而非仅
适用于那些有特殊地理特征的海域。② 中国学者王泽林也认为，如果对加
拿大的相关主张从法理上进行辩驳，是可以找到依据的。虽然当前就判决
海岸走向的偏离与否无精确的标准，但这种偏离应在一般人公认的合理范
围内。挪威的直线基线与其海岸的偏离角度未超 15 度，但是加拿大北极
群岛的直线基线走向与东西走向的海岸的偏离角度远超过此标准。即使在
使用罗宾逊投影法绘制的地图中，北极群岛的直线基线偏离角度也不低于
30 度。③

（二）俄罗斯的直线基线合法性研判

1984 年 2 月，苏联部长会议颁布的第 4604 号法令宣布在太平洋、日本
海、鄂霍次克海及白令海实施直线基线。1985 年 1 月，苏联部长会议批准
了确定北冰洋地区领海基线的坐标点，在北冰洋海岸确定了 391 个基点。由
此，北冰洋大部分海岸采用直线基线方法确定了领海基线。此外，还专门
确定了科尔古耶夫岛、法兰士约瑟夫地群岛、霍尔岛、新西伯利亚岛和弗
兰格尔岛的基线。④ 苏联通过第 4450 号法令公布了包括北冰洋在内的直线
基线。俄罗斯于 1998 年通过联邦法令对苏联时期确定的直线基线予以继承。

俄罗斯的直线基线囊括了三个大的北冰洋群岛，分别是新地岛、北地
群岛和新西伯利亚群岛。这些群岛间的众多海峡是船舶穿行东北航道的必
经之路，这也是美国质疑俄罗斯的直线基线范围和主张东北航道是用于国
际航行的海峡的主要原因。新地岛的直线基线封闭的诸多海峡中，当数喀

---

① Robert W. Smith and J. Ashley Roach, "United States Responses to Excessive National Maritime
Claims", *Limits in the Seas*, 1992, pp. 29–30.
② D. P. O'Connell, *The International Law of the Sea*, Vol. I (Oxford: Clarendon Press, 1982),
p. 214.
③ 王泽林：《北极航道法律地位研究》，上海交通大学出版社，2014，第 223 页。
④ Douglas R. Brubaker, "The Legal Status of the Russian Baselines in the Arctic", *Ocean Develop-
ment & International Law* 30, 191 (1999): 191–233.

拉海峡（Kara Gates Strait）最大，在航行中的地位也最重要。海峡的西边入口基线长 29 海里，东边入口基线长 32 海里。新地岛主要由两个大岛和一个小岛构成，其先是向北方向延伸，与陆地海岸近乎呈直角的状态，然后向东延伸，与陆地海岸线平行。喀拉海峡横亘于新地岛和瓦伊加奇岛之间，并非紧邻大陆的海峡。从此地理特征看，难以将新地岛视为紧接海岸的一系列岛屿，围绕其划定的直线基线也难以符合大陆海岸一般走向的标准。通过直线基线将喀拉海峡包围成内水更是牵强。因为在 1964 年苏联和美国的换文中，苏联曾称喀拉海峡是其领海内海峡。北地群岛和新西伯利亚群岛的直线基线也封闭了一些海峡。北地群岛虽相对临近大陆海岸，但也并非紧密相接，中间有水域相隔，而且北地群岛的形状完全向北方向延伸，与大陆海岸呈垂直状态。新西伯利亚群岛也存在偏离海岸一般走向的问题。

北方海航道上的其他重要海峡（包括连接巴伦支海和喀拉海的尤戈尔海峡、喀拉海峡和马托奇金海峡，连接喀拉海和拉普捷夫海的维利基茨基海峡、绍卡利斯基海峡与红军海峡和扬斯克海峡，连接拉普捷夫海和东西伯利亚海的德米特里·拉普捷夫海峡和桑尼科夫海峡等一系列的海峡）均被囊括在直线基线内，成为内水。美国曾就部分直线基线明确地提出抗议。自 1951 年以来，直线基线逐渐为国际海洋法所接受，并最终纳入 UNCLOS。据不完全统计，目前有 45～48 个国家已经划定或正在立法决定采用直线基线划法，美国曾通过国家海洋和国际环境及科学事务局于 1987 年 8 月 31 日发布第 106 号《海上界限》（Limits in the Seas）报告，制作了发展中的标准指南用以评估直线基线，并以此为标准，挑战多个国家的直线基线，其中包括加拿大和苏联。实践中，各国在直线基线适用问题上的国家实践各有差异，结合各自的历史、经济和地理等因素划设的直线基线呈不同特点。加之现有国际法对相关问题缺乏具体的判断标准，比如存在何种情形方可认为是符合海岸的一般走向、基点的选择以及两个基点间的最长距离等，各国的直线基线也鲜有因他国抗议而予以取消或修改的先例。

（三）直线基线内海峡应适用的航行制度

即使俄加在北极地区划定的直线基线通过其国内立法成为既定事实，对于地理上连接公海或专属经济区、一直用于国际航行的海峡，不应因直线基线包围成为内水而导致其法律地位发生改变。即使这些海峡不是用于国际航行的海峡，依据 UNCLOS 第 8 条第 2 款，如果原来并未认为是内水的区域因直线基线包围成为内水，各国在此水域应享有无害通过权。[①] 第 35 条（a）规定原来未认为是内水的区域因直线基线包围而成为内水，则不能排除"用于国际航行的海峡"制度在该水域的适用。类似的规定在 1958 年《公约》第 5 条第 2 款中也有体现：如果因为采用直线基线，将认为是领海或公海的部分水域包围成为内水，则在此水域内应存在无害通过权。[②] 在上文关于历史性权利问题研究的基础上，本书还对西北航道和北方海航道相关水域在直线基线公布前的法律地位作了分析。

1. 直线基线公布前西北航道的法律地位

加拿大主张依据国际习惯法而非 UNCLOS 和 1958 年《公约》划定直线基线，意在排除无害通过在线内水域的存在，强调对相关水域的历史性占有。如上文所述，加拿大在 1973 年才对其北极群岛水域明确提出内水主张，真正将北极群岛水域视为内水并实施管辖是在 1985 年直线基线公布之后。由于受当时自然环境、破冰技术和航海技术所限，1957 年之前，外国船舶在西北航道航行并未引起加拿大的担忧。1957 年至 1958 年，加拿大对北极水域和西北航道的态度有所转变。1957 年，三艘美国破冰船在未事先征得加拿大同意的情况下，成功通过了西北航道的相关水域，引起加拿大的关注。加拿大时任总理劳伦特对此作出回应，宣布西北航道是加拿大的领水（territorial waters）。[③] 从"领水"这一用语来看，按照国际海洋法关于领海制度的规定，船舶应享有无害通过权。此后的十年，西北航道的法律地位问题未引发新的争议，西北航道再次归于平静。直到 1973 年，加拿大首次宣称北极群岛水域是历史性内水，再次引发关于西北航道的争议。

---

① 《联合国海洋法公约》第 8 条第 2 款规定："如果按照第七条所规定的方法确定直线基线的效果使原来并未认为是内水的区域被包围在内成为内水，则在此种水域内应有本公约所规定的无害通过权。"

② 1958 年《公约》第 5 条第 2 款规定："依第 4 条划定直线基线致使原先认为领海或公海一部分之水面划属内水时，在此水域内应有第 14 条至第 23 条所规定之无害通过权。"该公约于 1958 年 4 月 29 日订于日内瓦，1964 年 9 月 10 日生效。国际法委员会网站：http://www.un.org/chinese/law/ilc/tsea.htm，最后访问日期：2014 年 2 月 11 日。

③ Matt Roston, "The Northwest Passage's Emergence as an International Highway", *Sw. J. Int'l L.* 15, 449（2008 – 2009）：452.

加拿大北极群岛直线基线内水域的法律地位问题可总结为以下几个阶段：先是懵懂期，直至 1957 年之前，加拿大官方主流观点是"加拿大仅对北极群岛的陆地主张主权，并不延伸至冰区或是海域"。再是暧昧期，截至 1985 年，美国未经加拿大允许通行于西北航道的几次事件，激发了加拿大政府对水域法律地位的关切。加拿大对其北方区域的态度有所调整，开始强调包括岛屿和岛屿间的水域均为其所有；明确提出西北航道不属于国际海峡，而是加拿大的内水，西北航道的航行活动需接受加拿大的控制和规定。但与此同时，加拿大对北极水域的法律地位和主张依据是模糊的；加拿大对于将群岛作为一个整体还是以群岛的各个岛屿作为独立单元对周边海域提出主权主张，态度始终是暧昧的。正是因为加拿大对北极群岛水域作为一个整体提出内水主张并不自信，也认识到将引起国际社会的反对，才会辅以出台水污染防治法、强调引入"历史性水域"概念、将领海从 3 海里扩展至 12 海里等活动，强化其立场和主张。最后，直至 1985 年，加拿大划定北极群岛的直线基线，对线内水域的内水主张才变得坚定和强硬。

2. 直线基线公布前北方海航道的海峡的法律地位

俄罗斯/苏联学界认为，无害通过权不能无条件地适用于北方海航道上的海峡，因为苏联对北极航道具有特别权利。冰封水域在海洋法框架中本就有着特殊的地位，而且对俄罗斯/苏联具有特殊的意义：一是北方海航道被认为是完全在苏联控制和管辖下的国家交通航线，不论北方海航道所处水域的法律地位如何，是否经过领海。二是通过 1985 年法令划定的大陆和岛屿的直线基线，原本属于"内部的历史性水域"（internal historic waters）的几个海峡，根据现有的国家实践和 UNCLOS 的规定成为内水，外国船舶的通过需要获得苏联的许可。此外，UNCLOS 第 234 条也赋予沿海国在冰封区域一定的附加权利。①

在一段时期内，苏联政府在北方海航道的法律地位问题上保持沉默，这为辨别苏联在相关问题上的官方立场带来难度。直到 20 世纪 60 年代初期，由于两大政治体系的对抗，美国船舶在其北方水域连续出现，苏联的官方立场和相关信号才逐渐释放出来。1960 年 8 月 5 日，苏联单方面宣布

---

① Willy Østreng, "The Northern Sea Route: A New Era in Soviet Policy?", *Ocean Development & International Law* 22, 259 (1991): 273.

将其领海范围扩展到 12 海里，并宣布外国船只禁止在苏联领海和内水进行水文测量和研究工作。作为对苏联领海主张的抗议，美国在苏联北极海岸线东部发起了一项水文测量计划。1962 年至 1967 年，在美国海岸警卫队的协助下，美国在楚科奇海、东西伯利亚海、拉普捷夫海、卡拉海和巴伦支海进行了测量活动，意在宣称这些水域的公海地位。苏联方面则基于扇形理论和历史性权利，主张德米特里·拉普捷夫海峡和桑尼科夫海峡历史上属于苏联的内水，不允许美国船只通过。苏联使用"内部的历史性水域"这一概念，代指历史上属于苏联的包括海湾、入口、小峡谷、河口、海和海峡在内的北极水域。美国强烈反对这一概念，在测量结束后向苏联提出正式抗议，认为苏联剥夺了船舶在领海的无害通过权。① 事实上，苏联当局所坚持的是对通过领海的外国战舰适用苏联法律规定的批准程序。② 外国非军事船舶享有通过苏联领海的无害通过权，但必须接受苏联的法规、接受领航并遵守苏联关于安全航行的规定。这一时期，苏联也未对美国的测量活动作出实质的阻挠。

苏美围绕维利基茨基（Vil'kitskii）海峡的法律地位争议，进一步为判断苏联对北方海航道的官方态度提供了依据。1967 年，美国海岸警卫队破冰船 Edisto 和 Eastwind 计划进行环北冰洋航行，原计划从北地群岛以北航行，因冰况不利被迫返航。船长遂向苏联申请通过 22 海里宽的维利基茨基海峡。③ 问题的症结在于，苏联主张维利基茨基海峡属于小于 24 海里的领海海峡，海岸警卫队的船舶被划归为军用船舶，苏联坚持，依据当时的相关立法，通过该海峡需要提前 30 天通过外交渠道申请并获得授权。由于美国船只未事前获得批准，因而不得通行。有学者认为，这一事件从侧面证实苏联至少承认了除不满 24 海里宽的航道以外的北方水域的公海地位。④ 至 20 世纪 70 年代，对外国船舶的无害通过权问题，苏联官方的态度变得温

① Willy Østreng, "The Northern Sea Route: A New Era in Soviet Policy?", *Ocean Development & International Law* 22, 259 (1991): 271.

② P. D. Baraboyla, *Manual of International Marine Law* (Moscow: Military Publishing House of the Ministry of Defence of the USSR, 1966), p. 40.

③ Willy Østreng, "The Northern Sea Route: A New Era in Soviet Policy?", *Ocean Development & International Law* 22, 259 (1991): 272.

④ Erik Franckx, "Nature Protection in the Arctic: Recent Soviet Legislation", *International & Comparative Law Quarterly* 41, 366 (1992): 371 – 372.

和，苏联修改了外国军用船舶通航的提前授权制度，民用船舶和军用船舶无害通过的条件渐趋一致。①

通过分析俄罗斯/苏联的立场，在直线基线颁布之前，从维利基茨基海峡事件看出，苏联对宽度小于 24 海里的海峡，要求军用船舶通行须事先申请并获得苏联批准，由此可反推出对于超过 24 海里的海峡及其他北方水域则是公海。而且苏联对通行于其领海的船舶的限制更多地体现在军事船舶而非商用船舶上，非军用船舶则享有无害通过权。苏联在 1924 年的一部法令中规定，苏联和外国的商用船舶享有不受妨碍地通过苏联领海的权利。1960 年，苏联通过了新的《国界保护法》，规定了外国军用船舶在苏联水域的通行制度，包括外国船舶在苏联领海的通行条件、边防人员保护海洋边界的职责和可以扣留的违规情形。其中把外国船舶分为军用船舶、商用船舶和科学研究船舶。苏联政府关于外国商用船舶的基本立场是：在遵守苏联的管理规定的前提下，根据国际法的规定，承认其在领海内享有无害通过权。此外，苏联政府要求外国科学研究船舶在领海开展相关活动须获得苏联政府的事先授权，并坚持要求外国军用船舶的通行获得事先授权。② 直至 1990 年颁布《北方海航道航行规则》，苏联也仅称"北方海航道是位于苏联内水、领海（领水）或毗连苏联北方沿海的专属经济区的国家交通航线，包括适合船只引航的冰区航道"③，并不认为整个北方海航道是其内水。在直线基线公布前，北方海航道的诸多海峡也未被赋予内水的地位。

综上所述，俄加在北极地区划定的直线基线的确有不符合标准之处。然而，两国划定的直线基线已成既定事实，在国家实践中，鲜有沿海国因其他国家质疑而修改国内直线基线的先例。但原来并未认为是内水的区域因被直

---

① Willy Østreng, "The Northern Sea Route: A New Era in Soviet Policy?", *Ocean Development & International Law* 22, 259 (1991): 274.

② Richard E. Bradshaw, "The Politics of Soviet Maritime Security: Soviet Legal Doctrine and the Status of Coastal Waters", *J. Mar. L. & Com* 10, 411 (1978–1979): 417–420.

③ 《北方海航道航行规则》（Regulations for Navigation on the Seaways of the Northern Sea Route）第 1 条第 2 款规定，北方海航道是位于苏联内水、领海（领水）或毗连苏联北方沿海的专属经济区的国内运输航线，包括适合船只引航的冰区航道。其最西边的点为新地岛海峡（Novaya Zemlya straits）的西部入口，与梅斯热拉尼亚海角（Mys Zhelaniya）的北部经线相交，其东边的点则位于白令海峡，与北纬 66°线齐平，与西经 66°58′37″相交。

线基线包围成为内水，则不能排除"用于国际航行的海峡"制度在相关海峡的适用。从分析两航道的历史以及保证未来各国航行便利的角度出发，各国船舶通行于位于加拿大直线基线内的西北航道以及位于俄罗斯北方海航道的水域，至少应享有无害通过权，而不是接受沿岸国的内水管理制度。

第三节　对北极航道相关海峡法律定位的思考

加拿大和俄罗斯借助直线基线将北极航道上的重要海峡圈入其内，按照内水进行管理，使得西北航道和北方海航道的法律定位问题日趋受到国际社会的广泛关注。西北航道和北方海航道法律地位争议的焦点是相关海峡是否属于"用于国际航行的海峡"以及应适用何种航行制度。本节回顾了国际海峡制度的形成过程，并对相关国际司法实践以及公约条款作了分析，就西北航道和北方海航道的法律地位问题作了进一步的剖析。

一　国际海峡制度是不同利益集团妥协的结果

随着人们海洋意识的增强以及航海技术的发展，海上航行问题进入国际法学者的视野。国际海峡的法律地位和通行制度是在 20 世纪逐步发展和建立起来的。传统的国际法中并没有一项独立的、统一的关于海峡的法律制度。[①] 早在 17 世纪，荷兰法学家格劳秀斯曾发表著名的《海洋自由论》，明确提出了海洋自由的观点，认为虽然海洋的某些部分可能为一国所有，但不应禁止无害通过。值英法战争之际，美国于 1793 年宣布建立沿岸 3 海里的"中立区"，之后演变为领海。1899 年和 1907 年，海牙和平会议规定，除了战争时期，中立船舶在"中立区"的航行权利应受到保护。随着一些国家纷纷建立各自的领海，海峡通行与沿海国的领海权利从此产生联系和纠葛，这一时期不同国家的领海宽度主张尚存在差异。1895 年，国际法协会（ILA）主张，位于两国间的"海峡"，宽度未超过 12 海里的，则应该允许沿海国行使属地管辖权，但不得关闭海峡。1921 年，国际法协会对国际海峡的问题进行了讨论，研究应否禁止在国际海峡内部署"震波自动水

---

① 张海文主编《〈联合国海洋法公约〉释义集》，海洋出版社，2006，第 50 页。

雷"，当时有一种观点是该类海峡应该只限于连接公海两部分唯一或不可或缺的通道。上述国际法协会实践反映了国际法学界在当时已经认识到领海和海峡两者的不同，并试图将海峡问题和领海问题区分对待。①

关于国际海峡的司法实践，在 1949 年国际法院关于"科孚海峡案"的判决中已有涉及。国际法院于 1949 年 4 月 9 日作出的第二个判决提出了两个具有决定性意义的判断标准：一是地理标准，即该海峡是连接公海的两部分；二是航行价值和利用情况，即该航道在国际海洋运输中是有意义的，多国船舶在此地区航行，并非仅限于当地国家使用。国际法院注意到，英国军舰有规律地使用此航道长达八年甚至更久，而且此航道也为其他国家的军舰所利用。由此，国际法院判定该海峡属国际航道，在和平时期他国船舶的无害通过不应受到沿岸国的禁止。②

1958 年《公约》将国际海峡的航行制度列入法律文本，《公约》第 16 条第 4 款规定："在用于国际航行的、位于公海的一部分和另一部分之间，或公海与一外国领海之间的海峡上，不得停止外国船舶的无害通过。"从此文本看，1958 年《公约》基本采纳了"科孚海峡案"中的观点，即外国船舶通过海峡的权利基本上由海峡水域的地理特征和航行用途决定。对两块陆地之间的两端连接公海的天然狭窄水道，各国船舶均享有此航行资源，如果海峡是由一国或一国以上的领海组成，外国船舶也享有无害通过权。但是，沿海国出于保护国家安全的目的，有权在其领海内暂停外国船舶的无害通过。在连接公海一部分和另一部分领海之间用于国际航行的海域中，沿海国则不应阻止外国船舶的无害通过。③

UNCLOS 中的国际海峡制度是在上述司法实践和 1958 年《公约》相关规定的基础上经过多国谈判并相互妥协让步形成的。在 1973 年之前，即第三次联合国海洋法会议开启之初，以下问题一度受到关注和热议，并最终形成了"用于国际航行的海峡"这一概念。

---

① 王泽林：《北极航道法律地位研究》，上海交通大学出版社，2014，第 73~74 页。
② International Court of Justice, Reports of Judgement, Advisory Opinions and Oders, the Corfu Channel Case, Judgement of April 9th, 1949, pp. 28~29, https://www.icj-cij.org/public/files/case-related/1/001-19490409-JUD-01-00-EN.pdf, 最后访问日期：2022 年 3 月 24 日。
③ 王铁崖主编《国际法》，法律出版社，1995，第 280 页。

（一）军舰和航空器的通过

关于军舰通过领海适用何种制度的争议存续了很长时间。争议的焦点在于军舰通过领海是否应该适用无害通过，是否应该以授权或通知作为通过的条件。"科孚海峡案"和1958年《公约》虽涉及了一些，但未能彻底解决关于此问题的争议并消除质疑。当发展中的海峡国家讨论到需以授权或通知作为军舰通行的条件时，海洋大国则持相反的观点。[①] 海洋大国认为，在全球的自由航行和军用航空器的飞越是涉及海权和空权的重要问题。在12海里领海的情况下，以沿海国授权或通知作为军舰通行的条件的要求是难以接受的。海洋大国拟承认12海里领海主张，但需以自由通过国际海峡为条件。海洋大国提出了"自由通过"（free transit）的概念，作为通过领海海峡的一个新方式。由此，各国船舶和飞机的航行权和飞越权具有和公海自由相似的权利。之所以提出这一新的概念，是因为海洋大国在军舰通过和海军行动上具有不受攻击和阻碍的需求，对这些国家而言，任何的不确定性是不可承受的。[②]

然而，对于海峡沿岸国而言，如果海峡被视为公海或是各国享有类似于在公海的航行和飞越自由，则构成对国家安全的损害和威胁。对于发展中国家而言，以它们的能力难以阻挡潜水艇和核动力船的通行，更莫提在冲突爆发时作出回击。另外，这些国家希望能保留它们新的主权要求，"自由通过"对它们的主权完整来说是一个挑战。因为它们意识到大国坚持"自由通过"将意味着对所有的船舶包括军舰都要适用该原则。这些国家认为，1958年在日内瓦举行的第一届联合国海洋法会议未能反映它们的需求，因为当时许多亚洲的发展中国家以及非洲和拉丁美洲在那一时期还未独立，也没有代表参加会议。它们还认为1958年承认的通行权是建立在传统领海制度的基础之上，出于政治或军事的考虑，海洋大国在当时的会议上不愿意承认12海里的领海宽度。[③]

---

① Kheng Lian Koh, *Straits in International Navigation Contemorary Issues* (New York: Oceana Publications, 1982), p. 5.

② Kheng Lian Koh, *Straits in International Navigation Contemorary Issues* (New York: Oceana Publications, 1982), p. 6.

③ Kheng Lian Koh, *Straits in International Navigation Contemorary Issues* (New York: Oceana Publications, 1982), p. 6.

(二) 航行安全和污染防治

随着航行量的增多，还有一个重要问题是不可忽视的，即航行安全和污染防治问题，特别是随着一些特殊船舶比如核能船或载有核武器、核原料的船舶的出现，以及海上溢油事故等可能对海洋环境带来灾难性的影响。已知的以及可预见的海洋污染事故引起了沿岸国对无害通过原则的思考。海峡沿海国的观点倾向于不给予这些船舶通过航道的无害通过权。正如奥达 (Oda) 观察到的，逐渐增多的海洋污染的确对无害通过这一原则提出了挑战。他指出，从历史上看，船舶通过曾被认为是无害的，沿海国需要特别的理由才可暂停无害通过，但是无论是根据几个世纪历史传统的发展还是 1958 年《公约》的相关内容，都无法得出当今所能接受的 "无害通过" 的定义。直至现在，只要不威胁和平秩序和沿海国的安全，通过通常被视为是无害的，一般性质的船舶操作是可以主张无害通过权的。然而，奥达也注意到，"脆弱的海岸……国家正开始形成关于无害通过新的概念"，它们建议一些船舶仅仅由于它们自身的条件而非由于任何特殊活动，应被视为对沿海国构成威胁，比如，在 1973 年八国提案中提及 "特殊特征的船舶"（vessel of special character），意味着将对这些船舶适用最为严格的规则。"特殊特征的船舶" 包括可能对沿岸的海洋环境造成损害或污染的核能船、运输核武器的船舶，运输核原料或其他货运，虽然未特别指明油箱，但是一旦此种分类有效，它们通常将被列入应适用严格规则的清单。尽管这些建议的细节是不完整的，能否为国际社会所接受存在不确定性，但奥达认为，对适用无害通过的船舶进行分类的构想似乎是可接受的，此种海洋的特殊自由将会受到重新检验，以便控制污染并建立一个稳定的海上秩序。[1]

解决航行安全问题和污染防治问题同样为发达国家所支持。尽管具体的规则和规定需要建立在实践和经验的基础上，现有国际法本身不能够提供明确的答案，但航行安全和污染防治的重要性呼唤更为清晰的定义，以实现所有相关主体之间的法律利益的平衡。

(三) 国际海峡的航行制度

1958 年《公约》规定的传统国际法制度未对哪些种类的航行适用无害

---

[1] Shigeru Oda, *The Law of the Sea in Our Time-I: New Developments, 1966 - 1975* (Leyden: Sijthoff, 1977), pp. 177 - 178.

通过制度作出具体规定，仅在第 14 条第 4 款中指出："通过如不妨害沿海国之和平、善良秩序或安全，即系无害通过。此项通过应遵照本条款及国际法其他规则为之。"上述表述至少反映了一个原则标准，即此种通行对海峡沿岸国的主权不应构成军事或其他威胁。然而，在沿岸国各使用者之间的利益平衡上，概念的模糊性易于带来困扰和争议，比如，对于使用国认为是无害通过的事项，海峡沿海岸国则认为是有害的，沿岸国和海峡使用国从各自利益出发，对他们的主张作出对自身有利的解释，从而导致海峡在航行制度适用上的分歧。海峡沿岸国注意到这些，试图简单地依据船舶的特征对船舶的种类作确切的区分，比如，核能船不应被视为无害。

在第三次联合国海洋法会议之前，虽然存在关于"无害通过"概念需要重新分类和定义的共识，但各国始终未能对具体的种类和划分达成一致意见。[1] 在 UNCLOS 规定国际海峡的通行制度之前，许多海峡沿岸国面临着相同的问题，即国际海峡的通行制度应适用航行自由还是无害通过，这样的争论伴随着 12 海里领海的主张而产生，又在不同利益集团的关切存异中诞生了过境通行制。从 20 世纪 70 年代早期开始，12 领海宽度主张体现出了绝对的优势。根据 1972 年 12 月 31 日的记录，27 个国家主张 3 海里，12 个国家主张 6 海里，50 个国家主张 12 海里，6 个国家主张 18 海里和 170 海里之间，7 个国家主张 200 海里。由此，63 个国家主张 12 海里及以上的领海，约占 60%。[2] 布朗（Brown）对这些数据和第二次联合国海洋法会议期间相应的数据作了对比，得出的结论是，主张 3 海里和 6 海里的国家所占百分比分别下降了 18% 和 6%，主张 12 海里及以上的国家所占百分比分别上升了 25% 和 33%。[3]

领海宽度经历了由窄到宽的过程，这一变化对国际海峡制度产生了重要影响。按照 12 海里领海标准，有 116 个海峡宽度不足 24 海里，从而处于沿海国的领海内。其中约有 30 个海峡，两端连接公海或专属经济区，是世

---

[1] Kheng Lian Koh, *Straits in International Navigation Contemorary Issues* (New York: Oceana Publications, 1982), p. 9.

[2] Kheng Lian Koh, *Straits in International Navigation Contemorary Issues* (New York: Oceana Publications, 1982), pp. 2 - 3.

[3] E. D. Brown, "The UN Conference on the Law of the Sea: A Progress Report", *Curr. Leg. Probl.* 26, 131 (1973): 134.

界上主要的海洋通道，可认定为国际海峡。^①这引发了不同利益集团对以下问题的关切。一是在适用传统的 3 海里领海规定期间，大多数用作国际航行的海峡，通常会有公海的走廊，航行和飞越都是自由的，但是 12 海里领海主张则使部分原本是公海的走廊消失了。发展中的海峡沿海国，主张船舶通过领海海峡应该适用领海通行制度。商船和军舰均适用地方法律，但如果违反法律规定承担的后果有所区别。二是由于航空器没有穿越领海上空的无害通过权，航空器进入 12 海里领海海峡的上空将构成对传统飞越权利的背离，这使美国、苏联等重视航行利益的海洋大国面临权利缩水的局面。由此，发达的海洋大国提出一项特别的制度，即过境通行制，作为通过或飞越国际海峡应适用的制度，主张至少对某些特定的海峡种类适用这一制度。发展中国家则强烈维护自身立场，主张适用领海制度。^②最终经过磋商和妥协，UNCLOS 形成了"用于国际航行的海峡"这一专属概念，并规定了两种海峡通行制度，分别是"过境通行"和"无害通过"，对不同利益集团的关切进行了调和。

二 北极航道相关海峡的法律定位及航行制度

北极航道途经的主要海峡的法律性质和应适用的航行制度是影响北极航道通行权的主要因素。过境通行是指按照 UNCLOS 第三部分的规定，专为在公海或专属经济区的一个部分和公海或专属经济区的另一部分间的海峡继续不停和迅速过境的目的而行使航行和飞越自由。^③过境通行制是 UN-CLOS 创设的一种关于海峡航行的新制度。对于过境通行，海峡沿岸国负有"不应妨碍"、"不应予以停止"以及"应将其所知的海峡内或海峡上空对航行或飞越有危险的任何情况妥为公布"的义务。过境通行制允许飞机通过，对水下潜艇也未作限制，对"通过"行为持相对宽松的态度，沿岸国对"通过"享有的控制权利相对无害通过而言要小得多。而无害通过原本是外国船舶在他国领海享有的通行权利。无害通过仅适用于船舶，潜水艇和其

---

① 王铁崖主编《国际法》，法律出版社，1995，第 280 页。

② Kheng Lian Koh, *Straits in International Navigation Contemorary Issues* (New York: Oceana Publications, 1982), pp. 6 – 10.

③ 《联合国海洋法公约》第 37 条规定，过境通行制"适用于在公海或专属经济区的一个部分和公海或专属经济区的另一部分之间的用于国际航行的海峡"。

他潜水器在领海的"通过"要在海面上航行并展示旗帜①，且无害通过应"继续不停和迅速进行"。② 在用于国际航行的海峡中，以下两种情况适用无害通过制度：一是在公海或专属经济区的一个部分和外国领海之间的海峡；二是海峡是由海峡沿岸国的一个岛屿和该国大陆形成，而且该岛向海一面有在航行和水文特征方面同样方便的一条穿过公海或穿过专属经济区的航道。③ 对于海峡内的内水，如果因划定直线基线使原来未认为是内水的区域包围在内水中，则不影响上述航行制度的实行。④

1949 年"科孚海峡案"中，就英国和阿尔巴尼亚间关于科孚海峡是不是国际海峡的争议，国际法院在判决书中对国际海峡（international strait）的定义给出了双重标准，即海峡所属的地理环境和海峡的功能或用途。⑤ UNCLOS 对用于国际航行的海峡的地理要素作了明确的规定和区分，不同的地理要素适用的航行制度也不尽相同。但 UNCLOS 中关于功能标准的规定是模糊的，这是西北航道和北方海航道相关海峡法律地位争议相持不下的原因之一。

关于地理标准，UNCLOS 已规定得非常明确，即位于公海或专属经济区的一个部分和公海或专属经济区的另一部分之间的海峡适用过境通行制。UNCLOS 第 38 条第 1 款规定的不适用过境通行制的海峡和在公海或专属经济区的一个部分和外国领海之间的海峡适用无害通过制度⑥，但对于海峡的功能标准则缺乏明确的规定。"科孚海峡案"可视为国际法院对早期的国际海峡相关国际习惯法的总结。国际法院是 UNCLOS 规定的有权解释 UNCLOS 或解决 UNCLOS 适用的争端的司法机构之一。虽然国际法院判决仅对个案具有法律约束力，但之前法院判决的内容往往在之后法院判例中得以援引。

在该案中，英国主张，国际海峡的特征主要取决于其连接公海和事实

---

① 《联合国海洋法公约》第 17 条、第 20 条。
② 《联合国海洋法公约》第 18 条第 2 款。
③ 《联合国海洋法公约》第 38 条第 1 款、第 45 条第 1 款。
④ 《联合国海洋法公约》第 35 条（a）。
⑤ United Kingdom of Great Britain and Northern Ireland V. Albania，*I. C. J. Reports*，Corfu Channel，1949. 见周洪钧、钱月娇《俄罗斯对"东北航道"水域和海峡的权利主张及争议》，《国际展望》2012 年第 1 期，第 109 页。
⑥ 《联合国海洋法公约》第 38 条第 1 款规定："在第三十七条所指的海峡中，所有船舶和飞机均享有过境通行的权利，过境通行不应受阻碍；但如果海峡是由海峡沿岸国的一个岛屿和该国大陆形成，而且该岛向海一面有在航行和水文特征方面同样方便的一条穿过公海，或穿过专属经济区的航道，过境通行就不应适用。"《联合国海洋法公约》第 45 条。

上用于航行。需说明的是,"专属经济区"这一概念伴随 UNCLOS 而生,在国际法院就"科孚海峡案"作出判决时,还不存在这一概念,所以英国主张的地理标准是"两端连接公海",这与当时国际法院的裁决是一致的。英国认为地理标准是决定一个海峡是否为国际海峡的决定性因素,如果海峡符合地理标准,且在事实上用于航行,则应视为国际海峡。① 阿尔巴尼亚则主张,科孚海峡在国际航行中不是主要航线,它仅是次要航线甚至不是两端连接公海的必要航线,主要用于地方或沿岸航行,而非服务于国际航运。② 虽然国际法院指出,在海峡被判定属国际海峡之前,必须有证据表明它有用于国际海上交通的历史,具体包括通行国家数量、通行量等因素,但国际法院在回答海峡航运量以及在国际航行中的重要性对确定国际海峡地位的影响时,并未给出明确的标准,"量"需达到怎样的程度也无具体的标准。最终,国际法院在判决书中支持了英国的观点,即判断国际海峡的决定性标准是符合地理要素和存在用于国际航行的事实(the fact of its being used for international navigation)③。从英文表述看,国际法院强调的是用于国际航行的一种状态,这种状态并未排除正在发生以及未来发生的情形。学界有观点认为,在判断海峡的法律地位时,不应仅考虑当前的船舶通行情况,还应考虑航道目前的航行困难和未来的使用情况。④ 美国斯查特将军曾指出,美国基本上不重视历史上的使用,而是看重将来用于国际航行的可能性。⑤

鉴于此,"科孚海峡案"确立了两个判断国际海峡的标准,分别是地

---

① International Court of Justice, Reports of Judgment, Advisory Opinions and Orders, the Corfu Channel Case (Merits), Judgment of April 9th, 1949, p. 27, https://www.icj-cij.org/public/files/case-related/1/001 – 19490409 – JUD – 01 – 00 – EN. pdf, 最后访问日期: 2022 年 3 月 24 日。

② International Court of Justice, Reports of Judgement, Advisory Opinions and Oders, the Corfu Channel Case, Judgement of April 9th, 1949, p. 28, https://www.icj-cij.org/public/files/case-related/1/001 – 19490409 – JUD – 01 – 00 – EN. pdf, 最后访问日期: 2022 年 3 月 24 日。

③ International Court of Justice, Reports of Judgement, Advisory Opinions and Oders, the Corfu Channel Case, Judgement of April 9th, 1949, p. 28, https://www.icj-cij.org/public/files/case-related/1/001 – 19490409 – JUD – 01 – 00 – EN. pdf, 最后访问日期: 2022 年 3 月 24 日。

④ 李德俊:《西北航道利用的法律地位问题探究》,《太平洋学报》2014 年第 2 期,第 11 页。

⑤ William L. Schachte, "The Value of the 1982 UN Convention on the Law of the Sea: Preserving Our Freedoms and Protecting the Environment", *Ocean Development & International Law* 23, 55 (1992): 55 – 69.

理标准和功能标准。1958 年《公约》和 UNCLOS 在一定程度上对这两个标准进行了承袭。UNCLOS 对地理标准作了明确的规定，从西北航道和北方海航道的地理位置看，符合"用于国际航行的海峡"的地理条件，这在学界不存在争议。但就功能标准而言，UNCLOS 缺乏进一步的规定，比如用于国际航行的海峡的船舶通航量需达到多少等问题。截至目前，无论是国际法或是司法实践，均未对航行量制定明确的标准。虽然现在受自然条件所限，北极航道的船舶通航数量相对于其他国际海峡存在差距，但西北航道和北方海航道上的海峡均具有用于国际海上交通运输的实践。综合考虑地理因素和功能因素，途经北方海航道和西北航道的海峡符合 UN-CLOS 规定的"用于国际航行的海峡"的地理标准。就功能标准而言，虽然通航量较小，也不能因此而掩埋其在国际航运中的作用。随着气候变化以及航行技术的提高，东北航道和西北航道在国际航行中的作用将越来越大。

从上述分析看，单从用于国际航行的海峡的地理和功能标准判断，加拿大和俄罗斯否定西北航道和北方海航道上海峡的国际航行地位和功能未免牵强。虽然两国以历史性权利为法理依据，通过直线基线将其北部水域划为各自内水进行管理，将西北航道和北方海航道上的重要海峡也囊括在内，但对于地理上连接公海或专属经济区、用于国际航行的海峡，即使沿海国通过直线基线将其圈为内水，也不能改变其原有的法律地位。虽然受气候条件和航海技术所限，历史上各国在北极航道的航行实践不多，但不能因此否定北极航道相关海峡曾用于各国探险和航行的历史事实。需说明的是，从第三次联合国海洋法会议的会上讨论来看，海峡沿岸国普遍担忧但未在 UNCLOS 中明确规定的事项突出表现为以下两点：一是商船和军舰或军用船舶在通行时是否应作区分的问题；二是对于核能船或载有核武器、核原料的船舶等对海洋环境构成威胁、可能带来难以修复的损害的船舶，未列出详尽的清单的问题。上述问题也是海峡沿岸国对适用相对宽松的通行制度心存疑虑的原因。多种因素交织使得北极航道的法律地位问题在短期内难以得到彻底解决。在北极航道治理法律秩序构建中，需综合考虑上述因素以及不同国家的利益关切。

第四节　小结

北极航道法律地位争议的焦点问题是西北航道和北方海航道的法律地位和应适用的航行制度问题。西北航道和北方海航道的法律地位问题涉及对相关国际法理依据的研究和分析，包括本章中提到的扇形理论、历史性权利、直线基线划法以及国际海峡标准。上述理论本身在包括海洋法在内的一般国际法中缺乏明确的规定，或属于习惯国际法范畴，在判断标准上存在争议，这是北极航道法律地位争议长期以来相持不下的主要原因之一。本章对上述法律问题进行了分析研究，注意到两国关于航道主张的法律依据存在诸多值得讨论和商榷之处。简言之，就扇形理论而言，随着国际海洋法的发展，扇形理论受到国际社会的诸多质疑，并在北极水域所有权问题上渐渐淡出舞台；就历史性主张而言，加拿大在早期并未明确提出"历史性水域"或"历史性内水"主张，俄罗斯则采取了模糊的表述方式，称北方海航道是其国家交通航线，两国的"历史性"主张缺乏连贯性，存在前后不一的表述，在直线基线公布前，也未持续对西北航道和北方海航道实施带有主权性质的排他性管辖，两国在北极相关海域的直线基线的划定上也存在诸多值得研讨之处，受到有关国家的质疑。此外，依据 UNCLOS 第 8 条第 2 款，如果因被直线基线包围而成为内水的水域，原来并未被认为是内水，各国在此水域仍应享有无害通过权。[①] UNCLOS 第 35 条在规定"用于国际航行的海峡"的范围时，还提到本部分的任何规定不影响海峡内的内水区域，但按照直线基线效果使原本未被认为是内水的区域被包围成为内水的情况除外。就西北航道和北方海航道的相关海峡而言，依据地理标准判断，符合"用于国际航行的海峡"的条件。国际法对功能标准缺乏明确的阐述，虽然历史上北极航道相关海峡的通航量较小，但也存在相应的航海实践，且从北极航道上的海峡在国际航运中独特的航运价值来看，随着环境变化和航海技术的提高，北极航道大规模通航指日可待。加俄两国将具备上述条件的海峡视为内水并通过国内立法进行管控，从法理角度

---

① 《联合国海洋法公约》第 8 条第 2 款。

分析确有牵强，也有违"便利国际交通和促进海洋的和平用途"①的愿景。

但目前的现实情况是，加拿大将西北航道定位为内水航道，上升为主权问题；俄罗斯将北方海航道定位为国家交通航道，将其视为生命线，两国分别把西北航道和北方海航道摆在了至关重要的地位。两国通过颁布一系列的法律法规，分别对包括西北航道在内的北极群岛水域和北方海航道加以管控。北极航道不仅关乎沿海国的权益，还关乎国际社会的航行利益，未来不排除国际社会将北极航道上的相关海峡明确认定为"用于国际航行的海峡"的情形。如果北方海航道和西北航道上重要海峡的国际海峡地位得到确认，则其应根据 UNCLOS 的地理标准等适用过境通行制或无害通过制，但这将与加拿大和俄罗斯的国家主张、国内立法以及管制措施大相径庭，可能将激发与航道管辖权相关的政治、法律等问题，致使争议进一步复杂化，甚至诱发新的矛盾。航道法律地位之争非一朝一夕可以解决，在此形势下，暂时搁置西北航道和北方海航道的法律地位争议，有效协调适用国际法与沿岸国国内法、寻求航道沿海国和航道使用国等不同利益方间的共赢，是解决西北航道和北方海航道的法律问题的现实出路。具体而言，航道沿岸国和使用国本着促进北极航道和平利用的原则，适当考虑沿海国的北部安全利益和关切。基于平衡环境保护和航行权利的需求，在探讨北极航道法律规制的过程中，通过多边场合对船舶通行北极航道应适用的特别预防措施进行磋商，包括对本质上属于危险或有毒物质的船舶种类予以细化并列出清单，以现有国际法框架为基础，由航道沿岸国和航道使用国共同磋商探寻北极航道公平、合理和可持续利用的途径。

---

① 《联合国海洋法公约》序言第 4 段。

第三章 UNCLOS 在北极航道治理中的适用分析

北极适用法律的碎片化是北极治理面临的主要问题之一。正如国内学者指出的那样："北极地区涉及诸多国际条约,这些条约在条约的主体、适用范围、条约规定的权利和义务等方面的规定并不一致,形成条约的冲突。"[①] UNCLOS 被誉为海洋宪章,是第三次联合国海洋法会议的产物[②],旨在"为海洋建立一种法律秩序,以便利国际交通和促进海洋的和平用途,……以及研究、保护和保全海洋环境"。[③] UNCLOS 制定了全面的现代国际海洋法律制度,对沿海国在不同法律地位海域的海洋权利和义务作了明确的规定。北冰洋作为世界海洋的组成部分在 UNCLOS 的适用范围之内。目前除了美国,其他环北极八国均是 UNCLOS 的缔约国。美国在其包括 2009 年北极政策的诸多文件中,即已敦促参议院完成对 UNCLOS 的批准程序。

第一节 一般性规则在北极航道的适用

早在 2008 年 5 月 27 日至 5 月 29 日,北冰洋沿岸五国——加拿大、丹麦、挪威、俄罗斯、美国在发布《伊卢利萨特宣言》时即已强调:海洋法

---

① 刘惠荣、杨凡:《国际法视野下的北极环境法律问题研究》,《中国海洋大学学报》(社会科学版)2009 年第 3 期,第 3 页。
② 《联合国海洋法公约》是第三次联合国海洋法会议先后由 167 个国家的代表团参会,历时 9 年,其间召开了 11 期 16 次会议磋商而成的成果。《联合国海洋法公约》共 17 部分,加之 9 个附件共 446 条,内容涉及海洋法的各个主要方面。张海文主编《〈联合国海洋法公约〉释义集》,海洋出版社,2006,第 8 页。
③ 《联合国海洋法公约》序言。

作为适用于北极的国际法框架，对大陆架外部界限、海洋（包括冰覆区域）环境保护、航行自由以及海洋科研等和海洋利用相关的问题都规定了相关的权利义务，北冰洋沿岸五国将这一体系以及任何权利的冲突问题留待日后解决。① 这反映了北冰洋沿岸五国承认以现有的国际海洋法框架来确定和规范在北冰洋的海洋权利义务，这在后来环北极八国签署的《努克宣言》中也得以体现和重申。② 目前环北极八国基本均按照 UNCLOS 的规定通过国内立法提出了各自的海洋主张，美国虽未签署 UNCLOS，但也将其中的规定视为国际习惯法并依此主张海洋权利。

一　海洋划界是确定各国海上航行权的前提

由于北冰洋的闭海特征，环北极国家间的海上权益主张存在重叠。尽管 UNCLOS 对不同法律地位的海域应适用的航行制度作了原则性规定，但各国在管辖海域内的航行规定仍可能存在差别。海洋边界是确定不同海域法律地位和航行法律制度的基础，但海洋划界这一深层次问题难以在短期内完全解决。

北极地区的海洋划界问题主要包括两类。一是濒临北冰洋五国管辖海域间的划界，主要包括领海、专属经济区和大陆架划界。悬而未决的海上边界问题，可能致使船舶在有争议的区域航行时无所适从，因为在该区域应适用的航行法律制度存在不确定性。明确海上边界，有利于减少、避免船舶在航经沿海国管辖海域时因适用法律的模糊而产生纠纷。目前，环北极相关国家通过谈判等方式解决了部分的海洋划界问题，但有的海上划界问题尚存争议，有的则通过共同开发或签订渔业协议的方式得到缓解。

二是沿海国的管辖海域与公海和"区域"之间的"划界"，这实质上主要指北冰洋沿岸国的专属经济区与公海的"划界"、200 海里外大陆架外部与"区域"的划界。沿海国管辖海域与"公海"和"区域"间在北冰洋缺乏明确的海上边界，是未来北极航运治理必然直面的法律问题。UNCLOS 第234 条涉及冰封区域的环境保护问题，规定沿海国在专属经济区范围内，"有

---

① The Ilulissat Declaration, Arctic Ocean Conference Ilulissat, Greenland, May 27 – 29, 2008, http://www.oceanlaw.org/downloads/arctic/Ilulissat_Declaration.pdf, 最后访问日期：2014 年 12 月 3 日。

② Nuuk Declaration on the Occasion of the Seventh Ministerial Meeting of the Arctic Council, May 12, 2011, http://www.docin.com/p-652587819.html, 最后访问日期：2013 年 2 月 6 日。

权制定和执行非歧视性的法律和规章"，防止、减少和控制船舶在冰封区域的污染；UNCLOS 第 58 条和第 78 条虽然规定所有国家在沿海国的专属经济区享有航行和飞越的自由，沿海国对大陆架的权利应不影响上覆水域或水域上空的法律地位，不对航行产生侵害或造成不当干扰，但各国在上述区域行使权利和履行义务时，需适当顾及沿海国的权利和义务，并遵守沿海国相关的法律和规章。上述规定间的协调和执行存在较大的解释空间，各国由于所处地理位置和代表的利益集团不同，对上述条款的理解存在差异。

虽然沿海国对大陆架的权利不影响上覆水域和上空的法律地位，但沿海国在大陆架上有对人工岛屿、设施和结构的管辖权以及有授权和管理在大陆架上进行钻探的专属权利①，沿海国有权在必要之时在人工岛屿、设施和结构的周围设置安全地带②，这也将对外国船舶在相应海域的航行产生直接的影响。俄罗斯依据扇形理论主张的 200 海里外大陆架直达北极点，挪威、丹麦、冰岛主张的大陆架外部界限均进入北极圈。加拿大虽然尚未提交关于北极地区的 200 海里外大陆架划界案，但有潜在的主张，并未放弃日后提交划界案的权利。美国因不是 UNCLOS 的缔约国，没有向大陆架界限委员会提交任何划界案，但美国主张 UNCLOS 中的相关制度已是习惯国际法，因此对在北极地区的大陆架也有潜在的主张。此外，200 海里外大陆架划界这场"蓝色圈地运动"，引发了环北极相关国家在北极地区的军事竞赛狂潮，增添了北极航道航行面临的安全隐患。

复杂的划界形势是北极航运面临的不稳定因素。据初步统计，北极圈内海域面积约为 1300 万平方千米，各国 200 海里外的海域面积约为 320 万平方千米，根据当前的各国 200 海里外大陆架主张，剩余的"区域"面积则约为 140 万平方千米。

UNCLOS 对不同水域的海上航行权、国际海峡通航制度以及船旗国、沿岸国、港口监督国的权利义务规定了一般性的国际规则。北极航道通航后，船舶会通过沿岸国港口、码头，在沿海国的内水、领海、专属经济区和公海的航行权利呈递增状态。UNCLOS 规定外国船舶在沿海国内水应完全遵守沿海国的国内立法和管理，但在内水以外的海域，则尽可能地为国际交通

---

① 《联合国海洋法公约》第 80 条和第 81 条。
② 《联合国海洋法公约》第 60 条第 4 款、第 5 款和第 6 款。

提供便利，比如，各国船舶在沿海国领海享有无害通过权，在专属经济区则享有类似于公海的航行自由。UNCLOS 还规定了用于国际航行的海峡的航行制度，外国船舶根据海峡的天然地理条件，享有过境通行权或无害通过权。北极航道沿岸国本着便利海上交通的原则，在不侵犯他国基于 UNCLOS 的通航权利的前提下，可制定分航道管理等具体制度。船旗国和港口监督国应以 UNCLOS 为基础，行使自由航行权利和港口监督权利，并承担公约下的义务。然而，俄罗斯和加拿大通过制定和出台一系列的国内法律和法规，分别对北方海航道和西北航道加以控制，扩大了其自身对相应航道的管控权，致使航道使用国的航行权利大打折扣。

二 海洋环境保护制度对船只污染的原则性规定

UNCLOS 第 12 部分专门对海洋环境的保护和保全作了规定。第 194 条规定各国具有个别或联合地采取必要措施，防止、减少和控制任何来源的海洋环境污染的义务。其中，在第 194 条关于"防止、减少和控制海洋环境污染的措施"的相关规定中，第 3 款（b）专门提到了来自船只的污染。但国家在实施海洋环境保护的主权、主权权利和管辖权时，不得妨碍外国船舶在不同法律地位海域航行的权利，即使沿海国在其领海内行使主权制定防止、减少和控制外国船舶的海洋污染的海洋法律和规章，也不得阻碍外国船舶的无害通过。[①] 沿海国也可对其专属经济区制定相关的法律和规章，但此类法律和规章应符合一般接受的国际规则和标准。[②] 北冰洋是世界海洋的组成部分，这些关于海洋环境保护和保全的原则性规定是适用于这片海域的，自然也适用于北极航道。

海洋污染具有流动性的特点，海洋环境的保护和保全属于跨区域问题。为此，UNCLOS 鼓励各国在海洋环境保护和保全问题上开展合作，要求各国在以保护和保全海洋环境为目的制定国际规则、标准和建议的办法和程序时，应在全球或区域性的基础上，兼顾区域特点，直接或通过国际组织进行合作；[③] 鼓励各国交换取得的关于海洋环境污染的情报和资料，直接或通

---

① 《联合国海洋法公约》第 211 条第 4 款。
② 《联合国海洋法公约》第 211 条第 5 款。
③ 《联合国海洋法公约》第 197 条。

过主管国际组织开展合作，订立科学准则，以便于相关办法和程序的拟订和制订。① 第 211 条第 1 款对防止、减少和控制船只对海洋环境的污染的国际合作提出了具体要求，各国需通过主管国际组织或一般外交会议，制定国际规则和标准。相应地，船旗国亦应确保其船只遵守相关的国际规则和标准以及各国按照 UNCLOS 制定的法律和规章，有义务制定法律、规章和采取必要措施保障上述规则、标准、法律和规章的有效执行。各国对在其国内登记的船舶也负有上述义务。② 通过合作和环境情报资料共享来保护和保全海洋环境的做法，对北极航道的环境保护而言也是一条有效的途径。

第二节 "冰封区域"条款在北极航道的适用问题

UNCLOS 第 12 部分关于海洋环境保护规定中，第 8 小节"冰封区域"是专门适用于一年中多数时间处于冰封状态的区域的条款。该条款可以说是专门针对北极的"北极例外"条款。有学者认为，第 234 条即使不是有争议的条款，"大概也是整个条约中最容易引起分歧的条款"③。确切地讲，它是专门适用于极区海洋环境保护的条款，适用的地域范围是极区沿海国的专属经济区。该条赋予沿海国在专属经济区内制定和执行非歧视性的法律和规章的权利，以保护冰封区域特殊的生态环境，旨在防止、减少和控制船只在专属经济区内冰封区域对海洋的污染。④

一 文本研读

从法条文本上分析，第 234 条的适用需符合自然和法律双重要件。就自

---

① 《联合国海洋法公约》第 200、201 条。
② 《联合国海洋法公约》第 217 条第 1 款。
③ Kristin Bartenstein, "The 'Arctic Exception' in the Law of the Sea Convention: A Contribution to Safer Navigation in the Northwest Passage?", *Ocean Development & International Law* 42, 22 (2011): 23.
④ 《联合国海洋法公约》第 234 条规定："沿海国有权制定和执行非歧视性的法律和规章，以防止、减少和控制船只在专属经济区范围内冰封区域对海洋的污染，这种区域内的特别严寒气候和一年中大部分时候冰封的情形对航行造成障碍或特别危险，而且海洋环境污染可能对生态平衡造成重大的损害或无可挽救的扰乱。这种法律和规章应适当顾及航行和以现有最可靠的科学证据为基础对海洋环境的保护和保全。"

然要件而言：一是与其他海域相比，该区域属于"特别严寒气候"；二是该区域一年中大部分时间处于冰封状态，对航行构成障碍或特殊危险；三是一旦在冰封区域发生海洋污染，可能对生态平衡造成重大损害或不可逆转的扰乱。从第 234 条规定的自然要素看，随着海冰融化，"冰封"并非一成不变。诸如"特别严寒气候""一年中大部分时候冰封"的描述，带有较强的模糊色彩。随着气候变化，北极航道的自然条件正在发生变化，即使在同一年度，夏季和冬季冰情也有较大差异，这是第 234 条在执行中面临的具体问题。本书对适用第 234 条的法律要件主要从以下几个方面作了分析。

一是适用特定的范围和对象。第 234 条赋予具有特定自然条件的沿海国一定的权限，管理和控制在其专属经济区航行的船舶。适用范围是专属经济区范围内的冰封区域，适用对象是船舶。UNCLOS 创设了"专属经济区"的概念，赋予沿海国在专属经济区二项主权权利和三项管辖权。二项主权权利是指以"勘探和开发""养护和管理"包括生物资源和非生物资源为目的的主权权利，和从事经济性开发和勘探，如利用海水、海流和风力生产能等其他活动的主权权利。沿海国对在专属经济区的"人工岛屿、设施和结构的建造和使用"、"海洋科学研究"以及"海洋环境的保护和保全"享有管辖权。① 沿海国在专属经济区的主权权利和管辖权有别于领海主权，是一种基于领海主权而延伸出来的针对特定事项的权利，沿海国对这些权利的行使应"适当顾及"其他国家的权利和义务，并应以符合 UNCLOS 规定的方式进行。② 在一般情况下，通往沿海国专属经济区的他国船舶，只要不侵犯或影响沿海国上述主权权利和管辖权，则沿海国不应阻止、妨碍和控制他国船舶的航行。第 234 条是基于"冰封区域"这种特殊的自然环境而制定的特殊条款，专门适用于像北极这样的极度严寒的区域，赋予沿海国针对通过其专属经济区特定区域的船舶一定的立法权。

二是适当顾及航行。在领海以外便是公海的时代，航行自由是各国在公海的一项重要的海上自由。为了保护各国历史上已享有的公海自由，UNCLOS 规定各国在其有关规定的限制下，在沿海国的专属经济区享有航行和飞越等自由，以及与这些自由有关的海洋其他国际合法用途，包括同船舶

---

① 《联合国海洋法公约》第 56 条第 1 款。
② 《联合国海洋法公约》第 56 条第 2 款。

和飞机的操作等有关的合法用途。① 第 234 条也明确规定沿海国"应适当顾及航行"。由此,第 234 条不应成为沿海国限制他国船舶在其专属经济区内自由航行的理由。本条存在的意义在于,针对冰封区域环境具有脆弱性,以及一旦遭到破坏就难以恢复的特征,赋予沿海国一定的权利和义务,以防止、减少和控制船只在专属经济区范围内冰封区域的海洋污染。

三是沿海国对海洋环境的保护和保全需要以现有最可靠的科学证据为基础。由于 UNCLOS 未就"最可靠的科学证据"作出详细的说明,此要求的可操作性在实践中形同虚设。笔者认为,应由相关组织机构结合冰封区域的特点制定关于"最可靠的科学证据"的统一标准,而不是以沿岸国单方认定的所谓的"科学证据"为标准更为符合 UNCLOS 环境保护条款的精髓。

四是沿海国制定的法律和规章需是"非歧视性"的。"非歧视性"置于UNCLOS 背景下具有双重意义:一是对不同国家的船舶一视同仁,二是沿岸国国内船舶和使用国的船舶适用相同的规则和标准。② 在 UNCLOS 第 12 部分第 7 节第 227 条"对外国船只的无歧视"条款中也有类似的规定。该条要求依据第 12 部分行使权利和履行义务的国家,"不应在形式上或事实上对任何其他国家的船只有所歧视"。"非歧视性"意味着沿岸国对外国船舶的条件要求不应高于对沿岸国船舶的要求,且 UNCLOS 第 32 条规定的军舰和其他用于非商业目的的政府船舶的豁免权不应受到影响。

五是适用主权豁免条款。根据 UNCLOS 第 236 条,关于保护和保全海洋环境的规定,不能适用于以下四类船舶或飞机:一是军舰;二是海军辅助船;三是国家所有,并且在当时仅用于政府非商业性服务的船只或飞机;四是由国家经营,并且在当时仅用于政府非商业性服务的船只或飞机。第234 条作为 UNCLOS 第 12 部分"海洋环境的保护和保全"的条款之一,在适用的过程中也应受第 236 条的限制。这意味着沿海国在制定和执行相关法律和规章、控制来自船舶的污染时,不能够侵犯政府船舶、军舰及上述其他船舶的主权豁免权。

---

① 《联合国海洋法公约》第 58 条第 1 款。
② Myron H. Nordquist (editor-in-chief), Shabtal Rosenne and Alexander Yankov (volume editors), *United Nations Convention on the Law of the Sea 1982: A Commentary*, Vol Ⅳ (Netherlands: Martinus Nijhoff Publishers, 1991), pp. 396 – 397.

从文本上看，在满足上述自然和法律要件的基础上，沿海国才有权利制定法律和规章，以防止、减少和控制船只在专属经济区范围内冰封区域的海洋污染问题。换言之，此条赋予了沿海国对在其专属经济区范围内冰封区域航行的船只制定法律规章的权利，旨在保障船舶航行安全，防止来自船舶的污染，保护冰封区域的海洋环境。因此，这些法律和规章的制定及实施也仅应围绕船舶航行安全和防治污染等相关事宜进行。如何在冰封区域实现航行和海洋环境保护间的平衡，是 UNCLOS 第 234 条呈现给各国的课题，但 UN-CLOS 并未给出实现这一平衡的具体标准和确切答案。

二　产生背景

UNCLOS 第 234 条产生的渊源可追溯至 20 世纪 60 年代末 70 年代初的"曼哈顿"事件。加拿大为了维护对西北航道的主张，同时避免和美国发生正面冲突，以国内立法的形式制定和实施了 AWPPA，以严于国际法的安全和环境标准适用于在加拿大北部水域航行的船舶。该法最初的适用范围是距离北极沿岸 100 海里以内的水域。① AWPPA 的通过引发了包括美国在内的多个国家的谴责，这些国家认为 AWPPA 违反了国际法。② 事实上，加拿大政府也有此顾虑，因而在接受国际法院强制管辖权问题上作了保留，排除了国际法院对预防和控制海洋环境污染相关问题的管辖。③

加拿大没有坐以待毙，而是转而寻求多边途径商讨和解除其他国家对其环境立法的争议，并成功地将"冰封区域"条款作为北极例外条款写入 UNCLOS。随着全球关注海洋环境保护的呼声日益高涨，第三次联合国海洋法会议（1973～1982 年）为各国接受加拿大的 AWPPA 提供了恰当的多边平台。尽管切实参与磋商的国家仅是美国、苏联和加拿大三国，但借助此

---

① Arctic Waters Pollution Prevention Act, R. S. C. 1970.

② Suzanne Lalonde, "The Arctic Exception and the IMO's PSSA Mechanism: Assessing their Value as Sources of Protection for the Northwest Passage", *The International Journal of Marine and Coastal Law* 28, 401 (2013): 432.

③ The reservation excluded from the Court's compulsory jurisdiction over Canada any "disputes arising out of or concerning jurisdiction or rights claimed or exercised by Canada in respect of the conservation, management or exploitation of the living resources of the sea, or in respect of the prevention or control of pollution or contamination of the marine environment in marine areas adjacent to the coast of Canada", *International Legal Materials* 9, 598 (1970).

多边平台，加拿大获得了更多国家支持的机会。经过三年磋商，美苏加三国于 1976 年达成协议，美国同意在新的海洋法公约中设立允许在冰封区域适用沿海国国家标准的条款，作为交换，加拿大同意美国提出的国际海峡过境通行制的倡议。①

从适用对象和适用范围来看，"冰封区域"条款可视为第 12 部分第 211 条"来自船只的污染"第 5 款和第 6 款的特别法规定。第 5 款规定为防止、减少和控制来自船只的污染，沿海国可对其专属经济区制定法律和规章。第 6 款则进一步规定了在资源保护或航运上有特殊性质的区域等划定特定区域的规则。1976 年第 4 次会议经非正式磋商形成了关于船舶污染的"问题提纲"（outerline of issues），首次对专属经济区的"特别区域"（special areas）和"关键区域"（critical areas）作了区分，并首次在非正式文本中关于"关键区域"的部分提到了冰的脆弱性："沿海国有权在科学标准的基础上，制定严于国际规则和标准的非歧视性的国内法律和法规，用以保护冰对船舶产生障碍或极度风险的脆弱区域。"② 第三委员会主席在讨论和修改第 211 条第 5 款时，将关于因冰导致船舶污染的问题列为单独的一条，文字表述和最终文本高度一致，除了以下个别字词的变动：（1）"冰封区域"条款第一句提到"沿海国有权制定和执行非歧视性的法律和规章……"，"制定"一词当时使用的是"establish"，最终文本改用"adopt"；（2）最终文本在规定"冰封区域"条款的适用范围时，用"专属经济区"（exclusive economic zone）的概念替代了"经济区"（economic zone）一词，从而进一步明确了适用范围，即不超过自领海基线量起 200 海里的海域；（3）当时的文本仅提到了对海洋环境的保护，第 234 条最后一句添加了"和保全"（and preservation）的字样，表述为"……这种法律和规章应适当顾及航行和以现有最可靠的科学证据为基础对海洋环境的保护和保全"③。从用词看，最终文本用的是"and"而非"or"，

---

① Suzanne Lalonde, "The Arctic Exception and the IMO's PSSA Mechanism: Assessing their Value as Sources of Protection for the Northwest Passage", *The International Journal of Marine and Coastal Law* 28, 401 (2013): 410.

② Myron H. Nordquist (editor-in-chief), Shabtal Rosenne and Alexander Yankov (volume editors), *United Nations Convention on the Law of the Sea 1982: A Commentary*, Vol Ⅳ (Netherlands: Martinus Nijhoff Publishers, 1991), p. 395.

③ A/CONF. 62/WP. 8/Rev. 1/Part Ⅲ (RSNT, 1976), article 43, Ⅴ Off. Rec. 173, 180 (Chairman, Third Committee).

呈现的是并列关系而非选择关系，应是对沿海国在专属经济区范围内的冰区制定和执行海洋环境法律法规的必要性设置了更高的门槛和要求。

在公约编纂过程中，第二委员会在讨论国际海峡制度的相关方面时，考虑到了极地和冰区的问题，而第三委员会则讨论了海峡沿岸国承担保护异常脆弱的生态环境措施的权限问题。① "冰封区域" 条款并未规定在 UN-CLOS 第 3 部分即 "用于国际航行的海峡" 项下，而是规定在第 12 部分 "海洋环境的保护和保全" 项下。第 12 部分第 233 条专门提到了对用于国际航行的海峡的保障，要求关于防止、减少和控制海洋环境污染的国际规则和国内立法、执行和保障等规定不应影响国际海峡的法律制度。虽然第 233 条置于第 12 部分第 7 节，而第 234 条作为唯一条款置于第 12 部分第 8 节，从字面和所属节上看两者是独立的关系，第 233 条不适用于第 8 节 "冰封区域"，但从公约宗旨和关联条款来看，两个条款均反映了编纂者在试图探寻一种既保护沿海国环境利益又保障使用国航行权利的平衡方法，这决定了 "冰封区域" 条款和国际海峡制度间既有独立性，又难以分割地纠缠在一起、相互牵制的关系。

UNCLOS 关于 "冰封区域" 的规定原本是主要北极大国间妥协的产物，裹挟着微妙的利益关系，这决定了第 234 条在文本表述上的模糊性和不确定性，使得西北航道和北方海航道法律地位争议始终相持不下。正如西方学者迈克雷（McRae）在论及西北航道和第 234 条时所言：因为没有明确规定排除西北航道适用国际海峡制度，无论美国还是加拿大均不能在此问题上持有立场。然而，双方妥协的意图是显而易见的。②

三　适用分析

UNCLOS 第 234 条允许沿海国制定法律和规章防止专属经济区冰封区域的海洋污染，这场关于 AWPPA 相关规定的国际争议才逐渐消退。2009 年，加拿大对 AWPPA 作了修订，适用范围从当初距离其北极沿岸和岛屿的 100

---

① Myron H. Nordquist（editor-in-chief），Shabtal Rosenne and Alexander Yankov（volume editors），*United Nations Convention on the Law of the Sea 1982：A Commentary*，Vol Ⅳ（Netherlands：Martinus Nijhoff Publishers，1991），p. 393.

② Don M. McRae，"The Negotiation of Article 234"，in Franklyn Griffiths，*Politics of the Northwest Passage*（Montreal：McGill-Queen's University Press，1987），p. 110.

海里以内水域扩展至当今的 200 海里以内水域。① 加拿大规定，自 2010 年 7 月 1 日起，特定大小的外国船舶和其本国船舶穿过加拿大的北极水域，需向加拿大海岸警备队（Canadian Coast Guard）报告，加拿大渔业和海洋部强调，新的强制性规定有助于加拿大海岸警备队保障船舶航行安全，监督船舶载运污染物、燃油和危险物，在事故发生时能迅速作出反应。② 俄罗斯也采取了一系列的立法和管理措施，对北方海航道进行管控。

UNCLOS 在不同法律地位的海域规定了相应的航行制度。但加拿大将西北航道的相关水域视为内水，俄罗斯将北方海航道视为历史上的国家交通航线，并均以保护环境和防止污染为由通过一系列的国内法律法规，加强了对西北航道和北方海航道的管控。UNCLOS 第 234 条是专门针对北极地区适用的条款。这一条款的模糊性使该条在具体实施中面临诸多问题：一是对"特别严寒气候"和"一年中大部分时候冰封"等自然因素缺乏明确的界定，且北极气候正处于变化之中；二是对沿海国对海洋环境的保护和保全的基础，即现有最可靠的科学证据应由何机构鉴别、以何为标准未作明确规定；三是对沿海国可制定和执行的法律和规章的限制程度无明确的标准；四是适用对象仅笼统地提到了船舶，对军舰和其他用于非商业目的的政府船舶是否享有豁免权未作规定；五是对飞机飞越专属经济区范围内"冰封区域"上空是否也要受沿海国法律和规章的制约未作明确规定。诸如此类的问题成为北极航道治理中构建相应法律秩序的阻碍。

笔者认为，UNCLOS 关于冰封区域生态环境保护的特殊规定，并不意味着允许沿海国制定超出一般接受的国际规则和标准。在环境保护和航行权利间寻求平衡更符合国际社会的整体利益，这要求各国在维护北极生态环境的同时，还应遵守 UNCLOS 法律框架下的航行制度，包括领海的无害通过、专属经济区内 UNCLOS 限制条件下的航行自由、公海自由以及用于国际航行的海峡的过境通行、无害通过等制度，也包括 IMO 制定的一系列的国际规则和标准。UNCLOS 第 211 条要求相关规则和标准的制定应由各国通过主管国际组织

---

① Bill C-3, an Act to amend the AWPPA, received Royal Assent on 11 June 2009 and came into force on 1 August 2009.

② Government of Canada Takes Action to Protect Canadian Arctic Waters, Press Release No H078/10, https://www.canada.ca/en/news/archive/2010/06/government-canada-takes-action-protect-canadian-arctic-waters.html, 最后访问日期: 2022 年 3 月 24 日。

或是外交会议商讨决定。① 正如 IMO 的高级官员指出的那样，UNCLOS 第 234 条未明确要求沿海国制定与国际机构的航行规则一致的冰封区域专门法律制度，但把第 234 条和 UNCLOS 其他条款结合起来解读可知，沿海国须遵守 IMO 关于航行安全和防止船舶污染问题的国际规则和标准。因此，沿海国在根据第 234 条立法时，既不能违背 1974 年的《国际海上人命安全公约》和《国际防止船舶造成污染公约》的规则和标准，也不能违背 IMO 的其他相关规定。②

IMO 于 2005 年通过了修订的《特别敏感海域鉴定和制定指南》（以下简称《修订指南》），承认随着全球贸易和航运活动的增加，海洋环境受到不利影响和损害的可能性加大。③ 贝特曼（Bateman）认为，该指南作出的规定比 UNCLOS 第 211 条"更详细、更宽泛"。④《修订指南》第 1.2 段对特别敏感海域的定义是：因公认的生态、社会经济或科学属性而具有重大意义，并且这些属性可能易受国际航运活动损害，因而需要通过 IMO 采取措施予以特别保护的区域。《修订指南》第 6 段规定，特别敏感海域的相关保护措施应限于 IMO 将要批准或已经批准的措施，包括以下选项："（1）将一个区域指定为《伦敦倾废公约》附件一、二、五所规定的'特别区域'，或指定为《伦敦倾废公约》附件六所规定的硫氮排放控制区，或对船舶适用特别排放限制；（2）采用 SOLAS 所规定的船舶定线制度和报告制度；（3）制定和采取旨在保护特定海域免受船舶造成的环境损害的其他措施，但这些措施应有明确的法律基础。"⑤ 欧洲共同体委员会建议应将北极航道上相关航线指

---

① 《联合国海洋法公约》第 211 条第 1 款规定："各国应通过主管国际组织或一般外交会议采取行动，制订国际规则和标准，以防止、减少和控制船只对海洋环境的污染，并于适当情形下，以同样方式促进对划定航线制度的采用……"

② Agustin Blanco Bazan，"Specific Regulations for Shipping and Environmental Protection in the Arctic：The Work of the International Maritime Organization"，*The International Journal of Marine and Coastal Law* 24，381（2009）：381 – 386.

③ 修订的《特别敏感海域鉴定和制定指南》（Revised Guidelines for the Identification and Designation of Particularity Sensitive Sea Areas），于 2005 年 12 月 1 日经国际海事组织大会第 A.982（24）决议通过，http://library.arcticportal.org/1708/1/Resolution_A.982 – 1.pdf，最后访问日期：2022 年 3 月 24 日。

④ Sam Bateman，"Coastal State Regulation of Navigation in Adjacent Waters-the Example of the Torres Straits and Great Barrier Reef"，https://ro.uow.edu.au/cgi/viewcontent.cgi? referer = &httpsredir = 1&article = 2642&context = lhapapers，最后访问日期：2022 年 3 月 25 日。

⑤ 《修订指南》第 6.1.1、6.1.2、6.1.3 段。

定为特别敏感海域。美国《过度的海洋权利主张》[①] 的作者之一罗奇在其《国际法和北极》一文中指出，"美国认为，有多种来源的国际法适用于北冰洋"，更重要的是，有适用于加强在北冰洋的安全保障、环境保护和航行安全的国际法。[②] 在这些国际法依据中，罗奇专门举出了 IMO 及其相关协定和准则。笔者赞同，IMO 为解决航行安全、海洋污染防治等提供了平台，将相关技术层面的问题纳入 IMO 框架解决，有利于避免触碰北极航道涉及的海洋权益等深层的敏感问题，也有利于通过多国参与的方式为北极航道环境保护和航行利益间的平衡共商解决方案。北极航道技术层面的法律规范尚需在 IMO 框架公约的基础上予以发展和完善。

第三节　沿岸国国内法与 UNCLOS 航行制度的协调问题

在国际海洋法的形成过程中，各国对外国船舶在不同法律地位海域的航行问题曾进行过长期复杂的讨论，这反映出其对海上航行权的重视。最终，在 UNCLOS 框架下形成了领海的无害通过制度、专属经济区有条件的航行自由制度，以及用于国际航行的海峡的无害通过制和过境通行制等。

一　UNCLOS 对不同法律地位海域适用的航行制度有别

（一）领海的"无害通过"

根据 UNCLOS 第 3 条，沿海国可主张的领海宽度以不超过 12 海里为限。沿海国的主权及于领海，领海和内水的唯一区别在于各国船舶在领海享有无害通过权。无害通过权作为外国船舶在沿海国领海航行通过的权利，具体指外国船舶在不损害沿海国的安宁和平及正常秩序的条件下，可以在不事先通知或征得沿海国同意的情况下，连续不间断地通过其领海的航行权利。"通过"是指为了穿过但不进入内水或停靠内水以外的泊船处或港口设

[①] J. Ashley Roach and Robert W. Smith, *Excessive Maritime Claims* (Leiden: Martinus Nijhoff Publishers, 2012).

[②] J. Ashley Roach, "International Law and the Arctic", *Southwestern Journal of International Law* 15, 301 (2009): 313.

施，或驶往或驶出内水或是停靠这种泊船处或港口设施的目的，继续不停和迅速进行的航行。上述"通过"只要不损害沿海国的和平、良好秩序或安全，即符合无害通过的要求。①

根据 UNCLOS 第 21 条第 1 款，沿海国可对下列各项制定关于无害通过领海的法律和规章。航行安全及海上交通管理；保护助航以及其他设备和设施；保护电缆和管道；养护海洋生物资源；防止违犯沿海国的渔业法律和规章；保全沿海国的环境；海洋科学研究和水文测量；防止违犯沿海国的海关、财政、移民或卫生的法律和规章。第 21 条第 2 款亦规定，沿海国关于船舶设计、构造、人员配备或装备的国内法不应适用于外国船舶，更不能对外国船舶施行与一般接受的国际规则相抵触或高于国际标准的国内法。沿海国为维护必要的航行安全，可要求行使无害通过其领海的外国船舶使用为管制船舶通过而指定或规定的海道或适用分道通航制。但沿海国应考虑到以下四个因素：(1) 主管国际组织的建议；(2) 习惯上用于国际航行的水道；(3) 特定船舶和水道的特殊性质；(4) 船舶来往的频繁程度。②《公约》对商船或用于商业目的的政府船舶，和对军舰或其他用于非商业目的政府船舶适用的规则有所不同，明确规定了军舰和其他用于非商业目的的政府船舶的豁免权。

（二）专属经济区和公海的"航行自由"

航行自由是公海六大航行自由之一。按照 UNCLOS，每个国家，不论是沿海国还是内陆国，也不论其有无海岸，其船舶（包括商船和军舰）都有权悬挂旗帜在公海上自由航行。对公海上航行的船舶的管辖权一般属于船旗国，其他国家通常不得对其行使刑事或民事管辖权，不得检查或登临，不得有任何妨碍。③任何船舶在公海航行应遵守国际法和一般接受的国际航行规则、避碰规则等。

根据 UNCLOS 第 58 条第 1 款，公海的航行自由也适用于专属经济区。这意味着任何国家都有权在专属经济区内无阻碍地行驶，不受专属经济区所属国家的支配和管辖。鉴于专属经济区系沿海国的管辖海域这一属性，

① 《联合国海洋法公约》第 19 条第 2 款规定了 12 种损害沿海国的和平、良好秩序或安全的情况，如果外国船舶在领海内进行其中的任何一种活动，即应被视为非"无害"。
② 《联合国海洋法公约》第 22 条第 3 款。
③ 张海文主编《〈联合国海洋法公约〉释义集》，海洋出版社，2006，第 154 页。

他国在专属经济区的航行自由不是绝对的，UNCLOS 规定，他国船舶在行使航行权的同时，"应适当顾及沿海国的权利和义务"，包括沿海国在专属经济区和大陆架的主权权利和管辖权，比如沿海国对资源的开发管理、科学研究和环境保护等权利，"并应遵守沿海国按照本公约的规定和其他国际法规则所制定的与本部分不相抵触的法律和规章"①。但沿海国对其专属经济区制定防止、减少和控制来自船舶污染的法律和规章时，应符合一般接受的国际规则和标准并使其有效②，而非擅自提高门槛，对他国船舶的航行自由进行实际上的监控或阻碍。

（三）国际海峡的过境通行制和无害通过制

"过境通行"是专为在公海或专属经济区的一个部分和公海或专属经济区的另一部分之间的海峡继续不停和迅速过境的目的而行使的航行和飞越自由。过境通行的意义在于所有船舶和飞机均享有过境通行的权利，过境通行不应受阻碍，潜艇可以在水下潜行。对于继续不停和迅速过境，并不排除在一个海峡沿岸国入境条件的限制下，为驶入、驶离或自该国返回的目的而通过海峡。UNCLOS 在关于"用于国际航行的海峡"制度中还规定了适用无害通过制的情形。过境通行制和无害通过制的区别在于：无害通过是 UNCLOS 仅赋予船舶在符合规定的前提下在沿海国领海航行的制度；过境通行制则是一种对现存的无害通过权有所附加的制度，是对海峡沿岸国在领海内权利的一种限制。③ 海峡沿岸国的主权或管辖权的行使受 UN-CLOS 关于"用于国际航行的海峡"和其他国际法规则的制约。同时，UN-CLOS 第 34 条也规定，"用于国际航行的海峡"的通过制度，不应在其他方面影响构成这种海峡的水域的法律地位，或影响海峡沿岸国对这种水域及其上空海床和底土行使主权或管辖权。④

---

① 《联合国海洋法公约》第 58 条第 3 款。
② 《联合国海洋法公约》第 211 条第 5 款。
③ 〔英〕詹宁斯·瓦茨修订《奥本海国际法》（第一卷第二分册），王铁崖译，中国大百科全书出版社，1998，第 45 页。
④ 根据《联合国海洋法公约》第 41、42 条，海峡沿岸国为了行使其主权和管辖权，可制定关于过境通行的法律和规章。包括使有关国际规章有效，以防止、减少和控制污染，防止渔船捕鱼，防止违反海峡沿岸国海关、财政、移民或卫生的法律和规章。海峡沿岸国还可于必要时为海峡航行指定航道和规定分道通航制，以促进船舶的安全通过。

UNCLOS 规定了船舶和飞机在过境通行时的义务。根据第 39 条第 1 款，船舶和飞机在过境通行时应履行的义务如下："（a）毫不迟延地通过或飞越海峡；（b）不对海峡沿岸国的主权、领土完整或政治独立进行任何武力威胁或使用武力，或以任何其他违反《联合国宪章》所体现的国际法原则的方式进行武力威胁或使用武力；（c）除因不可抗力或遇难而有必要外，不从事其继续不停和迅速过境的通常方式所附带发生的活动以外的任何活动；（d）遵守本部分的其他有关规定。"过境通行的船舶应遵守海上安全以及船舶污染防治相关的国际规章、程序和惯例；[1]过境通行的飞机则须遵守国际民用航空组织制定的《航空规则》，随时监听国际上指定的空中交通管制主管机构所分配的无线电频率或有关的国际呼救无线电频率。[2] 在未得到海峡沿岸国事前准许的情况下，外国船舶，包括海洋科学研究和水文测量的船舶在内，在过境通行时，不得进行任何研究或测量活动。[3]

二　加俄对北极航道建章立制

国际海洋法对不同法律地位的海域适用的船舶航行制度作了差别规定。虽然加拿大和俄罗斯的国内海洋法律制度基本与 UNCLOS 保持一致，但在西北航道和北方海航道问题上，加拿大和俄罗斯则各自成一系，对航道上相关水域的法律地位并未按照包括国际海洋法在内的国际法进行划分和论证，也未按照国际海洋法的航行制度对外国船舶在不同法律地位海域的航行进行相应的规制。细思加拿大和俄罗斯在西北航道和北方海航道对船舶适用的国内法律、法规和规定，均试图规避 UNCLOS 制定的外国船舶在不同海域的航行制度，笼而统之地适用其国内法律法规规章制度。

（一）UNCLOS 航行制度在加拿大适用问题分析

加拿大国内的海洋法律框架与 UNCLOS 是基本一致的，加拿大在其海域建立了领海、毗连区、专属经济区和大陆架制度，但加拿大以 AWPPA 为核心，以环境保护和污染防治为由，制定了一系列的法律、法规和规章，对其管辖海域特别是其北方海域创设了不同的概念，包括加拿大水域（Ca-

---

[1]　《联合国海洋法公约》第 39 条第 2 款。

[2]　《联合国海洋法公约》第 39 条第 3 款。

[3]　《联合国海洋法公约》第 45 条第 1 款（b）。

nadian Water)、北极水域（Arctic Water）、航行安全控制区、北方船舶交通
服务区等，并通过国内立法对实际上行驶于领海和专属经济区的外国船舶
进行管控。加拿大对直线基线内的北极群岛水域则完全按照内水进行管理，
将西北航道上的重要海峡包括在内。加拿大对其北极水域的航运管控相当
严苛，制定"零排放"原则，其《压载水控制和管理规定》还要求跨洋船
舶排放压载水须在距加拿大海岸线 200 海里以外、2000 米以上水深处进
行。[1] 加拿大国内法与 UNCLOS 建立的航行制度的不协调之处具体体现为以
下内容。

"加拿大水域"是一个在加拿大的国内法律法规中频繁出现的概念。从
加拿大相关国内立法看，加拿大水域包括加拿大的内水和领海。[2] 加拿大在
《海上运输安全规定》中要求：船长在船舶进入加拿大水域之前需提前向交
通部部长报告"抵达前信息"（pre-arrival information），并且详细规定了船
舶在不同位置时应提前报告的小时数，否则船舶不得进入加拿大水域。[3] 这
变相要求在领海行驶的外国船舶要向加拿大履行报告程序并接受监管。

加拿大 1985 年的 AWPPA[4] 规定，北极水域是指加拿大的内水、领海和
专属经济区，具体范围为"由北纬 60°线、西经 141°线和专属经济区的外部
界限所包围；但在加拿大和格陵兰间的国际边界自加拿大的领海基线起算
不足 200 海里的地方，该国际边界取代专属经济区的外部界限"[5]。AWPPA
赋予加拿大总督在"北极水域"设立"航行安全控制区"的职权。[6] 据此，

① Ballast Water Control and Management Regulations, SOR/2006 - 129, Canada Shipping Act, Arc. 6, http://www.tc.gc.ca/wwwdocs/Rqs/documents/99.htm, 最后访问日期：2014 年 8 月 6 日。另见白佳玉《北极航道沿岸国航道管理法律规制变迁研究——从北极航道及所在水域法律地位之争谈起》，《社会科学》2014 年第 8 期，第 94 页。
② 如加拿大《沿海贸易法》第 2 条第 1 款之规定。王泽林编译《北极航道加拿大法规汇编》，上海交通大学出版社，2015，第 4～5 页。
③ Marine Transportation Security Regulations, SOR/2004 - 144, Marine Transportation Security Act, Art. 221.1，王泽林编译《北极航道加拿大法规汇编》，上海交通大学出版社，2015，第 131～132 页。
④ 此处是指 1985 年修订的《北极水域污染防治法》（Arctic Waters Pollution Prevention Act, R.S.C., 1985, c. A - 12）。
⑤ Arctic Waters Pollution Prevention Act R.S.C., 1985, c. A - 12, Art. 2, http://laws-lois.justice.gc.ca/eng/acts/A - 12/FullText.html, 最后访问日期：2012 年 9 月 16 日。
⑥ Arctic Waters Pollution Prevention Act R.S.C., 1985, c. A - 12, Art. 11, http://laws-lois.justice.gc.ca/eng/acts/A - 12/FullText.html, 最后访问日期：2012 年 9 月 16 日。

加拿大总督制定了《航行安全控制区法令》，指定除河流、湖泊和其他淡水之外的北极水域为航行安全控制区。根据该法令，加拿大北极水域分成 16 个航行安全控制区，《航行安全控制区法令》第 2 条对"向海边界线"（seaward boundary）作了专门解释，是指加拿大专属经济区的外部界限。该法令附件一在对 16 个航行安全控制区的范围的描述中，多处提到"沿着向海边界线"或"至向海边界线"的表述，意味着航行安全控制区不仅分布在内水、领海，还分布在专属经济区。① 加拿大制定了航行安全控制区和日期制度，明确规定通过这 16 个航行安全控制区的船舶类型和允许通过的时间段。这意味着不符合相应船舶等级或未在允许的时间航行的船舶将无法进入北极相应的水域。

作为 AWPPA 的配套法规，加拿大出台了《北极水域污染防治规定》和《北极航运污染防治规定》。《北极水域污染防治规定》要求任何携带废弃物数量超过 2000 吨的船舶提出在航行安全控制区航行，需向加拿大交通部提交该法规规定的财产责任（financial responsibility）证明，包括对计划航行的投保声明和北极水域适用船舶的经担保人确认的背书副本。② 《北极航运污染防治规定》对通行于航行安全控制区的船舶种类和标准作了规定，制定了"北极等级船舶"清单，将船舶设为不同的等级，禁止不属于加拿大的非"人命公约"③ 船舶通行于任何航行安全控制区，除非这些船舶像加拿大船舶一样遵守其国内的规章标准。④

加拿大还制定了《加拿大北方船舶交通服务区规定》，由此设立加拿大北方船舶交通服务区。北方船舶交通服务区与上文提到的航行安全控制区之间是包含关系，即北方船舶交通服务区不仅包括航行安全控制区，还包

---

① Shipping Safty Control Zones Order, C. R. C., c. 356, Arctic Waters Pollution Prevention Act （2006 年制定，2010 年 6 月 10 日修订版生效），王泽林编译《北极航道加拿大法规汇编》，上海交通大学出版社，2015，第 58 ~ 64 页。

② Arctic Waters Pollution Prevention Regulations, C. R. C., c. 354, Arctic Waters Pollution Prevention Act, Art. 12（1），http://laws-lois. justice. gc. ca/eng/regulations/C. R. C., _c. _354/Full-Text. html，最后访问日期：2015 年 2 月 5 日。

③ "人命公约"是指 1960 年或 1974 年签署于伦敦的《国际海上人命安全公约》。

④ Arctic Shipping Pollution Prevention Regulations, C. R. C., c. 353, Arctic Waters Pollution Prevention Act, Art. 4（1），王泽林编译《北极航道加拿大法规汇编》，上海交通大学出版社，2015，第 27 页。

括不在航行安全控制区之内的其他水域。① 加拿大北方船舶交通服务区不仅适用于内水，也深入位于北冰洋的领海和专属经济区部分。以下类别的船舶需遵守《加拿大北方船舶交通服务区法规》：一是总吨位 300 吨或 300 吨以上的船舶；二是拖带或顶推另一个船舶的船舶，加之总吨位达到 500 吨或 500 吨以上；三是装载污染物或危险品的船舶，或拖带或顶推装载污染物或危险品的船舶的船舶。② 该规定要求上述船舶的船长承担相应的责任，执行烦琐的报告制度，当船舶即将进入北方船舶交通服务区时需提交航行计划报告，进入之后则须立即提交位置报告。③ 此种将报告义务强加给航行于领海或专属经济区的外国船舶的做法，其实际后果是否定或损害了外国船舶在加拿大北部领海的无害通过权和在其北方专属经济区的类似于公海的航行自由。

加拿大以环境保护为由，通过设立航行安全控制区和北方船舶交通服务区对航行于北极水域的船舶进行控制，迫使实际上航行于加拿大领海或专属经济区的船舶也要受其限制，遵守其单方制定的航行规则、履行报告等义务。依据 UNCLOS 规定的航行制度，沿海国对内水可以行使完全主权，但外国船舶通过沿海国的领海则应享有无害通过权，通过"用于国际航行的海峡"应享有过境通行或无害通过权，通过专属经济区则应享有更为宽松和自由的航行制度。

船舶在领海中航行享有无害通过权，意味着在符合"无害"的前提下，船舶享有"继续不停"和"迅速进行"通过沿海国领海的权利。④ 沿海国不应对行驶在领海的外国船舶强加要求，也不应对任何国家的船舶有形式上或事实上的歧视。⑤ UNCLOS 第 22 条在规定领海内的海道和分道通航制时指出，沿海国出于航行安全的必要，可要求外国船舶通过指定海道或规定

---

① Northern Canada Vessel Traffic Services Zone Regulations, Art. 2 (2010 年 7 月 1 日生效)，王泽林编译《北极航道加拿大法规汇编》，上海交通大学出版社，2015，第 66 页。

② Northern Canada Vessel Traffic Services Zone Regulations, Art. 3 (2010 年 7 月 1 日生效)，王泽林编译《北极航道加拿大法规汇编》，上海交通大学出版社，2015，第 66 页。

③ Northern Canada Vessel Traffic Services Zone Regulations, Art. 6 (1) a, Art. 7 (1) a (2010 年 7 月 1 日生效)，王泽林编译《北极航道加拿大法规汇编》，上海交通大学出版社，2015，第 67 页。

④ 《联合国海洋法公约》第 18 条。

⑤ 《联合国海洋法公约》第 24 条。

分道通航制，但指定海道或规定分道通航制时应考虑主管国际组织的建议。① 加拿大《北极航运污染防治法规》单方对外国船舶作了区别对待，并规定除非遵守其国内规章，否则禁止非"人命公约"船舶通行，此种做法妨碍和限制了 UNCLOS 赋予外国船舶在沿海国领海和专属经济区应享有的航行权利。加拿大还要求超出其规定的吨位或是装载污染物或危险品的船舶等履行报告制度。但根据 UNCLOS 第 23 条，即使是外国核动力船舶和载运核物质或其他本质上是危险或有毒物质的船舶，在沿海国领海也享有无害通过权，只是应持有国际协定规定的证书并遵守国际协定的特别预防措施。UNCLOS 并未对行驶于领海和专属经济区的超出吨位船舶或特殊船舶规定向沿海国报告的义务。加拿大国内制定的航行法律制度显然超出了 UNCLOS 赋予沿海国对外国船舶通过其内水之外海域的权限。

（二）UNCLOS 航行制度在俄罗斯适用问题分析

俄罗斯是 UNCLOS 的缔约国，也建有领海、毗连区、专属经济区和大陆架制度。但无论是苏联时期的 1990 年《北方海航道航行规则》② 还是之后的法律法规，俄罗斯均将北方海航道视为一个整体，通过国内立法对通行北方海航道的船舶规定了申请、颁发许可证等制度③，并设立专门的管理机构对北方海航道的事务进行管理。尽管从俄罗斯的相关国内法律规定来看，北方海航道分布在俄罗斯的内水、领海、毗连区和专属经济区甚至更广阔的区域，但俄罗斯并未对北方海航道上不同法律地位海域的航行制度作区别规定。俄罗斯国内法与 UNCLOS 建立的航行制度的不协调之处主要体现在以下方面。

俄罗斯未对不同法律地位海域适用的航行制度作区分。1998 年《俄罗斯联邦内水、领海以及毗连区法》第 14 条将北方海航道定义为俄罗斯在北极的历史上既存的国家运输通道。通过北方海航道，包括维利基茨基海峡、绍卡利斯基海峡、德米特里·拉普捷夫海峡以及桑尼科夫海峡，应该遵守

---

① 《联合国海洋法公约》第 22 条第 3 款。

② Regulations for Navigation on the Seaways of the Northern Sea Route, Art. 1 (2). Quoted from Leonid Tymchenko, "The Northern Sea Route: Russian Management and Jurisdiction over Navigation in Arctic Seas", in Alex G. Oude Elferink and Donald R. Rothwell, *The Law of the Sea and Polar Maritime Delimitation and Jurisdiction* (Leiden: Martinus Nijhoff Publishers, 2001), p. 271.

③ 虽然 2013 年《北方海航道水域航行规则》取消了强制引航的规定，但对船长冰区航行经验不足三个月的情形仍要求引航员引水，并收取费用。

俄罗斯的上述联邦法律和其他法律法规，及其国际协定和穿越北方海航道的各种航海规则。① 2013 年 1 月 17 日，俄罗斯联邦交通部批准的《北方海航道水域航行规则》（以下简称 2013 年《规则》），对北方海航道的通行和利用作了进一步的详细规范。② 2013 年 1 月 28 日，《关于北方海航道水域商业航运政府规章的俄罗斯联邦特别法修正案》（以下简称《特别法修正案》）生效。该修正案第 3 条对《俄罗斯联邦商业航运法》的相关条款作了修订，对北方海航道的定义作了更为详细的规定："毗连俄罗斯北方海岸的水域，包括内水、领海、毗连区和专属经济区，东起俄罗斯与美国的海上边界线和杰日尼奥夫角到白令海峡中的纬线，西至新地岛热拉尼亚角的经线以及新地岛东部的海岸线和马托奇金海峡、喀拉海峡与尤戈尔海峡的西部边界。"③ 从俄罗斯国内立法来看，俄主张北方海航道是其历史上形成的国家交通航线，其范围并不仅限于内水，还延伸至领海、专属经济区甚至更广泛的区域。俄罗斯将北方海航道划为四类，分别是传统（沿岸）航道、中央航道、高纬度航道和靠近极点航道。其中，传统航道和中央航道是较为适航的航道。④

俄罗斯设立专门管理机构将北方海航道作为国内航道进行管理。1999 年《俄罗斯联邦商业航运法》设立了联邦机构北方海航道管理局，负责北方海航道水域的航行安排。《特别法修正案》列举了该管理局的其他职责，包括评估申请书和颁发航行许可证、批准船舶的导航设备安装和水道测量作业的区域，授权并给负责冰区引航的人员颁发证书等。从上述专门机构的职责看，俄罗斯事实上将"北方海航道"作为其国内航道进行管理。但北方海航道不仅由内水组成，还有大片的领海和专属经济区，就北方海航

---

① Federal Act on the Internal Maritime Waters, Territorial Sea and Contiguous Zone of the Russian Federation, July 1998, https://www.un.org/depts/los/LEGISLATIONANDTREATIES/PDFFILES/RUS_1998_Act_TS.pdf, 最后访问日期：2022 年 3 月 28 日。

② Rules of Navigation in the Water Area of the Northern Sea Route, https://safety4sea.com/rules-of-navigation-in-the-northern-sea-route/, 最后访问日期：2022 年 3 月 28 日。

③ The Federal Law of Shipping on the Water Area of the Northern Sea Route, "On Amendments to Certain Legislative Acts of the Russian Federation Concerning State Regulation of Merchant Shipping on the Water Area of the Northern Sea Route", The Federal Law of July 28, 2012, N132-FZ (Unofficial translation), http://www.nsra.ru/en/ofitsialnaya_informatsiya/zakon_o_smp.html, 最后访问日期：2022 年 3 月 28 日。

④ 王泽林：《北极航道法律地位研究》，上海交通大学出版社，2014，第 16 页。

道上的内水部分而言，还包括法律地位存在争议的海峡。在此种情形下，俄罗斯成立专门管理机构将该船舶作为国内交通航道进行管理，而不顾及相关水域原本的法律地位和外国船舶依据国际海洋法在不同法律地位的海域应适用的航行制度，事实上是扩大了自身对外国船舶的管辖范围，构成了对外国船舶在领海的无害通过权、在专属经济区依据 UNCLOS 相关规定享有的航行自由以及在"用于国际航行的海峡"的过境通行或无害通过权的损害。根据 UNCLOS 建立的航行制度，外国船舶在沿海国内水之外的海域，包括领海、专属经济区和公海航行，或是通过"用于国际航行的海峡"，均不具有提交申请书等义务，沿海国也不具备批准和专门管理权限。

俄罗斯对船舶在北方海航道的航行统一规定了监管措施。一是通过国内立法明确规定航行许可程序。2013 年《规则》规定了在北方海航道水域航行安排的程序、破冰船援助、引航和导航、水文和水文气象援助、航行期间无线电通信、有关航行安全和海洋环境保护防止船舶污染的规则，以及其他有关航行安排的规则。该规则具体规定了北方海航道的航行许可程序。第 3 条规定，在北方海航道航行的船舶，需由船舶所有人、船舶所有人的代表或者船长提交申请书，北方海航道管理局基于申请书决定是否准许提出申请的船舶通行并颁发许可证。申请书须包含船舶所有人保证船舶在进入北方海航道之前遵守本规则的说明。二是破冰船援助和冰区引航带有垄断性。在北方海航道水域的破冰船援助和冰区引航所需的费用总额须依据俄罗斯关于自然垄断的法规，通盘考虑船舶吨位、船舶冰级、引航距离和通航期等予以确定。破冰船援助业务由悬挂俄罗斯国旗并经授权在该水域航行的破冰船执行。[①] 三是提交符合俄罗斯国内法的保险或经济担保文件。《特别法修正案》第 3 条新增规定，船舶不仅要遵守与北方海航道水域相关的航行安全、保护海洋环境防止船舶污染的标准，遵守相关国际协定和俄罗斯的航行规则，还要提交俄罗斯联邦参加的国际协定和俄罗斯联邦法律要求的确认保险的文件，或者提交因为船舶污染造成的损害而承担民事责任的经济担保文件。

俄罗斯还规定了详细的报告制度。2013 年《规则》中规定了较为严格

① Rules of Navigation in the Water Area of the Northern Sea Route (2013), Art. 21, https://safety4sea.com/rules-of-navigation-in-the-northern-sea-route/，最后访问日期：2022 年 3 月 28 日。

的报告制度。如第 14 条规定，船舶驶向北方海航线水域的航程中，从西部驶入，在抵达东经 33°（"西部边界"）之前 72 小时；或从东部驶入，在抵达北纬 66°和（或）西经 169°（"东部边界"）之前 72 小时；或者从海港刚刚离开之时（若离开海港到"西部边界"或"东部边界"的时间不超过 72 小时），船长应向北方海航道管理局报告船舶预期抵达"西部边界"或"东部边界"的时间，并提供关于船舶的相关信息。第 42 条规定，船舶在进入"西部边界"和"东部边界"之后直至离开北方海航道水域之前的航程中，每天莫斯科时间 12 点，船长须向北方海航道管理局提供船舶名称和 IMO 编号、地理坐标以及离开北方海航道或抵达其中一个海港的预估时间等 17 项信息。

（三）加俄国内法需与 UNCLOS 精神和制度保持一致

通过分析加拿大的国内法律制度，加拿大通过"北极水域""航行安全控制区""北方船舶交通服务区"等概念将西北航道上的海峡、位于加拿大北部的大片领海和专属经济区和内水一并笼统地适用其国内法律法规进行管理。但这些概念难以对接 UNCLOS 关于不同法律地位海域的航行制度的规定。加拿大是 UNCLOS 第 234 条"冰封区域"条款最主要的推动者。根据第 234 条，在冰封区域内，沿海国可制定法律和规章以防止、减少和控制船舶在专属经济区冰封区域的海洋污染，这为加拿大在专属经济区制定比 UNCLOS 更为严苛的航行规则提供了法理上的说辞。早在第 234 条"冰封区域"条款产生以前，加拿大即已于 1970 年制定 AWPPA，并以污染防治为由对相关水域实行了严格的控制和管理。但关于冰封区域的范围，在加拿大国内立法中未找到明确的界定。

俄罗斯对北方海航道的国内法律制度和加拿大的国内法律制度存在共性问题。俄罗斯也将保护北方海航道的环境作为国内立法和实施管理措施的理由，未规定和公布冰封区域的范畴，回避了北方海航道覆盖不同法律地位海域的事实，将北方海航道笼统地视为历史上的国家交通航线，要求船舶提交申请书和遵守繁杂的报告程序等，相关规定超出 UNCLOS 赋予沿海国对外国船舶行驶于其领海、专属经济区和用于国际航行的海峡的权限，对外国船舶在相应水域享有的航行权利构成了一定的妨碍。

加拿大、俄罗斯制定的适用于北极的航行制度主要存在以下问题：一是未明确规定冰封区域的范围，而是以环境保护和污染防治为由，笼统地要求外国船舶在沿海国部分内水、领海和专属经济区等不同法律地位的海域适用相同的航行制度；二是超出国际法赋予沿海国的权利，变相地对事实上行驶于领海或专属经济区的外国船舶进行监管和限制、管控；三是对事实上行驶于领海或专属经济区的船舶适用复杂的报告制度，增加了外国船舶在上述水域航行时的义务。加拿大、俄罗斯单方制定的规定和采取的措施一方面超出了 UNCLOS 的授权，另一方面也不利于北极航道的开发利用。即使各国想要尝试航行于西北航道或北方海航道，但沿岸国单方规定的复杂的航行和报告制度，也会使部分国家望而却步。因此，无论是从法理还是从现实需求看，加俄均有调整其国内法、化解沿岸国国内法和 UNCLOS 航行制度间的冲突的必要。具体可通过以下途径逐步解决 UNCLOS 在北极航道的适用问题。第一，UNCLOS 第 234 条的适用范畴是专属经济区的冰封区域，即使对符合自然条件的区域明确公布为冰封区域，也不能因此而抹杀其专属经济区的法律地位。因此，沿海国在冰封区域和在内水对各国船舶的权限显然是有差别的。UNCLOS 第 234 条要求沿海国出于防止、减少和控制船只在冰封区域的污染而制定非歧视性的法律法规和规章时，应适当顾及航行和以现有最可靠的科学证据为基础。IMO 已在制定极地航行规则的问题上积累了一定的经验，对极区的冰况和航行情况也有所掌握，两国可考虑听取 IMO 等主管国际组织的建议，明确和公布冰封区域的具体范围，专门为冰封区域制定有别于内水的制度，当外国船舶航行于两国冰封区域以外的专属经济区时，应享有 UNCLOS 赋予的相应航行权利，且其承担的义务不能超出 UNCLOS 规定的范畴。第二，由 UNCLOS 规定的主管国际组织或是航道沿岸国和使用国共商和确定船舶的种类清单以及核动力船舶和载运核物质或材料或是其他危险船舶的特别清单，并在主管国际组织的指导或建议下制定外国船舶在冰封区域的航行制度，统一制定适航的船舶条件和种类。第三，加拿大、俄罗斯可考虑依据 UNCLOS 规定的航行制度，修改其国内法律法规，根据实际情况确定冰封区域的范围，对冰封区域以外的海域，包括内水、领海和专属经济区的航行制度作区别规定，尊重外国船舶通过其领海或专属经济区或"用于国际航行的海峡"时应享有的航行权利。在考虑到航行安全认为确有必要指定和规定海道和分道通航制时，考虑主管国际组织的建议。

第四节　小结

　　UNCLOS 将海洋划为不同法律地位的海域，船舶在不同海域适用相应的航行制度。俄罗斯和加拿大虽然都是 UNCLOS 的缔约国，并依此通过国内立法制定了领海、毗连区、专属经济区和大陆架制度，但在西北航道和北方海航道的立法上，存在诸多与国际海洋法航行制度的冲突之处。加拿大通过国内法律法规创设了多个概念，在涉及内水、领海和专属经济区的北极水域划定航行安全控制区，适用其国内单方制定的航行安全控制区法律制度。在航行安全控制区的基础上，加拿大又划定了北方船舶交通服务区，将更多水域划定在内，对航行于服务区的船舶的类别、船长责任等作了要求，并规定了复杂的报告制度。并且，加拿大依据 AWPPA，以海洋污染防治为由，采取相关监管措施。俄罗斯国内法律明文规定北方海航道覆盖俄罗斯的内水、领海和专属经济区，但其国内立法未对不同法律地位的海域应适用的航行制度作区别对待，而是笼统适用于国内制定的一系列的北方海航道管理法规，设立专门管理机构将北方海航道作为国内航道进行管理，垄断破冰船服务、规定申请和颁发许可证以及报告制度等。两国对"西北航道"和"北方海航道"的相关立法和采取的相关举措，引发有关国家关注，是航道法律地位争议久而难决的主要原因。

　　由于 UNCLOS 仅对冰封区域作了原则性的规定，缺乏详细具体的标准，第 234 条"冰封区域"条款成为加俄以保护环境和防止污染为由，通过单边环境立法加强对西北航道和北方海航道管控的借口。但冰封区域的范围应以可靠的科学数据为基础作出明确的界定，在当前缺乏具体判断标准的情况下，沿海国应通过多边协商或征求主管国际组织的建议，公布冰封区域的范围，制定和修改相应的法律制度。因为即使是确实符合冰封区域条件的水域，也不应忽视其专属经济区的地位，沿岸国在制定法律和规章以防止、减少和控制船舶在其专属经济区冰封区域的海洋污染时，应制定与内水管理有别的环境保护制度。

　　如何平衡环境保护和航运价值、兼顾沿海国和航运国间的利益，是北极航道治理面临的一个挑战。航道沿岸国应尊重航道使用国依据 UNCLOS 在北极航道不同法律地位的海域享有的航行权利，适度调整其国内立法使之与 UNLCOS 精神保持一致，在航道使用秩序中充当服务者而非管控者的角色；而航道使用国则应顾及航道沿岸国的利益关切和北极自然生态环境的特殊性，与航道沿岸国一起实现北极航道的和平和可持续利用。UN-CLOS 第 211 条第 1 款规定："各国应通过主管国际组织或一般外交会议采取行动，制订国际规则和标准，以防止、减少和控制船只对海洋环境的污染，并于适当情形下，以同样方式促进对划定航线制度的采用……"欧美多数国家主张，北极航道的治理应依据国际法律文件而非沿海国的国内立法。如欧盟理事会曾明确提出欧盟的北极政策应建立在 UNCLOS 和相关法律文件的基础上①，并强调了 IMO 框架内公约和规定在北极航运规则形成中的作用。②

① Council of European Union, Council Conclusions on Arctic Issues, 2985th FOREIGN AFFAIRS Council meeting Brussels, December 8, 2009, p. 1, https://webgate. ec. europa. eu/maritimeforum/system/files/arctic_council_conclusions_09_en. pdf, 最后访问日期：2022 年 3 月 28 日。
② Council of European Union, Council Conclusions on Arctic Issues, 2985th FOREIGN AFFAIRS Council meeting Brussels, December 8, 2009, p. 4, https://webgate. ec. europa. eu/maritimeforum/system/files/arctic_council_conclusions_09_en. pdf, 最后访问日期：2022 年 3 月 28 日。

第四章　IMO 框架内法律规范在北极航道的适用分析

北极航道治理还需考虑如何确保船舶在航道的海事安全、海上搜救、海洋环境保护和污染防治等一系列法律和技术层面的问题。就此层面的问题而言，北极航道治理面临的挑战和机遇并存。IMO 框架内公约虽然制定了相关规范，但多数规范缺乏对北极地区航行的针对性，还需继续磋商、修改和完善。《极地规则》的制定，为船舶在北极的航行提供了具有法律拘束力的规则，并为日后在 IMO 框架内制定、修改和完善专门适用于极地的各类法律规范提供了范例。北极理事会近年来出台的具有法律拘束力的区域协定，均以 UNCLOS 和 IMO 框架内公约等国际法律规范为基础，对北极治理具有积极意义。但北极理事会作为一个地区治理机制，仅赋予环北极八国发言权和决策权。北极气候条件恶劣，环北极八国搜救、油污防治以及环境保护等各方面的能力有限，一个更为开放的、由多国参与的机制对区域协定的制定和执行更为有利。

第一节　一般性法律规范在北极航道的适用分析

IMO 框架内公约为解决海上航行各方面的问题提供了相对成熟的法律框架，涉及海上航行安全与搜救，油污事故及有毒有害物质污染事故的预防、反应与合作，海上倾废防治以及海员培训等各个领域。随着形势的变化，IMO 不断对其框架内的公约进行与时俱进的修订，截至 2020 年 1 月 1 日，又生效了一批修正案。IMO 框架公约的适用范围原则上覆盖北冰洋，但 IMO 框架公约是技术性和法律性规范的结合，其许多公约缺乏直接适用于北极航道的规范，基于北极地区特殊的气候环境，有待进一步修改、发展和完善。

一　航行安全与搜救规则在北极航道的适用

（一）《国际海上避碰规则公约》

1972 年《国际海上避碰规则公约》①（简称 COLREGS）的适用范围是公海和连接于公海且可供海船航行的一切水域，调整对象是在上述水域的一切船舶。从该规则的适用范围和对象来看，自然适用于在北冰洋的公海以及连接于公海供航行的水域的一切船舶。COLREGS 对船舶作了宽泛的解释，"一切船舶"不仅包括商船、渔船还包括军舰和政府公务船。从船舶种类上讲，包括可用作水上运输工具的各类水上船舶，不仅包括传统意义上的船舶，还包括非排水船舶、介入飞机和船艇之间的地效翼船以及水上飞机。该规则对驾驶和安全航行作了技术性规范，包括要求保持瞭望、使用安全航速、正确显示号灯和号型等，并规定了避免碰撞的行动以及船舶在互见中的行动规则。从公约条款可以看出，COLREGS 实质上是关于船舶在航行中避免碰撞的技术性规则。从其适用范围和适用对象来看，如果船旗国是公约的缔约国，且船舶航行在北冰洋的公海或连接于公海可航行的海域，即可在北极适用。IMO 早已注意到极地航行的特殊性，制定了《极地规则》并有针对性地对其框架下的公约进行了修改和完善。作为避免碰撞的技术性规则，该公约有必要结合船舶在极地航行的实际需求，增加专门适用于船舶在极地航行中的避碰规则。

（二）《国际海上人命安全公约》

1974 年《国际海上人命安全公约》②是一部从人命安全角度出发，保

---

① 1972 年《国际海上避碰规则公约》（Convention on the International Regulations for Preventing Collision at Sea, 1972）是由 IMO 制定的海上交通规则。旨在避免或减少船舶的碰撞行为，并为碰撞事故发生后双方民事赔偿责任的划分提供法律依据。该公约于 1977 年 7 月 15 日生效。随着现代化交通管理的需要和航海技术的提高，该公约伴随形势发展不断予以修订，最近的一次修订是 2013 年 12 月 4 日根据 IMO 大会第 A. 1085（28）号决议作出的，2016 年 1 月 1 日，目前最新的修正案生效。中国于 1980 年 1 月 7 日向 IMO 秘书处提交了加入书，该规则同日对中国生效，中国就非机动船舶作了保留，不受规则的约束。

② 1974 年《国际海上人命安全公约》（The International Convention for the Safety of Life at Sea, 1974）最近的一次修订是根据 2019 年 6 月 MSC. 462（101）号决议作出的，于 2021 年 1 月 1 日生效。中国是 SOLAS 的缔约国，在修正案通过后未对其内容提出任何反对（转下页注）

证船舶适合其预定用途的公约，适用于经授权悬挂缔约国政府国旗的船舶。SOLAS 作为一项国际公约，在北极地区同样适用。因为对于在极地水域航行的船舶系统的作业要求超出了本公约和 IMO 其他有约束力的相关法律文书的规定，需要为极地水域作业的船舶提供一个强制性框架，因此，2014年 11 月 21 日，在 IMO 海上安全委员会（MSC）第 94 次会议上，为了实现《极地规则》在执行中的拘束力，IMO 根据 MSC. 386（94）号决议在 SOLAS 中增加了第 XIV 章 "船舶在极地水域航行的安全措施" 相关规定。① 船舶在北极航道航行涉及引航问题。修正案对第 V 章 "航行安全" 的第 23 条作了修正，规定 "引航员登离船装置" 适用于所有船舶；航行中可能雇用引航员的船舶须设有引航员登离船装置；在修正案生效日或其后安装的供引航员登离船使用的设备和装置，须符合修正案的要求及 IMO 通过的标准，生效日或其后安装的设备（替换在 2012 年 7 月 1 日以前安装的设备和装置）须在合理和可行的范围内尽量符合修正案相关条款的要求；除另有规定外，生效日之前安装的供引航员登离船使用的设备和装置，须至少符合在该日期以前实施的公约相关要求，并须充分考虑该日期之前 IMO 通过的标准。

（三）《统一船舶碰撞某些法律规定的国际公约》

1910 年《统一船舶碰撞某些法律规定的国际公约》② 就船舶碰撞民事责任作出了规定，主要内容包括碰撞责任免责事项、适用的碰撞范围与类型、过失碰撞责任按过失比例分摊原则、船舶碰撞损害赔偿范围以及碰撞双方互相救助之义务。

（接上页注②）意见，修正案因此对中国有约束力。《〈1974 年国际海上人命安全公约〉1978 年议定书》最近的一次修订是根据 2015 年 6 月 MSC. 394（95）号决议作出的，于 2017 年 1 月 1 日生效。中国也是该议定书缔约国，受其约束。《〈1974 年国际海上人命安全公约〉1988 年议定书》最近的一次修订是根据 2015 年 6 月 MSC. 395（95）号决议作出的，于 2017 年 1 月 1 日生效。中国也是该议定书缔约国，受其约束。https://www.imo.org/en/About/Conventions/Pages/International-Convention-for-the-Safety-of-Life-at-Sea- （ SOLAS ）,-1974. aspx, 最后访问日期：2022 年 3 月 29 日。

① International Maritime Organization. Res. MSC. 386（94），https://wwwcdn.imo.org/localresources/en/KnowledgeCentre/IndexofIMOResolutions/MSCResolutions/MSC. 386（94）. pdf, 最后访问日期：2022 年 3 月 29 日。

② 1910 年《统一船舶碰撞某些法律规定的国际公约》（International Convention for the Unification of Certain Rules of Law with Respect to Collision Between Vessels, 1910）于 1910 年 9 月 23 日制定于布鲁塞尔，于 1931 年生效，中国于 1994 年决定加入该公约。

在适用范围上，该公约适用的碰撞事故为"海船与海船或海船与内河船舶发生碰撞"的情形，不论该碰撞发生在何种水域，只要碰撞致使有关船舶受到损害或船上的人的人身、财产损害，对这种损害的赔偿，都按该公约的相关规定办理。① 由此可推知，无论碰撞发生于一国内水、领海还是公海均可适用该公约，只要碰撞中的一方是海船即可。不过，该公约不适用于军用船舶或专门用于公务的政府船舶。② 该公约的赔偿原则是由过失船舶承担责任，如果两艘或两艘以上的船舶过失导致损害，则依过失程度按比例分担责任。客观环境导致不可能确定各船所犯过失的程度时，则平均分担责任。③ 该公约也规定了由遭受者自行承担责任的情况，即"如果碰撞的发生是出于意外，或者出于不可抗力，或者碰撞原因不明，其损害应由遭受者自行承担"④。相关规定也适用于由于引航员的过失而发生碰撞的情形，即使是依法强制引航。⑤ 根据该公约的适用范围，发生在北极航道的航海事故，无论是在沿海国的内水、领海或公海，如果碰撞中的一方是海船，且该海船不是军用船舶或专门用于公务的政府船舶，则适用该公约，依法强制引航也不例外。

（四）《国际救助公约》

1989 年《国际救助公约》⑥ 主要规定了海难救助双方的权利义务、救助报酬的核定原则与支付、担保事项，以及人命救助和以应有的谨慎防止或减轻环境损害的强制性义务。突出特点是确立了鼓励环境救助的特别补偿制度，提高了救助人对构成环境损害威胁的船舶和货物施救的积极性，彰显了环境保护的重要性。公约对救助遇难船舶的报酬作出新的规定，对防止水域污染的花费给予补偿，并突破性地规定了特别补偿条款。如果对

---

① 《统一船舶碰撞某些法律规定的国际公约》第 1 条，http://www.npc.gov.cn/wxzl/gongbao/2000-12/28/content_5003108.htm，最后访问日期：2013 年 5 月 3 日。

② 《统一船舶碰撞某些法律规定的国际公约》第 11 条。

③ 《统一船舶碰撞某些法律规定的国际公约》第 3、4 条。

④ 《统一船舶碰撞某些法律规定的国际公约》第 2 条第 1 款。

⑤ 《统一船舶碰撞某些法律规定的国际公约》第 5 条。

⑥ 1989 年 4 月 15 日至 29 日，IMO 在伦敦召开会议，4 月 28 日通过了 1989 年《国际救助公约》（International Convention on Salvage, 1989），取代 1910 年《关于统一海难救助若干法律规则的公约》，新的公约于 1996 年 7 月 14 日生效。中国于 1993 年加入 1989 年《国际救助公约》。

环境构成损害威胁的船舶或船上货物进行了救助作业，且救助人所获的报酬少于新公约规定的可得特别补偿，即救助人有权从船舶所有人那里获得相当于其所花费用的特别补偿。① 因此，当船舶或船上货物具有环境损害威胁时，救助人进行了救助作业，若救助财产无效或效果不明显，并且未能减轻或防止环境损害，救助人也有权获得相当于该费用的特别补偿，以此鼓励救助人对具有环境损害威胁的事故进行救助。救助人在防止或减轻环境损害及救助人命方面发挥的技能和努力也作为评定救助报酬的标准。

1989 年《国际救助公约》在地理范围上不加限制，将适用水域规定为可航水域或任何其他水域，除非缔约国在加入公约时对适用水域作出限制保留，因此不排除在北极航道的适用。公约对纯粹的财产救助和存在环境损害的救助作了区分。公约中的"财产"指非永久性和非有意地依附于岸线的任何财产，包括有风险的运费。公约对环境损害的界定是指"由污染、沾污、火灾、爆炸或类似的重大事故，对人身健康，对沿海、内水或其毗连区域中的海洋生物、海洋资源所造成的重大的有形损害"②。上述规定对环境损害的地理范围作了限定，不适用于公海，也未提及专属经济区。在救助对象上，与 1910 年《关于统一海难救助若干法律规则的公约》③（以下简称"1910 年《救助公约》"）只适用于救助当事人之一必须是缔约国的船舶不同，1989 年《国际救助公约》对救助当事方都不是 1989 年《国际救助公约》缔约国所属的船舶，但其中一方在某一缔约国提出诉讼或仲裁的具有约束力。这意味着发生在北极航道的海上救助，即使救助当事方都不是公约成员国的船舶，但如果其中一方在某一公约成员国提出诉讼或仲裁，

---

① 1989 年《国际救助公约》第 14 条第 1 款。

② 1989 年《国际救助公约》第 1 条 (d)。

③ 1910 年《救助公约》对统一海难救助制度的形成和发展有着重要的意义和作用。但随着科学技术和经济的发展，1910 年《救助公约》在适用过程中不断面临新的挑战和问题，主要体现在以下方面：一是海难救助的构成要件发生了变化，比如救助标的不再仅限于 1910 年《救助公约》规定的船舶和船上财产，而是变得多样化，如新出现的勘探和开发海底资源的设备、浮船坞；二是大型、超大型油船、液化气船等的出现，增加了海上救助风险并加大了救助作业难度，对构成环境污染损害或威胁的船舶、货物进行救助时，"无效果、无报酬"原则难以鼓励救助方对风险大的船舶实施救助；三是 20 世纪 60 年代、70 年代发生的一系列海上重大油污事故，特别是历史上的重大油污事件——1978 年"阿莫科·卡迪兹"号油污事件，在法国沿海造成重大污染损害，1910 年《救助公约》已无法适应新形势的需要。

该公约将对其适用并具有拘束力。公约中的"船舶",不仅包括船只、艇筏,还包括任何能够航行的构造物,但该公约不适用于军舰或是国家所有或经营的以及在救助作业时享有主权豁免的其他非商业船舶。缔约国可就以下事项作出保留:(1)救助作业发生在内陆水域,且涉及的所有船舶均为内陆水域航行的船舶;(2)救助作业发生在内陆水域,且不涉及船舶;(3)所有的利益方都是该国的国民;(4)有关财产为位于海床上的具有史前的、考古的或历史价值的海上文化财产。[①]我国对公约第 30 条第 1 款(a)、(b)和(d)项提出了保留。

北极国家均加入了该公约。其中,加拿大、挪威、芬兰、俄罗斯对第 3 条第 1 款(d)项提出了保留。

(五)《国际海上搜寻救助公约》

1979 年《国际海上搜寻救助公约》[②]和 1989 年《国际救助公约》在名称上易于混淆,事实上两者的宗旨和主要内容存在巨大差异。前者的主要目的是通过建立国际搜救计划促进各国政府间以及参与海上搜救活动者间的合作。后者的主要目的则是根据形势发展特别是环境保护的需要,对 1910 年《救助公约》的相关规则进行修改,制定关于救助作业的统一国际规则,调整救助当事人间的权利义务关系。

1979 年《国际海上搜寻救助公约》由八项条款和附则组成,引用公约条款的同时也就自然包括引用其附则。该公约鼓励各缔约国与邻国间签订搜救协定,建立搜救区域,搜救区域以主权国家的沿海为重点区域,但不仅仅限于其沿海区域,必要时要扩展至公海甚至他国领海或领土区域。缔约国需协调其搜救组织,在必要时与邻近国家协调搜救工作,并需采取措施,以便利其他缔约国救助设备快速进入其领水。公约规定将海洋划分为不同的地区性搜救区域,各搜救区由各国负责,负责国由各国商定。继 1998 年 9 月澳大利亚弗里曼特尔会议后,全球性的搜救网络已

---

① 1989 年《国际救助公约》第 30 条第 1 款。

② 1979 年《国际海上搜寻救助公约》(International Convention on Maritime Search and Rescue)于 1979 年 4 月 27 日颁布,1985 年 6 月 22 日生效。中国是公约缔约国,但在批准时载有如下声明:"公约第 2.1.7 条的附件所规定的搜索和救援区域的划定,与国家间任何边界的划界无关,也不影响国家间任何边界的划界;而且与国家间任何专属经济区和大陆架的划界无关,也不影响国家间任何专属经济区和大陆架的划界。"

基本形成。① 该公约分别于 1998 年和 2004 年经过两次修订，其中，1998
年修正案澄清了政府责任，进一步强调了区域性做法和海上空中搜救的相
互协调。2004 年的修正案于 2006 年 7 月 1 日生效。中国是搜救公约的缔
约国，在上述修正案通过后未对其内容提出任何反对意见，因此该修正案
对中国具有约束力。

《国际海上搜寻救助公约》强调的是各国政府间海上搜救活动的合作，
随着形势的发展，公约主张区域性做法和海空搜救的相互协调。环北极八
国均是该公约缔约国。在这一公约的指导下，北极理事会八个成员国于
2011 年签署了具有拘束力的《北极海空搜救合作协定》，将北极划分为八个
搜救区域，环北极八国对各自搜救区域中发生的事故履行搜救职责。

二　船舶污染防治规范在北极航道的适用

（一）《防止倾倒废物及其他物质污染海洋的公约》

1972 年《防止倾倒废物及其他物质污染海洋的公约》（以下简称 1972 年
《伦敦倾废公约》）是第一个为控制倾倒行为导致的海环境污染而订立的全球
性公约。② 1972 年《伦敦倾废公约》为防止和控制向海倾倒废物、保护海洋
环境提供了全球范围的准则，对此前仅单纯地防止某类或某种物质污染海洋
环境而制定的规则而言，是一种突破。该公约禁止向海洋中倾倒某些有害物
质。公约中的"海洋"是指国家内水之外的海水、海床及其底土。就适用的
地理范围而言，北极地区沿海国的领海、毗连区、专属经济区和公海的海水、
海床和其底土均适用该公约。但具体到北方海航道和西北航道，由于加拿大
将西北航道、俄罗斯将北方海航道上的相关海峡圈划在直线基线内视为内水，
该公约是否适用于这两个航道，取决于最终西北航道和北方海航道法律地位。

---

① 危敬添：《〈1979 年国际海上搜寻救助公约〉与〈1989 年国际救助打捞公约〉的关系》，
《中国远洋航务》2010 年第 3 期，第 56 页。

② 1972 年《防止倾倒废物及其他物质污染海洋的公约》（Convention on the Prevention of Marine
Pollution by Dumping of Wastes and Other Matter）于 1972 年 12 月 29 日通过，1975 年 8 月 30
日生效。该公约自 1985 年 12 月 15 日正式对我国生效。该公约的 1996 年议定书于 1996 年
11 月 7 日通过，2006 年 3 月 24 日生效，2006 年 6 月 29 日中国批准加入该议定书。同时声
明：对于议定书第 16 条第 2 款、第 5 款，如果中华人民共和国因为议定书的解释和适用
（包括第 3 条第 1 款、第 2 款的解释和适用）而成为争端当事方，须经中华人民共和国政府
书面同意才能适用议定书附件Ⅲ所列仲裁程序。

公约规定的"倾倒"来源不仅限于船舶，还包括航空器、平台或其他海上人工构造物，具体调整的行为包括：（1）将上述来源的废物或其他物质在海洋中做的任何故意处置；（2）对船舶、航空器、平台、人工构造物本身所做的任何故意处置；（3）将上述来源的废物或其他物质在海床及其底土中做的任何贮藏；（4）仅为故意处置目的在现场对平台或其他海上人工构造物做的任何弃置或任何倾覆。但从海底矿物资源的勘探和开采中产生的废物不在定义的范围内。并非在北极地区发生的一切"倾倒"均属于本公约的调整范畴，除了受海域法律地位的制约之外，该公约的适用还取决于当事方是不是公约缔约国。公约规定缔约国应禁止向海中倾倒或在海上焚烧任何废物或其他物质，但对指定物质的倾倒规定了许可证制度，这些可考虑倾倒的废物和其他物质规定在附件 I 中。此后，该公约又协商制定了 1996 年议定书，该议定书引入"预防途径"义务，即当有理由相信引入海洋环境的废弃物或其他物质可能造成损害时，即使没有确实充分的证据证明引入物质与损害间存在因果关系，也要采取适当的预防措施。环北极八国均是 1972 年《伦敦倾废公约》的缔约国，除俄罗斯和美国外，其余六个环北极国家也是 1996 年议定书的缔约国。2007 年 11 月 5 日至 9 日，在伦敦召开的 1972 年《伦敦倾废公约》缔约国协商会议暨该公约 1996 年议定书第二届缔约国会议，完成了《废物评价框架手册》的制定工作，旨在解释说明该公约和议定书的 8 个导则。[①]

该公约专门规定了争端的解决问题，强调首先通过谈判、调停、调解或以争端各方选择的其他和平方式解决争端。如果在一缔约当事国向另一缔约当事国作出存在争端的通知后 12 个月内不能解决争端，除非争端各方同意使用 UNCLOS 第 287 条第 1 款中所列的某一程序，否则在争端的一方作出请求后应使用 1972 年《伦敦倾废公约》附件 III 中所列的仲裁程序解决争端。该公约规定了区域合作、技术合作和援助以及国际合作。

在 1972 年《伦敦倾废公约》生效后，各国根据形势发展的需要，一同致力于防范和治理海上倾倒、倾废等问题，并进一步完善了相关制度，共进行了 1978 年、1980 年、1989 年和 1993 年四次修正。1993 年、1972 年《伦敦倾废公约》缔约国会议通过了关于禁止倾倒工业废弃物、禁止倾倒放

---

① 《IMO 动态》，《水运管理》2007 年第 12 期，第 39 页。

射性废物和终止有毒液体海上焚烧三项决议，并于 1994 年启动了《〈防止倾倒废物和其他物质污染海洋的公约〉1996 年议定书》的起草工作，于 1996 年召开的政府间特别会议上获得通过。① 1996 年议定书目前共进行了 2006 年、2009 年和 2013 年三次修正。

（二）《国际防止船舶造成污染公约》

随着环保意识的增强，人们逐渐认识到船舶排放油类和其他有害物质对海洋环境造成的威胁，1973 年，IMO 在伦敦召开的防止海洋污染会议上通过了《国际防止船舶造成污染公约》②，取代了之前的 1954 年《国际防止海上油污公约》。MARPOL 公约是由 IMO 制定的有关防止和限制船舶排放油类和其他有害物质污染海洋的国际防污规则。中国是该公约最早的缔约国之一。该公约一直未达到生效条件，在 1978 年 2 月 17 日国际油船安全和防污染会议上进行了修订，修订后的公约为 1978 年《关于修订 1973 年〈国际防止船舶造成污染公约〉的议定书》。1978 年议定书经修改后纳入了 1973 年《国际防止船舶造成污染公约》的规定。因此，自 1983 年 10 月 2 日起，缔约国适用的制度是经 1978 年《关于〈1973 年国际防止船舶造成污染公约〉的议定书》修正的 1973 年公约所载的制度。一般将该公约及其议定书合称为"MARPOL 73/78 公约"。

环北极国家均是"MARPOL 73/78 公约"的缔约国，该公约适用于北极地区。公约适用的船舶分为两种：一是有权悬挂某一缔约国国旗的船舶；二是虽无权悬挂某一缔约国的国旗但在另一缔约国的管辖下进行营运的船舶。③ 公约中所指的船舶包括水翼船、气垫船、潜水船、浮动船艇和固定的或浮动的工作平台。④ 公约不适用于任何军舰、海军辅助船舶或是其他国有

---

① 《〈"伦敦公约"1996 年议定书〉解读》，《中国海洋报》2006 年 6 月 30 日，第 2 版。
② 《国际防止船舶造成污染公约》（The International Convention for the Prevention of Pollution from Ships），1973 年 11 月 2 日在伦敦通过。1978 年 2 月 17 日进行了修订，形成了 1978 年《关于 1973 年〈国际防止船舶造成污染公约〉的议定书》。该议定书自生效至今进行了数十次修订，最近的一次修订是 2019 年 5 月海上环境保护委员会第 74 届会议以第 MEPC. 314（74）号、第 MEPC. 315（74）号、第 MEPC. 317（74）号、第 MEPC. 318（74）号、MEPC. 319（74）号决议通过的五个修正案，分别于 2020 年和 2021 年生效。http://www.imo.org/，最后访问日期：2020 年 2 月 26 日。
③ 1973 年《国际防止船舶造成污染公约》第 3 条第 1 款。
④ 1973 年《国际防止船舶造成污染公约》第 2 条第 4 款。

或国营并目前只用于政府非商业性服务的船舶。① 公约规范的"排放"行为，将以下情形排除在外：（1）1972 年《伦敦倾废公约》所指的倾倒；（2）因对海底矿物资源的勘探、开发及与之相关的近海加工处理所直接引起的有害物质的排放；（3）为减少或控制污染的合法科学研究而进行的有害物质排放。② MARPOL 公约最初通过 5 个附则，从技术层面对防止船舶油污、控制和防止有毒、有害液体污染以及防止生活污水和垃圾污染作了较全面的规定，这 5 个附则分别是：Ⅰ—防止油类污染规则；Ⅱ—控制散装有毒液体物质污染规则；Ⅲ—防止海运包装有害物质污染规则；Ⅳ—防止船舶生活污水污染规则；Ⅴ—防止船舶垃圾污染规则。公约赋予了缔约国"任选附则"的权利，缔约国可通过声明，不接受附则Ⅲ、Ⅳ和Ⅴ或不接受其中的任何附则。③对于作出排除声明的附则，缔约国可不受其约束。其中，附则Ⅲ，环北极国家都加入；附则Ⅳ，只有美国没加入；附则Ⅴ，环北极国家都加入。

　　1978 年修订后，随着环境保护需要和形势发展，公约又经过多次修订。其中，1997 年 9 月 26 日，IMO 在空气污染防止国际会议上通过了新的议定书，将"防止船舶造成空气污染规则"纳入公约，设定为附则Ⅵ。这一附则于 2005 年 5 月 19 日生效，2006 年 8 月 23 日对我国生效。2010 年 3 月，在 IMO 海上环境保护委员会（MEPC）第 60 届会议上，通过了 MEPC. 189（60）号决议，在附则Ⅰ中专门增加第 9 章，即"在南极区域使用或载运油类的特殊要求"，该决定于 2011 年 8 月 1 日生效。

　　近年来，随着北极航道航行现实需求的增加以及极地航行相关规则的制定，各国对 MARPOL 公约的若干附则进行了磋商和修改。MARPOL 公约是保护海洋环境、规范海上航运排污标准的具有拘束力的全球性规则，也将是影响北极航运治理走向的重要海事法律之一。这主要是因为：第一，MARPOL 公约在船舶污染防控方面具有普遍的适用性，北极地区也不例外；第二，出于极地航行的特别需要，MARPOL 公约对相关附则正在进行修改，《极地规则》经 MARPOL 公约的引用，从而获得强制或建议属性；第三，《极地规则》未涉及但在 MARPOL 公约中有所规定的内容在极地地区仍然适

---

① 1973 年《国际防止船舶造成污染公约》第 3 条第 3 款。

② 1973 年《国际防止船舶造成污染公约》第 2 条第 3 款（2）。

③ 1973 年《国际防止船舶造成污染公约》第 14 条第 1 款。

用。由于现阶段的冰区航行船舶建造技术还在发展中，北极航道的大规模商业通航还需时日，船舶在北极航道的污染排放控制标准尚不确定。IMO根据 MARPOL 公约附则 Ⅰ、Ⅱ、Ⅳ、Ⅴ，规定了"特殊区域"和批准的"特别敏感海域"。"特殊区域"是在 MARPOL 公约中即已存在的概念，在"特殊区域"中可以采取的船舶污染防控规则和标准已在 MARPOL 公约中有明确规定，沿海国无自行立法权。船舶在"特殊区域"禁止排放污染物质。在"特别敏感海域"，适用的船舶污染防控规则和标准可由沿海国根据情况自行提出建议，其涉及范围较为广泛，只要获得 IMO 批准便可实施。沿海国在"特别敏感海域"采取的特别保护措施可以包括船舶的通航分隔制、报告制度、排放限制、运营标准及禁止采取的行为。"特殊区域"和"特别敏感海域"的规定与 UNCLOS 第 234 条完全不同：前两者是由沿海国提出申请，由 IMO 批准设立并制订特殊规则和标准；后者则是将立法权和管辖权直接赋予沿海国，使其自行选择特定区域并制定具体规则和标准。2001年 11 月，IMO 大会通过 A.927（22）号决议，将部分极地水域定义为"特殊区域"（special areas），指出应采取强制性的、更高标准的措施来防止海洋污染。与被列为 MARPOL "特殊区域"的南极相比，迄今为止，还没有人提议将北极任何部分列为特殊区域。[1] 附件Ⅵ "防止船舶造成空气污染条例"规定了某些硫氧化物（SO_x）排放控制区，对硫排放和氮氧化物（NO_x）排放控制区实行更严格的三级 NO_x 排放标准。

海洋环境保护委员会第 68 届会议于 2015 年 5 月通过了 MEPC.264（68）号决议[2]和 MEPC.265（68）号决议[3]，通过了《极地规则》第Ⅱ-A部分和第Ⅱ-B部分导言及全部与环境有关的规定以及相应的 MARPOL 公约修正案，对公约附则 Ⅰ、Ⅱ、Ⅳ 和 Ⅴ 进行修订，以使《极地规则》与环境有关的部分内容具有强制性。

① 关于 IMO 框架下根据 MARPOL 公约指定的特殊海域列表，参见 https://www.imo.org/en/OurWork/Environment/Pages/Special-Areas-Marpol.aspx，最后访问日期：2022 年 3 月 30 日。
② International Maritime Organization. Res. MEPC.264（68），https://wwwcdn.imo.org/localresources/en/KnowledgeCentre/IndexofIMOResolutions/MEPCDocuments/MEPC.264（68）.pdf，最后访问日期：2022 年 3 月 30 日。
③ International Maritime Organization. Res. MEPC.265（68），https://wwwcdn.imo.org/localresources/en/KnowledgeCentre/IndexofIMOResolutions/MEPCDocuments/MEPC.265（68）.pdf，最后访问日期：2022 年 3 月 30 日。

（三）《国际油污损害民事责任公约》

1969 年《国际油污损害民事责任公约》（以下简称"1969 年《责任公约》"）于 1975 年生效。[①] 1976 年 11 月 19 日，《1969 年〈国际油污损害民事责任公约〉1976 年议定书》在伦敦通过，1981 年 4 月 8 日生效。1992 年 11 月，IMO 在伦敦召开的国际会议上通过了《1969 年〈国际油污损害民事责任公约〉1992 年议定书》。公约适用于北极地区。首先，发生油污损害的地点所属国家是公约的缔约国；其次，发生油污损害的地点位于公约缔约国的领土（包括领海）和专属经济区或是为防止或减少污染损害而采取预防措施的区域。[②] 除美国外，其他 7 个环北极国家都是 1992 年议定书的缔约国。该公约中的"污染损害"根据船舶油污损害的不同阶段分为两类：（1）油类从船上溢出或排放引起的污染在该船之外造成的灭失或损害，不论此种溢出或排放发生于何处；（2）预防措施的费用及预防措施造成的进一步灭失或损害。就前者而言，对环境损害（不包括此种损害的利润损失）的赔偿，限于已实际采取或将要采取的合理恢复措施的费用。[③] "油类"则指任何持久性烃类矿物油，如原油、燃料油、重柴油和润滑油，不论是在船上作为货物运输还是在船舶的燃料舱内。[④] 在上述海域发生的为运输散装油类货物而建造或改建的任何类型的海船和海上航行器的油类污染损害均适用该公约。

环境责任引入该公约经历了一个渐进的过程。1969 年《责任公约》未明确规定是否包括环境损害。1984 年的一份议定书明确肯定了对环境损害的赔偿，但由于美国的不参加，1984 年议定书未能生效。1992 年议定书建立了船舶油污损害赔偿民事责任制度，包括严格责任、赔偿责任限制，构

[①] 1969 年《国际油污损害民事责任公约》（International Convention on Civil Liability for Oil Pollution Damage, 1969）于 1969 年 11 月 29 日订于布鲁塞尔，1975 年 6 月 19 日生效。1992 年 11 月，IMO 在伦敦召开的国际会议上通过了《1969 年〈国际油污损害民事责任公约〉1992 年议定书》。1992 年议定书于 1996 年 5 月 30 日生效。中国于 1980 年 4 月 29 日参加该公约。继 1992 年议定书生效后，中国又于 1999 年 1 月 5 日向 IMO 交存了加入书，成为该议定书的缔约国。该议定书于 2000 年 1 月 5 日对中国生效。2000 年 10 月，IMO 法律委员会第 82 届会议根据 LEG.1（82）号决议通过了 1992 年议定书的 2000 年修正案，对油污损害赔偿责任限额进行了适当提高。该修正案于 2003 年 11 月 1 日生效。

[②] 《1969 年〈国际油污损害民事责任公约〉1992 年议定书》第 3 条修订。

[③] 《1969 年〈国际油污损害民事责任公约〉1992 年议定书》第 2 条第 3 款修订。

[④] 《1969 年〈国际油污损害民事责任公约〉1992 年议定书》第 2 条第 2 款修订。

建了船舶油污损害赔偿机制——强制保险/财务保证制度等，为避免和减少油污损害、恢复海洋环境和生态提供了制度上的保障。该议定书采纳了1984年议定书关于环境损害赔偿的规定，但由于"已经实际采取或行将采取的合理复原措施的费用"具有难确定性，在实际操作中存在困难。为此，1994年国际海事委员会出台的《油污损害指南》进一步明确了环境本身所受损害的赔偿范围，为提高1992年议定书相关规定的确定性和可操作性提供参考。至此，环境损害作为油污损害的一部分被纳入该公约的赔偿体系中并得以保障。按照现行的赔偿体系，应由船东作为第一义务人对环境损害进行赔偿。船东承担的是严格责任，这在很大程度上减少了受害人的索赔难度，但因船东的财力毕竟有限，公约体系又规定了赔偿责任限制制度。根据1992年议定书，对于不超过5000吨位的船舶，以300万计算单位计算；对于超过5000吨位的船舶，合计金额在任何情况下不应超过5970万计算单位。① 根据1992年议定书的2000年修正案，对于不超过5000总吨的船舶，以451万计算单位计算；对于超过5000总吨的船舶，合计金额在任何情况下不应超过8977万计算单位。

《1971年设立国际船舶油污损害赔偿基金国际公约》（简称《1971年基金公约》）是国际海事组织通过的与1969年《责任公约》相配套的关于船舶油污损害赔偿的私法性国际法律文件，该公约为民事责任公约提供补充，二者一直配合适用于国际船舶油污损害赔偿领域，而且都是同时修改和完善。该公约也于1976年、1984年、1992年和2000年进行了修订。中国内地没有加入该基金公约，但中国香港特别行政区加入了《1992年设立国际油污损害赔偿基金国际公约》（简称《1992年基金公约》）。

同民事责任公约一样，环北极国家中，只有美国没有加入《1992年基金公约》。因为美国1990年颁布了《油污法》，根据该法确定的美国国内油污损害赔偿机制，基本上能够满足一般的海上油污事故导致的损害赔偿请求。但由于作为贸易和航运大国的美国的不加入，使得国际船舶油污损害赔偿机制总是显得有些不完整和令人遗憾。

2003年5月16日，IMO又对《1971年基金公约》进行了修订，出台了

---

① 《1969年〈国际油污损害民事责任公约〉1992年议定书》第6条第1款修订。

《〈1992 年设立国际油污损害赔偿基金国际公约〉的 2003 年议定书》，该议定书 2005 年 3 月 3 日生效。环北极国家中，加拿大、丹麦、芬兰、挪威、瑞典加入了该 2003 年议定书。

在船舶油污损害赔偿领域一直奉行"污染者付费"原则，由发生油污损害的船舶所有人承担无过错限额赔偿责任，这是所谓"第一重赔偿"。但是由于财务上的原因，船舶所有人的赔偿限额不能满足受害人依据公约而提出的赔偿要求，或者在船舶所有人按照公约对损害不承担责任的，可由油污基金给予一定数额的补充赔偿。这是所谓"第二重赔偿"。如果船东赔偿加上石油货主的油污基金赔偿仍不能满足受害人的赔偿请求，根据 2003 年国际油污损害赔偿基金公约议定书的规定，可以启动"第三重赔偿"，即由补充基金提供的进一步赔偿，但最高不能超过 2.03 亿特别提款权。环境责任的引入，包括船东的严格责任和油污基金的补充赔偿，对极地的环境保护有着重要的意义。但油污基金本身也有最高赔偿限额的规定（即 2.03 亿特别提款权），若遇上巨大油污损害，特别是在北极这种生态环境特殊的地区，也存在难以满足索赔要求的尴尬境地。

（四）《国际干预公海油污事故公约》

政府间海事协商组织（IMCO）① 于 1969 年 11 月在布鲁塞尔召开国际油污染损害法律会议通过两个文件：一个是上文提到的 1969 年《责任公约》，另一个则是《国际干预公海油污事故公约》（简称 1969 年《干预公约》）。1969 年《干预公约》于 1975 年 5 月 6 日生效。国际社会认识到不仅油类对海洋环境造成威胁，还存在其他可能对海洋环境造成更严重威胁的其他物质，主要是化学品。为此，海协法律委员会将污染物质扩展到除油类以外的物质，起草了一个议定书并提交给 1973 年伦敦国际海洋污染会议讨论，当年 11 月 2 日通过了《1973 年干预公海非油类物质污染议定书》，该议定书已于 1983 年 3 月 30 日生效。② IMO 于 1973 年 11 月 23 日在其第八

---

① "政府间海事协商组织"是"国际海事组织"的前身，于 1982 年 5 月 22 日正式更名为"国际海事组织"。

② 1969 年《国际干预公海油污事故公约》（International Convention Relating to Intervention on the High Seas in Cases of Oil Pollution Casualties, 1969）；《1973 年干预公海非油类物质污染议定书》（Protocol Relating to Intervention on the High Seas in Cases of Marine Pollution by Substances Other than Oil, 1973），中国于 1990 年通知加入该公约。

届大会上以决议 A. 296（Ⅷ）指定海上环境保护委员会为本议定书第 1 条第 2 款第 1 项①所述的适当机构，并于 1974 年 11 月 21 日以决议 MEPC. 1（Ⅱ）通过了附件，将本公约适用的污染物划分为以下种类：油类（当散装运输时）、有毒物质、液化气体（当散装运输时）和放射性物质。并对每一种类的具体物质作了详细的列举。1969 年《干预公约》及 1973 年议定书考虑到海运中油类及化学品等非油类物质污染对沿岸国海洋环境的致命影响，从而鼓励沿岸国根据实际需要可主动在公海采取相应措施，将环境污染损害风险降至最低，符合海洋环境保护的时代要求。

1969 年《干预公约》是针对油类对海洋的污染或污染威胁，规定缔约国可在公海采取措施的国际公约，1973 年议定书则将该公约的适用对象扩展至非油类污染物。经初步统计，环北极八国 200 海里外的海域面积约为 320 万平方千米，换言之，北冰洋拥有大片的公海海域，从地理范围上看，公约在北冰洋的公海部分是适用的。结合 1969 年《干预公约》及 1973 年议定书，缔约国在北冰洋的公海发生了海上事故或与这种事故有关的行为后，有采取必要措施的权利，以防止、减轻或消除对其沿岸海域和有关利益产生严重的和紧急的危险或威胁。除加拿大外，其他 7 个环北极国家均是 1969 年《干预公约》的缔约国，丹麦、芬兰、挪威、俄罗斯和瑞典也是 1973 年议定书的缔约国。但在采取措施前，应与受海上事故影响的其他国家，尤其是船旗国进行协商，也可与没有利害关系的专家进行协商。此措施不能影响公海自由原则，如所采取的措施超出公约许可的限度，而致使他方遭受损失，行动方应负赔偿责任。该公约排除了对军舰或是国家拥有或经营的并在当时仅用来从事政府的非商业性服务的其他船舶的适用。

（五）《国际油污防备、反应和合作公约》

《国际油污防备、反应和合作公约》（简称 OPRC1990）② 注意到了预防

---

① 《1973 年干预公海非油类物质污染议定书》第 1 条第 2 款：第 1 款中所指的"非油类物质"为：（1）列于由本组织指定的适当机构所制订的名单中的物质，该项名单应作为本议定书的附件，以及（2）其他易于危害人类健康，伤害生物资源和海生物、损害休憩环境或妨害对海洋的其他合法利用的物质。

② 1990 年 11 月 19 日至 30 日，IMO 在伦敦召开了有关油污防备和反应问题国际合作的外交大会，审议并通过了《国际油污防备、反应和合作公约》（International Convention on Oil Pollution Preparedness Response and Co-operation）及与该公约有关的 10 项决议。该公约于 1995 年 5 月 13 日生效，1998 年 6 月 30 日对我国生效。

措施和防止工作对于最初避免油污的重要性，旨在促进各国加强油污防治工作及国际合作，提高各国、区域和全球性油污防备和反应的能力，减少油污造成的损害。公约要求所有船舶、港口和近海装置都应具备油污应急计划，赋予港口国当局对此进行监督检查的权利；肇事船舶和其他发现油污事故的机构或官员应毫不延迟地向最近的沿岸国报告，各国在接到报告后应采取行动，并进行通报。公约还规定各缔约国应建立全国性油污防备和响应体系；各国之间可开展双边或多边、地区性或国际性的技术合作。最后，公约在附则中对援助费用的偿还作了规定。

公约对适用的油和船舶作了界定。油是指"任何形式的石油，包括原油、燃料油、油泥、油渣和炼制产品"①，一般认为不包括含油污水、舱底水、洗舱水等。船舶则指"在海洋环境中营运的任何类型的船舶，包括水翼船、气垫船、潜水器和任何类型的浮动航行器"②。该公约不仅适用于船舶，也适用于近海装置以及海港和油装卸设施。公约"不适用于任何军舰、军用辅助船或由国家拥有或使用并在当时只用于政府非商业性服务的其他船舶"③。为了快速有效地减少油污危害，公约规定了油污报告程序，负责悬挂其国旗的船舶的船长或其他人员对其船舶发生或可能发生的排油事件，或者发现的海上排油或出现油迹的事件需及时向最近沿海国报告；负责管辖近海装置的人员对其近海装置发生或可能发生排油的任何事件，或者发现的海上排油或出现油迹的事件，需及时向管辖该装置的沿海国报告；负责管辖海港和油装卸设施的人员，需及时将任何排油和出现油迹的事件报告国家主管当局。④公约强调了国家在减少和控制油污方面应发挥的作用和义务，要求每一当事国应建立对油污采取迅速和有效的反应行动的国家系统，包括指定负责油污防备和反应工作的国家主管当局、国家行动联络点以及有权代表该国请求援助或决定按请求提供援助的当局等；⑤并要求制定国家防备和反应应急计划。⑥公约还看重国际、区域和国家间合作的重要

---

① 《1990 年国际油污防备、反应和合作公约》第 2 条第 1 款。
② 《1990 年国际油污防备、反应和合作公约》第 2 条第 3 款。
③ 《1990 年国际油污防备、反应和合作公约》第 1 条第 3 款。
④ 《1990 年国际油污防备、反应和合作公约》第 4 条第 1 款（a）、（b）、（c）。
⑤ 《1990 年国际油污防备、反应和合作公约》第 6 条第 1 款（a）。
⑥ 《1990 年国际油污防备、反应和合作公约》第 6 条第 1 款（b）。

性。公约的适用范围，以国家的沿海海域为主，但不限于其领海水域。只要发生公约规定的"油污事故"的水域，即应适用，地理范围大小随具体事故影响大小而有所变化。公约的生效，为有效执行 SOLAS 和 MARPOL 公约等相关国际条约提供了保障，公约明确提出，自身任何规定不得被解释为改变由其他公约和国际协定规定的任何当事国的权利和义务。[①] 环北极八国均是公约的缔约国，对于其沿海海域发生的污染事故，有权利也有责任采取公约规定的相关措施，在减少和控制油污方面发挥作用。

（六）《2000 年有毒有害物质污染事故防备、反应与合作议定书》

《2000 年有毒有害物质污染事故防备、反应与合作议定书》[②]（简称 OPRC-HNS）旨在解决对有毒有害物质事故防备、反应与合作的问题，沿用了上述 OPRC1990 的思路和原则，将公约的适用范围从油污扩大到有毒有害物质污染事故，包括 18 项规定和 1 个有关援助费用偿还的附件。本议定书与 OPRC1990 相互独立又具有内在联系。只有 OPRC1990 的缔约国，才能成为本议定书的缔约国；退出 OPRC1990，则意味着自动退出本议定书。议定书要求缔约国船舶必须备有污染事故的应急计划，船长要遵守报告程序。港口当局和码头装卸设备经营人应备有污染事故的应急计划或作出类似安排。议定书还要求建立有效的国家或区域性防备与反应系统以及开展污染反应方面的国际合作等。[③] 环北极八国中，只有挪威、芬兰、瑞典和丹麦是该公约的缔约国。

（七）《国际燃油污染损害民事责任公约》

1969 年《民事责任公约》、1973 年 MARPOL 公约以及 1996 年 HNS 公约等关于船舶污染防治的国际法律文件基本上奠定了国际船舶污染损害赔偿和

---

① 《1990 年国际油污防备、反应和合作公约》第 11 条。

② 2000 年 3 月 15 日，IMO 在伦敦召开外交大会，通过《2000 年有毒有害物质污染事故防备、反应与合作议定书》（Protocol on Preparedness, Response and Co-operation to Pollution Incidents by Hazardous and Noxious Substances），该议定书于 2007 年 6 月 14 日生效。中国于 2009 年 11 月 19 日加入公约，公约于 2010 年 2 月 19 日对我国生效。

③ 需说明的是，本议定书与《1996 年国际海上运输有毒有害物质损害与赔偿责任公约》（简称 HNS 公约）之间，除有关物质的定义基本相同外，在其他方面无直接的内在联系，OPRC-HNS 强调事故的防备、反应与合作，而 HNS 公约强调事故损害的赔偿责任机制。危敬添：《关于〈2000 年有毒有害物质污染事故防备、反应与合作议定书〉》，《中国远洋航务》2008 年第 2 期，第 82 页。

防治的法律框架。在国际船舶油污实践中，船舶燃油污染损害赔偿事故所占比例巨大。因此，各国呼吁 IMO 将燃油污染方面的法律规则制定列入议程。最终，2001 年 3 月 23 日，在 IMO 外交大会上通过了《国际燃油污染损害民事责任公约》，[1] 2008 年 11 月 21 日生效。

该公约适用于海船或其他海上航行器溢出的或打算用于操作或推进船舶的烃类矿物油，包括润滑油及其任何残余物。[2] 公约适用于缔约国领海和专属经济区发生的油污事故，也适用于在其他区域采取的油污预防措施。[3] 该公约规定了船舶所有人对燃油污染事故的严格赔偿责任，同时可以享受责任限制，并规定了船舶所有人的强制责任保险制度。[4] 目前，环北极八国中，除了冰岛和美国，其他六国均已加入该公约。该公约适用于北极地区，这对参与北极航道航行的船舶的操作和管理以及燃油的选择和使用均提出了更高的要求。

（八）《国际船舶压载水和沉积物控制与管理公约》

2004 年《国际船舶压载水和沉积物控制与管理公约》（以下简称 2004 年《压载水公约》）[5] 于 2004 年 2 月 13 日通过，2017 年 9 月 8 日生效。该公约是世界第一部关于应对船舶压载水携带外来物种入侵的国际公约，为保护全球及各国水域生态环境免受船舶压载水携带的外来物种入侵和威胁提供了法律框架。该公约适用于所有在水环境中运行的任何类型的船舶，包括潜水器、浮动器具、浮动平台、浮式存储装置以及浮式生产、存储和卸载装置。[6] 公约要求各当事国承诺通过船舶压载水和沉积物控制与管理来防止、尽量减少和最终消除有害水生物和病原体的转移。而且，允许各国可以单独或与他国一起根据国际法采取更严格的措施。[7] 公约要求每一当事国承诺确保在该国

① 2001 年《国际船舶燃油污染损害赔偿公约》（International Convention on Civil Liability for Bunker Oil Pollution Damage，2001）于 2001 年 3 月 23 日在 IMO 外交大会上通过，2008 年 11 月 21 日生效，2009 年 3 月 9 日开始对我国生效。
② 参见《国际燃油污染损害民事责任公约》第 1 条。
③ 参见《国际燃油污染损害民事责任公约》第 2 条。
④ 参见《国际燃油污染损害民事责任公约》第 3、6、7 条。
⑤ 2004 年《国际船舶压载水和沉积物控制与管理公约》（International Convention for the Control and Management of Ships' Ballast Water and Sediments，2004），于 2004 年 2 月 13 日通过，2017 年 9 月 8 日生效。中国于 2018 年 10 月 22 日加入公约，公约于 2019 年 1 月 22 日起对我国生效。
⑥ 参见 2004 年《压载水公约》第 1 条。
⑦ 参见 2004 年《压载水公约》第 2 条。

指定的进行压载水舱清洁或修理的港口和码头内提供足够的沉积物接收设施。① 2018 年 4 月，在海上环境保护委员会第 72 届会议上，IMO 通过第 MEPC. 296（72）号、第 MEPC. 297（72）号、第 MEPC. 299（72）号决议对该公约进行了修正，通过了新的《压载水管理系统认可规则》和《压载水公约》修正案，规定系统应按照《压载水管理系统认可规则》的要求认可。更新了《压载水管理实施计划》，以反映在应急情况下采取的措施符合最合适方法的要求，以确保保护海洋环境和船舶安全，并尽量减少对港口和船舶运营连续性的任何影响。② 这三个修正案于 2019 年 10 月 13 日生效。

环北极国家中，除了冰岛和美国，其他六国均为公约缔约国。加入该公约的环北极国家应当遵守公约的要求，对悬挂本国国旗的船舶进行压载水和沉积物的控制与管理，防止或避免船舶压载水携带的外来物种的入侵和威胁，保护本国水域和整个北极水域的生态安全、生物多样性和人体健康。

三　海员培训规范在北极航道的适用

《1978 年海员培训、发证和值班标准国际公约》③（以下简称 STCW 1978）适用于在有权悬挂缔约国国旗的海船上服务的海员。该公约确立的国际标准适用于远海航行的船舶上的海员，而排除了只用于内河等水域航行的船舶上的船员。在地理适用范围上，该公约以领海以及公海区域为主要适用水域。

随着航海技术的发展和不断产生的新需求，STCW 1978 后来经历了一系列的修正和完善，其中比较大的修正有两次。1995 年 7 月 7 日缔约方会

① 参见 2004 年《压载水公约》第 5 条。
② IMO. Marine Environment Protection Committee（MEPC），72nd session，April 9 – 13，2018，https://www.imo.org/en/MediaCentre/MeetingSummaries/Pages/MEPC – 72nd-session.aspx，最后访问日期：2022 年 3 月 30 日。
③ 1978 年《海员培训、发证和值班标准国际公约》（International Convention on Standards of Training，Certification and Watchkeeping for Seafarers，1978）1978 年 7 月 7 日通过，1984 年 4 月 28 日生效。该公约旨在明确统一的海员培训、发证和值班的国际标准，保证船上海员合格并适于履行职责，增强海上人命与财产的安全和保护海洋环境，有效地控制人为因素对海难事故的影响。2016 年 11 月，海上安全委员会第 97 届会议分别以 MSC. 416（97）号和 MSC. 417（97）号决议通过了 STCW 1978 修正案和 STCW 规则修正案，分别对两个文件的第 I 和第 V 章进行了修正，针对《极地规则》，对极地水域操作的船舶的高级船员和船长提出了相应的培训要求，均已在 2018 年 7 月 1 日生效。

议对公约进行了修正，通过了公约修正案并增设了与公约和附则相对应的更为具体的《海员培训、发证和值班标准规则》即 STCW 规则，形成了STCW 体系。2010 年 6 月 25 日，在菲律宾马尼拉召开的国际海事组织缔约国外交大会上通过了 STCW 1978 和 STCW 规则的马尼拉修正案，该修正案在之前修正案的基础上进行了全面的回顾和修正，对于海员培训、发证和值班标准等项规定都进行了较大的调整。

在审议 STCW 1978 时，一直存在"强制培训"与"指导培训"两种观点的争议。于 2015 年 2 月 6 日闭幕的 IMO 人的因素、培训和值班分委会（HTW）第 2 次会议上，重点审议了在极地水域操作船舶船长、大副和高级船员的资格要求和培训标准制定问题，就以下事宜达成一致："（1）国际安全管理规则第Ⅱ章和极地水域操作手册中已经有的培训要求不再重复；（2）为保证合格的极地水域船员不短缺，海上服务资历的取得要求应具有灵活性；（3）冰层覆盖水域航行经验应视为合格的海上服务资历，因为鲜有可供获得极地水域海上服务资历的船舶，所以不能作严格要求；（4）北极、南极水域的示范培训课程不宜分别制定。"[①] 会议决定以美国提案为基础起草《极地水域操作船舶船员资格和培训标准（草案）》。该草案由 HTW2 提交 MSC96 审议，MSC96 批准了该草案并提交 MSC97 通过。MSC97 通过了针对极地水域操作的船舶船员资格和培训标准，对 STCW 公约和 STCW 规则进行了修订，纳入了对极地水域操作船舶高级船员和船长的特殊资格和培训标准要求，此强制性极地水域操作资格和培训标准于 2018年生效实施。强制性国际标准生效后，在极地水域操作船舶上的高级船员需要持有培训合格证，而普通船员需要持有船上熟悉训练的证明文书。培训合格证包括两个层次，基本培训合格证（适用于船长、大副和驾驶员）和高级培训合格证（适用于船长和大副）。环北极八国都是该公约缔约国。船舶在北极航道航行对船长和船员的要求较高，需要掌握足够的冰区知识以及驾驭船舶在冰区航行的能力。在以往实践中，由于海员招募仅看重该海员是否有证书，该证书基于 STCW 1978 标准，并未提到足够的冰区航行

---

① 《国际动态｜国际强制性极地水域操作船舶船员资格要求和培训标准（草案）产生》，新浪网，http://blog.sina.com.cn/s/blog_c5a146fe0102vmwe.html，最后访问日期：2022 年 3 月30 日。另见大连海事大学国际公约研究中心网。

能力要求，从而带来极大的航行安全隐患。令人欣慰的是，IMO 人的因素、培训和值班分委会注意到了极区航行对船长和船员的特殊需求，着手起草极地水域操作船舶船员资格和培训标准，并与 MSC 配合以公约修正案的形式赋予对极区航行船舶的船长和船员的特殊要求强制约束力。在北极航道适用新的资格和培训标准，有利于减少事故威胁，为北极航行安全提供了软性保障。

通过对 IMO 框架内公约进行梳理和研究，笔者注意到 IMO 框架内公约对海上航行安全与搜救、油污事故及有毒有害物质污染事故的预防、反应与合作、海上倾废防治、海员培训等方面的问题作了较为全面的规定。这些问题也是北极航道大规模通航需要面对和解决的问题。这些公约的调整对象多为船舶，有些公约的调整对象则更为广泛，除了普通意义上的船舶外，还有航空器、平台或其他海上人工构造物。这些公约对在北极航道航行的船舶同样适用，而且 IMO 框架公约调整的船舶多为海船，这也符合UNCLOS 对船舶的适用范畴。从适用范围看，通常适用的海域包括领海、毗连区、专属经济区等，有的则适用于公海，环北极八国已达成在 UNCLOS框架下解决主权、主权权利和管辖权的共识。但现有 IMO 框架内公约直接适用于北极航道尚有一定的局限性。（1）IMO 框架公约在北极航道的适用不仅需要当事国为公约缔约国，还需以北冰洋沿岸国为公约的缔约国为前提条件。否则在沿海国的管辖海域范围内的航行事故、船舶油污、海上人命救助、沉船沉物打捞等还需受沿岸国国内法的管辖和制约。（2）大多数海事公约未将北极航道的极端气候和冰雪覆盖的具体情况考虑进去，在遇到具体问题时，缺乏针对性。考虑到北极脆弱的生态环境，在环境保护和污染防治问题上需要更高的要求和标准。（3）IMO 框架内公约在北极航道的适用还受到北极航道相关航段法律地位争议的牵制。如果北方海航道和西北航道视为沿海国的内水，则需完全受到国内法的管辖。相关国际公约和海事公约在北方海航道和西北航道的适用空间将受到挤压。

第二节　极地航行专门规范在北极航道的适用分析

极地特殊的地理环境决定了生态系统的单一性与脆弱性。一旦发生油污和其他污染，自身的修复缓慢，加之污染难以清理，将给脆弱的生态环境带来严重的后果。特殊的极地生态环境对在极地水域航行提出了更高的要求，如：（1）限制使用重油，采取措施减少黑碳和其他有害气体排放；（2）减少船舶灰水、垃圾和其他污染物的排放；（3）限制航行速度和噪音；（4）建立应急响应能力等。[①] 这催生了专门适用于极地的航行规则和标准。为了尽可能地维护海上航行安全和保护极地生态环境，IMO 采取了一系列的措施，逐步形成和完善了针对极地航行的各项规范。这些规范的表现形式包括指南、文件和规则等，从效力上，极地水域航行规范可分为无强制拘束力规范和有强制拘束力规范两类。

一　无强制拘束力的指南或文件

国际海运领域许多规则的发展都离不开海上事故的推动，在国际船舶油污损害赔偿领域体现得最为明显，国际社会对于极地航行法律规则的关注也是源自海上事故。1989 年，埃克森（Exxon）公司"瓦尔迪兹"（Valdez）号油轮在阿拉斯加海岸发生的事故引起了国际社会对制定一项新的极地航行法律规则的关注。在 1991 年 IMO 海上安全委员会第 59 届会议（MSC59/30/32）上，德国提议将"在极地水域航行的船舶应根据公认的船级社的规则，为适应极地条件适当加强抗冰性"纳入 SOLAS 公约。MSC 将此事提交给船舶设计和设备委员会（DE），该委员会允许成立一个外部工作小组提出关于在极地水域作业船舶的技术问题的建议。[②] 这项工作孕育了《极地水域操作船舶国际规则》的草案，该草案于 1998 年提交至 DE 第 41次会议（DE41/WP.7），旨在确保在极地水域航行的所有船舶都能达到"国际可接受的标准"。2001 年，DE 第 44 次会议原则上同意了刚制定的《北极冰封水域作业船舶指南》。随后在 2002 年 10 月 MEPC 第 48 次会议及 2002年 12 月 MSC 第 76 次集体大会上进行修改后正式通过了《北极冰封水域作业船舶指南》[③]，该指南从船舶构造、设备配备和操作限制几个方面为在北

---

① 杨剑等：《北极治理新论》，时事出版社，2014，第 327 页。

② J. Øystein, "Arctic Shipping Guidelines: Towards a Legal Regime for Navigation Safety and Environmental Protection", *Polar Record* 44, 2（2008）: 107 – 114.

③ MSC/Circ. 1056 – MEPC/Circ. 399.

冰洋水域航行的船舶提出了安全操作的标准和建议，虽然该指南不具有法律约束力，作为少有的专门适用于冰冻和寒冷环境的安全指南，在保护北极海洋环境和保障海上航行安全方面发挥了一定的作用。2004 年，第 27 届南极条约协商会议提请 IMO 对上述指南进行修改，以便使其也能适用于南极水域航行的船舶。2009 年 12 月 2 日，IMO 大会 A.1024（26）号决议通过了《极地水域营运船舶指南》，适用于南北极水域。

2007 年 IMO 大会通过 A.999（25）号决议，发布了《偏远地区客船航行指南》，指出了南北极水域的特殊性，建议客轮应充分了解冰情、洋流情况，包括前一年度冰情的统计数据；了解冰封水域的操作限制、掌握冰区导航设备和其他注意事项；掌握事故发生时的应急处理，包括弃船逃生训练和特种逃生设备的使用等知识和规程。① 2010 年，IMO 在马尼拉通过了《关于保证船长和船员在极地水域的船舶操作能力的措施》②，规定了极地水域航行的各项训练内容，并对领海相关人员的冰区航行能力要求作了规定。

二 强制性规则

除了上述无拘束力的指南和措施外，IMO《极地水域作业船舶操作国际规则》（以下简称《极地规则》）分别于 2014 年 11 月由 MSC 第 94 次会议和 2015 年 5 月 MEPC 第 68 次会议通过，并于 2017 年 1 月 1 日默认生效。这是专门适用于极地的具有法律拘束力的航行规则。《极地规则》对极地水域特定风险下的船舶航行安全和环境保护作了补充要求，涵盖了极地区域航行船舶的设计和建造、设备和操作、船员培训和船行安全，提高协调搜救行动能力等多项内容。

（一）《极地规则》的产生背景

2009 年 5 月，美国、丹麦和挪威向 MSC 第 86 次会议联合提议制定《国际极地水域船舶航行安全规则》，并获批准。该规则的制定工作自 2009 年 10 月在 DE 第 53 次会议上正式启动，成为该分委员会的优先任务。DE 就制

---

① Guidelines on Voyage for Passenger Ships Operating in Remote Areas, https://docs.imo.org/Category.aspx? cid = 34&session = 25.

② Measures to Ensure the Competency of Masters and Officers of Ships Operating in Polar Waters, IMO 于 2010 年 6 月在马拉尼公约（STCW）的修订大会上通过。

定强制性极地水域航行规则的事项分别在 54 次、55 次、56 次和 57 次会议上进行了讨论，确定了《极地规则》的总体框架；根据船舶耐受冰级的情况从高到低将船舶分为 A、B、C 三类①。其中，在第 55 次会议上，会议重申先解决 SOLAS 适用的客船和货船的问题，之后再分步考虑非 SOLAS 船舶和渔船的问题，并决定《极地规则》不与《南极条约》和 UNCLOS 的规定相冲突。② 在环境保护方面，第 55 次会议原则上支持新西兰和挪威提交的制定环境保护要求的提案，第 57 次会议决定关于规则草案中环境保护的内容将与 MEPC 协商，特别是涉及能效设计指数（Energy Efficiency Design Index，简称 EEDI）应用、重油使用和黑碳排放影响等问题。③

　　2014 年后，《极地规则》由新改组的船舶设计与建造分委会负责。该分委会在 2014 年 1 月 20～24 日召开的会议上，原则通过了《极地规则》的草案。为保证该规则的强制性，IMO 修订了 SOLAS 和 MARPOL 公约，在 SOLAS 公约中增加了"船舶在极地水域航行的安全措施"作为独立的一章（第 14 章）；在 MARPOL 公约中，增加了极地相关的规定，如附则 I 防止油污规则、附则 II 控制散装有毒液体物质污染规则、附件 IV 防止船舶生活污水污染规则、附则 V 防止船舶垃圾污染规则等，通过公约修正案的形式赋予《极地规则》强制约束力。这一阶段的规则草案，还留有一些有待解决的技术问题，分别交由 IMO 框架下相应的分委会考虑。

　　（二）《极地规则》的内容分析

　　2014 年 5 月 20 日，MSC 审查认可了关于极地海域航行安全的全新规定，标志着《极地规则》在迈向全球约束力进程中实现了跨越性的一步。《极地规则》的目标是"针对极地水域低温环境、高纬度、方位偏远和生态敏感性特点，在现有国际海事组织文件基础上，采用目标型规则制定方法，制定针对特定极地水域风险的船舶安全和环境保护补充要求"④。《极地规则》涵盖了极地区域船舶航行的方方面面，并应用于超过 500 总吨的所有

① A 类和 B 类船舶需分别满足 IACS 极地冰级 PC1－5 和 PC6－7 要求，C 类船舶不需要冰级。中华人民共和国海事局：《北极航行指南（东北航道）2014》，人民交通出版社，2014，第 4 页。

② https：//docs. imo. org/Category. aspx？ cid＝55&session＝55.

③ https：//docs. imo. org/Category. aspx？ cid＝55&session＝57.

④ 杨剑等：《北极治理新论》，时事出版社，2014，第 333 页。

客轮和货轮。①

《极地规则》既规定了强制性措施，也设有建议性条款。从框架上看包括Ⅰ、Ⅱ两部分。Ⅰ又分为A和B两个部分，前者包含安全措施方面的强制性规定，后者包含安全方面的建议性条款。Ⅱ也分为A和B两个部分，前者包含环境保护和污染防治方面的强制性规定，后者同样包含建议性条款。

关于Ⅰ安全措施部分，主要涉及以下内容。

防范风险是《极地规则》制定的初衷之一，考虑到极地特殊、恶劣的环境，事故发生概率大，航行风险高，故需要制定船舶航行规则。规则制定关注到了极区航行中可能涉及的风险来源，主要包括以下方面：（1）冰可能影响船体结构、稳定特性、机械系统、导航、室外工作环境，维护保养、应急准备任务以及安全设备和系统的故障；（2）水面结冰可能削弱稳定性和设备功能；（3）低温影响航行环境和人员工作、维护保养和应急准备任务、材料特性和设备性能、生存时间以及安全设备和系统的性能；（4）黑夜或白昼时间延长可能影响导航和人员航行；（5）高纬度影响导航系统、通信系统以及冰成像信息的质量；（6）地处偏远以及可能缺乏准确、完整的水文资料和信息、助航设备和航标的利用率降低、搁浅可能性增大，加之地处偏远、快速可布放合成孔径雷达（SAR）设施有限、应急响应迟缓和通信能力有限，有可能影响事件响应；（7）可能缺乏极地航行经验的船员，有可能造成人为错误；（8）可能缺乏适当的应急响应设备，有可能限制减灾措施的有效性；（9）恶劣的天气条件的迅速变化，有可能使事故升级；（10）对有害物质影响敏感的环境以及其他环境影响需要较长时间的恢复。规则制定也考虑到了以下情形：极地水域中的风险水平可能随地理位置、一年中的昼长与光照时间、冰覆盖范围等而产生变化。因此，规则对解决上述特定风险所需要的措施作了区别，同时对北极和南极水域也有所区别。

为向船东、船舶营运者、船长和船员提供有关船舶航行能力和局限性的足够信息以支持他们的决策程序，《极地规则》要求船上需携带《极地水

---

① 中华人民共和国海事局：《北极航行指南（东北航道）2014》，人民交通出版社，2014，第4页。

域操作手册》。规则要求，手册的内容应包括第 1.5 节[①]中所要求的评估有关船舶特有能力和局限性的内容。手册还应包括或提及：正常航行应遵循的特定程序、在极地水域发生事故时应遵循的特定程序、遭遇超出在功能要求中的船舶特定能力和局限性的情况时应遵循的特定程序以及在适当情况下利用破冰船帮助时应遵循的特定程序。为了对应上述功能要求，规则就极地水域操作中的条件、情况和程序等作了相应的规定。

规则要求船舶应适当地配备具有适当资格、训练有素及有经验的人员。考虑到经修订的 STCW 与本规则中的规定，应确保负责在极地水域航行的船舶上的船长、大副及负责航海值班的高级驾驶人员完成了获得与要担任的职位以及要承担的义务和职责相称的能力的培训。要求每一名船员熟悉与其分配的任务相关的《极地水域操作手册》中所包含的或提及的程序和设备。

为了保证在冰区的航行安全，《极地规则》还考虑到在冰的附着力条件下的船舶稳性需要，规定了稳定性和分舱；考虑到冰的附着力条件下的密封性应用，规定了防水防风整体性；以及对机械装置、消防安全和保护、救生设备与安排、航行安全、通信、航程计划、意外事故措施等作了强制性规定。《极地规则》还就冰级对应、结构整体性、最小引擎功率、安全航行速度、安全停泊距离、冰级证书、应急与逃生设备、保护极地文化遗产区域等提出了若干建议。

关于 II 环境保护和污染防治部分，《极地规则》要根据 MARPOL 附则 I – V 中相关项目，采取有效措施，做到以下几方面：（1）防止油和油混合物污染，为极地行驶船舶设计提供减少油污染风险的技术要求；（2）防止有毒液体物质污染，根据船舶大小、类型及其他特征提供相应的措施建议，禁止任何有毒液体倾注极地海域；（3）防止包装有害物质污染；（4）防止船舶生活用水污染；（5）防止船舶垃圾污染，禁止在极地冰面上倾倒垃圾，禁止在北极水域和冰面倾倒食品垃圾、动物尸体。本部分并就船舶在极地

[①]　根据第 1.5 节，当确定航行局限性时，应进行如《极地规则》所要求的评估，考虑下列因素：（1）预期的航行条件范围；（2）如适用，引言第 3 节中所列的灾害；（3）如果确定的话，其他的灾害。

水域航行涉及环境保护和污染防治等其他问题提出建议性措施和指导性建议。①

总之，专门适用于极地区域的航行规范正在制定和完善过程中，这些规范包括无拘束力的指南和有拘束力的规则，涉及船舶设计和建造、设备和操作、船员培训和船行安全、提高协调搜救行动能力等诸多方面。IMO 还将继续制定针对极地污染防治和环境保护的规则。IMO 通过修订 SOLAS 和 MARPOL 公约，在 SOLAS 公约中增加了"船舶在极地水域航行的安全措施"；在 MARPOL 公约中，作了若干修改，如对防止油污规则、控制散装有毒液体物质污染规则、防止船舶生活污水污染规则和防止船舶垃圾污染规则等附件作出相应的修改，通过修订现有海事公约赋予极地规则强制约束力。这对尚未涵盖北极航道客观情况的技术性规范和环境保护规范的修订具有借鉴意义。针对北极特殊情况完善相应的技术规则、海运危险货物规则、特殊的避碰规则和污染防治规则等，以对现有的海事公约体系进行补充和完善，是具有可行性和迫切性的。

《极地规则》的制定过程体现了多方参与、强调履约、顾及航行安全和环境保护、注重技术标准对履约的检测等特点，具有较强的执行力和可操作性。《极地规则》为通行于北极航道的船舶、人员和污染防治等作了统一的规定和建议，对化解西北航道和北方海航道法律地位的尴尬具有一定的促进作用。但需指出的是，《极地规则》并非专门适用于北极的航行规则，北极的海洋权益形势明显比南极复杂，而且《极地规则》主要体现为技术层面的规范，并不涉及争议航道的法律地位问题。

北极航道治理面临特殊的问题和困境，包括国际海洋法与沿海国国内法之间在航行制度规定上的冲突、现有国际航运规范和北极实际情况部分脱节、北方海航道和西北航道的法律地位争议短期内难以解决等问题。虽然目前极地航行相关规范的制定已经启动并取得初步成效，但《极地规则》仅从法律技术层面对极地航行问题作了规定，无法解决北极航道深层次的权益问题。而且《极地规则》主要是从船舶航行安全和环境保护方面作了补充规定，具有一定的局限性。北极航道治理的未来走向将受到上述法律

---

① 杨剑等：《北极治理新论》，时事出版社，2014，第 333 页。

问题的牵制和影响，这些法律问题的全面解决还有较长的路要走。在当前形势下，笔者认为专门适用于极地的航行规范和 IMO 框架内公约之间是专门法和一般法之间的关系，即极地相关规则有规定的，适用其规定，没有规定的，仍适用相应的 IMO 框架内公约，并在 UNCLOS 框架下，结合实践不断摸索和探寻北极航道治理之路。

第三节　IMO 框架内法律规范对北极区域协定的影响

北极现有区域治理机制在北极航道相关规则制定上是否发挥主要的引导作用，以及发挥何种程度的作用，也将是北极航道治理未来走向的重要考量因素。特殊的地缘环境和自然地理决定了北极法律规制和治理机制的多样化。现有的北极法律规制和治理机制呈现多主体、多层面、多领域的特征。全球性、区域性机构分别在不同的领域探寻北极事务治理和国际合作的途径，将在不同程度上对北极航道的未来走向产生影响。就北极现有区域性机制而言，北极理事会在北极航道治理中起着重要的作用。北极理事会承诺在国际海洋法和 IMO 框架内处理北极事务，这否定了八国闭门解决北极航道法律问题的猜测，为以采用开放的形式进行北极航道治理释放了积极的信号。

一　北极理事会在北极事务中的作用日渐凸显

目前的北极治理呈一定程度的胶着状态。环北极八国一方面限制域外国家参与北极治理决策，另一方面也鼓励域外国家在科学研究和调查、环境保护和监测以及基础设施建设和资金投入等方面有所贡献。北极事务的跨区域性决定了北极治理不仅仅是环北极八国的内部事务，在航运方面，环北极八国离不开与域外国家的合作。相应地，域外国家在北极地区依据 UNCLOS 在公海享有捕鱼、航行、科学研究、航行等利益以及依据区域或双边协定享有其他利益。

就北极事务而言，北极理事会已成为最重要的政府间论坛。北极理事会的前身是北极环境保护战略（AEPS）。1996 年之前，环北极八国间的合作领域和重点讨论事项主要集中在北极环境问题的多边合作上。随着北极事务的日渐复杂，八国于 1996 年 9 月在加拿大渥太华举行会议，宣布成立北极理事会，"北极环境保护战略"的相关工作随之纳入其中。

近二十年来，北极理事会经历了从松散到紧密，从单纯处理环境问题到综合处理北极事务，从发表仅具有软法性质的宣言、报告、决议到环北极八国以此为平台签署有约束力的文件的过程，在北极事务中的作用和影响力日渐提升。目前，环北极八国在北极理事会框架下已签署了三个有拘束力的文件，分别是 2011 年《北极海空搜救合作协定》、2013 年《北极海洋油污预防与反应合作协定》和 2017 年《加强北极国际科学合作协定》。

北极理事会讨论的议题广泛，航运也是其中的重要议题之一，与此相关的海洋油污预防、海上搜救等也在讨论之列。北极理事会曾于 2009 年通过《北极海运评估报告》，指出现有海运法律框架的不足，强调应综合考虑北极地区敏感的海运环境和原住民利益等因素，并在此基础上对适用于北极地区航运的法律框架作了展望。与航运相关的海洋油污预防、海上搜救等也在北极理事会讨论之列。北极航道情况以及开展航运的可行性问题是北极理事会重点关注的事项之一。《北极海运评估报告》是对环极航运活动的第一份全面的评述报告，其提供了关于未来可能的航运活动及其潜在影响的信息。评估报告在结论中强调，北极航运已大幅增加，有更多的到北极和在北极目的地之间的航次。这份报告对日后 IMO 极地规则的制定和完善起到了重要的推动作用。

努克会议是北极理事会开始制定有拘束力的协定的里程碑。2011 年 5 月 12 日，北极理事会第 7 次部长级会议在丹麦格陵兰举行，美国国务卿克林顿、俄罗斯外长拉夫罗夫等北极周边国家的部长级官员与会。会议发表了《努克宣言》，签署了首个具有法律约束力的文件——《北极海空搜救合作协定》，决定设立常设秘书处，设定了接受观察员的标准和程序，体现了北极理事会的职能实现跨越性转变。此次会议还有一项重要决定，即督促 IMO 加快极地航运规则的制定和出台进程。2013 年 5 月，在瑞典基律纳召开的部长会议上，环北极八国又签署了第二个具有法律效力的文件——《北极海洋油污预防与反应合作协定》。北极理事会还接纳包括中国在内的 6 个国家为正式观察员国，体现了在北极治理中的开放态度和合作需求。2019 年 5 月 6~7 日在芬兰的罗瓦涅米召开的第 11 届北极理事会部长级会议宣布增加 IMO 为北极理事会观察员。

二　IMO 为北极理事会制定拘束力协定提供支撑

北极理事会在北极治理中的作用日益凸显，职能也逐步加强。北极理事会的 8 个成员国分别于 2011 年和 2013 年签署的两个具有法律拘束力的区域协定均在 IMO 框架内法律规范的指导下进行，为北极航道治理开创了良好的开端。

（一）《北极海空搜救合作协定》

2011 年 5 月 12 日，北极理事会 8 个成员国代表签署了首个具有法律拘束力的文件——《北极海空搜救合作协定》，旨在提高在北极地区的海洋搜救能力，建立完善的航空与海洋搜救系统。根据该协定，北极被划分为 8 个搜救区域，环北极八国对各自搜救区域中发生的各类大小事故承担搜救职责，对各自搜救区域内的组织救援反应承担主要责任。缔约国承诺为遇险者提供搜救援助，无论其国籍或身份。① 协定的签署，为环北极八国在面积约为 3367 平方千米的地区内开展和协调以救生为目的的国际性航空和海上搜救行动提供了法律规范和依据。该协议提到了将环北极八国之外的国家间搜救合作规范纳入协议的可能，为其他国家参与北冰洋的海上搜救合作开启了友谊之窗。

总体而言，《北极海空搜救合作协定》是在前文提到的 UNCLOS、《国际海上搜寻救助公约》和 SOLAS 等一系列国际协议的基础上形成的，是北极海空搜救规制的组成部分，而非脱离国际法体系之外的地区性规则。国际上现行的海上安全和搜救相关操作框架和系统同样适用于北极，包括以下几种。（1）用于船舶跟踪的主要系统，包括船舶自动互救系统、船舶自动识别系统和远程识别与跟踪系统。需强调的是，根据 2006 年修正的 SOLAS，国际海域内大于 300 吨位的船只和油轮，需在距海岸线 1000 海里以上时，通过远程卫星识别和跟踪系统上传船舶身份、位置和日期等信息至数据收集中心，以提供给 SOLAS 签约国用于组织搜救。（2）导航与气象预

---

① https://arcticportal.org/ap-library/yar-features/421-arctic-search-and-rescue-agreement，最后访问日期：2022 年 3 月 31 日。

警系统。2008 年，IMO 批准了一项全球航行预警服务下的通用海洋安全广播系统，于 2011 年全面运行，适用于北极地区。北极新建的五个航行预警区域以及气象预警区域由俄罗斯、加拿大和挪威负责，地理边界为北纬 90°。1999 年 2 月以后，超过 300 吨位的船只和客船都必须配备全球海上遇险与安全系统下的通信和警报系统，在北极航道航行的船舶需配备各种设备。(3) 全球海上遇险与安全系统。其中，全球卫星搜救系统 (COSPAS-SARSAT) 卫星项目是其中的关键部分。在海上遇有突发事故的情况下，事故发生位置可通过无线电紧急定位信标 (EPIRB)① 传至卫星，然后由卫星转送各个地区控制站。目前，全球范围内的北纬 70°~75°地区可接收到这类警报。②

北冰洋的海上搜救活动面临着区域面积大、环北极八国搜救能力有限以及气候恶劣等挑战。随着海冰逐渐消融，北冰洋可航行的区域将向北扩展。北冰洋搜救面临着可用的卫星数量过少、覆盖不足的问题，此外还存在漂浮冰山导致的船舶遇险难以快速救援等问题，这不仅要求建立更完善的冰山和船只监测系统，还需要加强环北极八国与其他国家间的合作。

(二)《北极海洋油污预防与反应合作协定》

北极海洋油污预防和反应合作一直是北极理事会重点关注的领域。《北极海洋油污预防与反应合作协定》的制定工作始于 2011 年，当时的北极理事会部长级会议即已决定建立一个特别工作组制定关于北极海洋污染预防和应急的国际协议。2013 年环北极八国达成此协定，协定适用于在北极海域发生的或是对北极海域产生或可能产生威胁的油污事件。协定不适用于军舰、海军辅助船或是其他政府拥有或操作的船舶。

协定规定各缔约国应维持一个可以对油污事件迅速作出有效反应的国家系统。该系统应特别考虑最可能受到石油污染的活动和场合，预测生态特别重要区域的油污风险，至少包括一项国家应急计划或者若干项预防油污事件和对其作出反应的计划。各国应与其他方以及石油和海运业、港口

---

① 无线电紧急定位信标 (emergency position indicating radio beacon)，是 SOLAS 强制性规定的船舶设备。
② 肖洋：《北极海空搜救合作：成就、问题与前景》，《中国海洋大学学报》(社会科学版) 2014 年第 3 期，第 9~10 页。

管理机构和其他相关实体合作，建立最低层面的预先设置的油污拦阻设备；设立油污反应组织和相关人员培训的演练项目；建设油污事件反应的通信能力和计划；协调对油污事件反应的机制和安排，包括在可能的情况下动用相关资源的能力。各国还应指定国家油污事件系统的主管当局和联络点。任何一个缔约国在收到油污信息或者可能的油污信息后，应对事件进行评估，以确定是不是油污事件；对油污事件的性质、范围和可能的后果进行评估，包括在可能得到的资源内，采取适当的步骤来识别可能的后果；立即通知利益受到该油污事件影响或者可能受到影响的所有缔约国。当一方认为发生的油污事件极为严重时，应毫不迟延地通知其他各缔约国。协定意识到海洋油污对北极脆弱的海洋环境和原住民生计的威胁，旨在解决在北极环境中操作的特定风险，加强环北极八国在北极地区油污预防和应急的合作、协调以及共同协助，保护海洋环境免遭油污损害。从协定序言部分可看出，此协定并非孤立于其他国际协议之外，在制定的过程中也考虑到了 UNCLOS 以及 OPRC1990 等相关规定。北极地区的环境保护离不开各国的合作，北极面临的诸多问题需要在全球范围内探寻解决方案。[①]

上述两个协定的出台，反映了北极理事会对北极航运相关问题以及海洋油污预防和环境保护等问题的重视。近年来，北极理事会在推动 IMO 制定《极地规则》的过程中发挥着积极的作用，为北极航道治理提供了好的契机。IMO 则为区域协定的制定和执行提供了基本框架和技术支撑。但目前的北极地区形势是环北极国家抱团共同排外，同时，在跨区域事务上也离不开与域外国家的合作。北极理事会的机构设置决定了环北极八国的发言和决策权，在制定有拘束力协定的过程中更是如此。基于北极特定的环境状况及北极气候变化对全球的影响，面对航行安全、海上搜救以及海洋环境保护和污染防治等跨区域问题，区域协定的制定和执行应考虑域外国家的参与和合作。

第四节　小结

北极航道治理涉及海事安全、海上搜救、海洋环境保护和污染防治以

---

① Agreement on Cooperation on Marine Oil Pollution Preparedness and Response in the Arctic，https://oaarchive. arctic-council. org/handle/11374/529，最后访问日期：2016 年 1 月 9 日。

及海员培训等一系列的技术层面的法律问题。IMO 现有公约为北极航道治理涉及的上述层面问题的解决提供了框架。从既有 IMO 框架公约的调整对象和适用范围来看，这些技术性法律规范原则上均可及于北极地区。但 IMO 框架公约在北极地区的适用受到诸多因素的牵制：一是北极航道相关航段的法律地位尚存争议；二是当前多数 IMO 框架公约尚缺乏针对北极地区航行的专门规定和条款；三是 IMO 框架内公约的适用还取决于船旗国是不是公约的缔约国。IMO 制定的极地航行指南和规则，为规范北极航道的航行秩序提供了重要的依据。特别是《极地规则》作为专门适用于极地的具有法律拘束力的规则，是极地航行立法领域的一大进步。近年来，北极理事会以 UNCLOS 和 IMO 框架内法律规范为基础，制定并出台了具有拘束力的法律文件，包括《北极海空搜救合作协定》和《北极海洋油污预防与反应合作协定》。北极气候恶劣，油污防治以及环境保护面临更大的挑战，在现有国际法框架的基础上，这呼唤一个更为开放的、由不同利益相关国家参与的机制以协助各国共同面对和解决北极航道治理的困境。

第五章　北极航道治理面临的法律问题解决途径探析

北极航道治理面临的法律问题主要是北极航道的法律地位争议以及北极航道未来适用何种规则秩序。国家作为争议主体，彼此之间地位平等，但由于国际争议产生的原因错综复杂，争议的解决也受到国际关系各方面力量对比的制约。通常国际争议从性质上可分为政治性争议和法律性争议两类。但是在国际关系和国际法实践中，由于国际争议的性质、内容以及产生的原因复杂多样，上述两种性质的争议往往相互交错，很难截然分开。政治解决方法可以适用于任何性质的争议，只要当事国同意，均可以采取政治方法来解决国际争议。然而，无论是政治解决方法还是法律解决方法，无论是通过硬法还是通过软法解决问题，往往都需要从国际法与国际关系相结合的角度予以思考，必要时可通过国际争端解决机构或借助国际组织的力量来解决问题，即复合应用政治方法、法律方法处理不同国家在相关问题上的分歧。

第一节　以合作共赢为目标多边协商和探索共管途径

目前的国家实践尚无可直接适用于北极航道的治理模式。斯瓦尔巴地区、南极地区和马六甲海峡的管理模式，从不同角度为北极航道治理提供了启示。本节着重探讨了以现有国际法框架为基础，借鉴既有共管模式，由北极航道沿岸国、使用国及其他利益相关方共商北极治理模式的有效途径。

一 以现有规制为基础

在国际格局变化和全球化扩展的大背景下，全球治理和国际法正悄然发生变化，表现为国际规制突出全球人类共同利益的价值取向；全球治理主体呈多元化；国际规制工具呈"法律复合主义"（legal pluralism）的趋势，既包括国内层面的法律规范和国际层面的条约、国际习惯、一般法律规则、国际司法判例、国际仲裁等硬法，还包括国际或区域组织规制跨国活动处理全球问题的软法；国际规则的遵守机制更加灵活。① 通过协商解决问题和化解分歧是国际关系和国际法实践中的通行做法。冷战结束后，全球治理与国际法进入了"国际共同体时代"或"国际民间社会时代"，追求人类共同利益的价值取向成为这一时代的突出特征。《联合国千年宣言》所确立的21 世纪国际关系的最基本的价值，即自由、平等、团结、容忍、尊重大自然和共同责任，在北极航道治理中也同样适用。②

北极航道治理的未来走向，也将潜移默化地受到全球治理和国际法发展的影响。北极治理现有框架已在一定程度上体现出了当前的时代特征。正如前文提及的那样，北极治理的主体既包括国家，又包括北极理事会等区域性组织和 IMO 等全球性组织，具有治理主体多元化的特点。适用于该地区的国际或区域法律文件有公约、条约、协定、守则、宣言等，从效力上可分为有拘束力的硬法和无拘束力的软法。北极航道沿岸国的国内立法也是北极规制工具的组成部分，尽管沿岸国国内法律、法规和规定与国际法律规范间存在诸多有待统一协调之处。未来北极航道治理涉及的法律问题的解决可在现有北极规制框架的基础上，特别是依据 UNCLOS 在内的国际法以及 IMO 框架公约，本着互谅互让、相互包容的精神，进行友好协商，平衡和顾及不同的利益需求，化解矛盾和分歧，本着实现人类共同利益的价值取向，发展和完善相关法律制度，实现北极航道的和平利用，促使北极航道在未来真正发挥其"黄金水道"的作用。

---

① 曾令良：《全球治理与国际法的时代特征》，中国国际法学会主编《中国国际法年刊 2012》，法律出版社，2013，第 24~38 页。

② 曾令良：《全球治理与国际法的时代特征》，中国国际法学会主编《中国国际法年刊 2012》，法律出版社，2013，第 23~24 页。

UNCLOS 作为处理海洋事务的综合性国际法文件，为确定北极航道上重要海峡的法律地位和航行制度提供了国际法依据。鉴于北极航道由多个海峡组成，而北方海航道和西北航道上的重要海峡被航道沿岸国颁布的直线基线包围其中，航道沿岸国和使用国有必要通过协商的方式，对北极航道各航段采取的通行制度加以明确。从 UNCLOS 文本规定的标准来看，北极航道的大部分航段，符合连接公海或专属经济区的地理特征，属"用于国际航行的海峡"，应适用过境通行制或无害通过制。西北航道和北方海航道上的关键性海峡，具备连接公海或专属经济区的地理特征，比如西北航道连接东部的戴维斯海峡和波弗特海；北方海航道上的德朗海峡、德米特里·拉普捷夫海峡、维利基茨基海峡和喀拉海峡等中间均隔有公海。① 俄罗斯北方海航道和加拿大北极群岛水域航段中，存在由沿岸国的岛屿和该国大陆形成的海峡，岛屿向海一面有在航行和水文特征方面同样方便的穿过公海或穿过专属经济区的航道，可适用无害通过制。② 对于穿过用于国际航行的海峡的公海航道或穿过专属经济区的航道，可适用航行和飞越自由的规定③，比如白令海峡航段可考虑适用自由通行制。在协商的过程中，应考虑到沿岸国对于其北方安全的关切，强调北极航道的和平利用。此外，UNCLOS 对船舶在冰封区域的航行以及沿岸国在防治船只造成海洋污染方面的立法权限作了原则性规定。但由于 UNCLOS 相关条款规定得太过原则和笼统，在执行中存在争议和分歧。在未来北极航道的治理过程中，UNCLOS 将是重要的国际法文件，而对于 UNCLOS 条款的模糊性规定在执行中遇到的实际困难，相关国家应本着尊重自然、共同负责的价值观，结合实践，友好磋商，争取实现合作共赢。

IMO 框架内公约对船舶海上航行相关技术问题作了较为全面的法律规定，涉及航行安全、海上搜救、船舶污染防治、海员培训、事故处理等各个方面，虽然这些条约和规范在制定之初多数并未考虑北极航道的特殊环境状况和需求，但其为北极航道的航行规范的制定提供了框架和范本。特别是 IMO 制定的《极地规则》，为规范在极地这种极端气候环境下的船舶航

---

① 李志文、高俊涛：《北极通航的航行法律问题探析》，《法学杂志》2010 年第 11 期，第 63 页。

② 《联合国海洋法公约》第 38 条第 1 款、第 45 条第 1 款（a）。

③ 《联合国海洋法公约》第 36 条。

行提供了具有拘束力的法律依据，可直接适用于北极航道。IMO 成员国应充分利用 IMO 这一平台，磋商解决北极航运中遇到的实际问题，结合实际需求修改和增加相应的海事公约条款，以《极地规则》为基础，继续制定和完善适用于北极航道的法律制度。

北极理事会等区域性组织在北极治理中正发挥着越来越重要的作用。在北极的区域性机构包括北极理事会、巴伦支海欧洲北极理事会、极地科学亚洲论坛、欧洲北极论坛等；全球性机构包括 IMO、大陆架界限委员会、联合国政府间气候变化专门委员会等。这些机构分别在经济科技、环境保护、气候变化、北极航运、海域划界等不同的领域发挥作用。其中，北极理事会在北极区域治理中的作用尤为凸显。特别是环北极八国于 2011 年在北极理事会第 7 届部长会议上出台的《北极海空搜救合作协定》，标志着北极理事会从仅发布宣言等软法性质的文件向制定有拘束力的法律文件的功能转变。应借助北极理事会等区域治理平台，发挥其特殊的组织优势，继续推动和配合 IMO 完善极地航行和防污规范，鼓励北极沿岸国达成双边或多边协定，细化对 IMO 框架公约的执行，对环北极相关国家的国内立法与区域性和国际性法律文件进行协调，促进其制定的有拘束力的法律文件与包括 UNCLOS 在内的国际法和 IMO 框架下各类规范的衔接，增强各法律规范的可执行力和提高规范间的协调性。

二 借鉴既有模式

北极航道从过去的海上探险之路正在逐渐变成海上交通要道，巨大的角色转化、特殊的地理位置、复杂的地缘政治，以及碎片化的法律现状，是北极航道不同于其他海上交通通道的地方。在全球其他航道治理模式中，难以找到可直接套用于北极航道的模式。虽然没有可直接照搬到北极航道的治理模式，但通过对某些适用特殊管理制度的地区的研究，笔者注意到，也能从中找到一些可资借鉴之处。这些适用特殊管理制度的地区包括斯瓦尔巴地区、适用南极条约体系的南极地区。此外，马六甲海峡沿岸国和使用国间存在意见分歧，但并未影响到马六甲海峡在国际航运中作用和功能的发挥，马六甲海峡的管理模式对北极航道治理也有一定的启示。

（一）《斯约》模式

斯匹次卑尔根群岛（挪威称为斯瓦尔巴群岛）由荷兰人在北方寻求通

往中国和印度的航线时发现并命名。该群岛由包括斯匹次卑尔根岛（简称
"斯岛"）和熊岛在内的 9 个岛屿组成。1920 年 2 月 9 日，挪威、美国、英
国、丹麦、瑞典、荷兰及日本等 18 个国家在巴黎签订了《斯约》，1925 年
8 月 14 日《斯约》正式生效。2012 年 9 月，韩国的加入使《斯约》缔约国
增至 43 个。中国于 1925 年即已签署该条约，是该条约的缔约国，享有条约
规定的权利和义务。[①] 挪威政府于 1925 年正式宣布该群岛为它的一个行政
区，改称为斯瓦尔巴群岛。

根据《斯约》，挪威对这一地区享有主权，其他缔约国及国民则享有通
行权、采矿权、捕鱼权和狩猎权、科考权、使用无线电通信设备权以及停
靠权等。《斯约》也规定了缔约国需遵守的义务，主要体现为以下三个方
面。一是在斯岛的活动须遵守挪威国内法。《斯约》承认挪威对斯匹次卑尔
根群岛拥有充分和完全的主权，同时赋予挪威政府对在斯瓦尔巴地区的活
动制定法律法规的权利，《斯约》缔约国应遵守这些规定。挪威已制定的法
律法规涉及采矿、税收、易燃易爆物品管理、相关水域运载乘客船只管理、
旅游、环境保护等多个领域。二是各国在斯岛的活动需履行相关国际公约
义务。挪威签订的生物多样性公约、气候变化框架公约、京都议定书以及
环境保护的国际公约等均适用于斯岛。三是各国在斯岛的活动须是非军事
化的，《斯约》第 9 条规定在斯岛陆地及其领海不应建立任何海军基地，并
保证不在该地域建立任何防御攻势。

（二）《南极条约》体系

在历史上，有国家依据发现、先占、扇形理论等，对南极提出过领土
要求。继 1908 年英国首次根据"扇形理论"对南极提出主权要求后，至
1946 年，新西兰、澳大利亚、法国、挪威、智利和阿根廷也先后宣告各自
在南极洲的领土主权范围。上述国家间的主权主张范围存在重叠和争议，
特别是英国、阿根廷和智利间的领土主张大部分重叠。[②] 美国和俄罗斯不承
认任何对南极领土的要求，也不提出自己的领土要求，但保留其提出自己
领土要求的权利。其他一些拉美国家，如巴西、乌拉圭、秘鲁也曾考虑过

---

① 卢芳华：《〈斯瓦尔巴德条约〉与我国的北极利益》，《理论界》2013 年第 4 期，第 88 页。
② 甘露：《南极主权问题及其国际法依据探析》，《复旦学报》（社会科学版）2011 年第 4 期，
　第 119 页。

是否对南极提出领土要求。为实现南极专用于和平目的，避免这一地区成为国际纠纷的场所，1959 年 12 月 1 日，英、美、苏等 12 个国家签署《南极条约》。中国于 1983 年加入《南极条约》。《南极条约》适用于包括冰架在内的南纬 60°以南的所有地区，冻结了各国在这一地区的领土主张，规定南极洲应仅用于和平目的。1961 年 6 月 23 日起，《南极条约》正式生效，并与其后签署的包括生物资源、环境保护等各领域的系列条约一并形成了《南极条约》体系。《南极条约》体系为相关国家在南极的科考、环保等和平利用活动提供了法律规范。

（三）马六甲海峡模式

马六甲海峡连接印度洋和太平洋，是一条重要的海上通道，国际社会将其视为"用于国际航行的海峡"。但马六甲海峡又具有领海海峡的性质，其东南部处于新加坡和印度尼西亚两国领海范围内的最窄处不足 24 海里。作为海峡沿岸国，印度尼西亚、马来西亚和新加坡通过声明和协议建立了自己的通行制度。[①] 马六甲海峡在历史上曾被用作各国航行的国际航道，当时三个沿岸国分别是荷兰和英国的殖民地，无一国能垄断控制马六甲海峡。三个沿岸国先后独立以后，于 1971 年 11 月发表联合声明，坚决反对马六甲海峡的国际化，宣布该海峡不是国际海峡，决定成立合作机构，共同管理海峡事务，负责海峡安全。该声明在承认各国船舶在马六甲海峡享有无害通过权的同时，要求外国船舶通过海峡时必须遵守沿岸国的法律和规章，飞机飞越海峡时需征得相应沿岸国的事先同意，军舰通过海峡时，需事先通知印度尼西亚和马来西亚。1977 年 3 月，三国又签署了《关于马六甲海峡、新加坡海峡安全航行的三国协议》，对上述原则予以重申。[②] 实践中，各国在马六甲海峡的通行遵守了上述声明和协议，承认了三国设立的海峡通行制度。

上述三种模式，虽然不能完全套用在北极航道治理中，但对北极航道的治理方式皆有所启示。《斯约》的签署，既照顾到了挪威的利益，在明确主权归属的情况下，又照顾到了其他缔约国的诉求，为其他国家在这一地区的科研、采矿、自由进出等提供了便利，实现了斯瓦尔巴地区的非军事

---

① 文铂：《马六甲海峡通行制度及其管理》，《国际研究参考》2013 年第 8 期，第 21 页。
② 文铂：《马六甲海峡通行制度及其管理》，《国际研究参考》2013 年第 8 期，第 22 页。

化以及和平利用。《南极条约》及其一系列的协定，冻结了各国的领土主张，改写了南极被瓜分、为相关国家分而治之的命运。《南极条约》体系为保护南极环境、保障和平利用、实现科研价值提供了法律依据和规范。马六甲海峡沿岸国设立的海峡通行制度，既顾及了海峡使用国的利益，为各国船舶的通行提供了便利，又顾及了海峡沿岸国的关切，化解了各国因马六甲海峡法律地位和通行制度争议而僵持不下的尴尬，从而使马六甲海峡在国际航运中发挥了不可忽视的作用。笔者并不赞同在北极地区单由航道沿岸国制定协议对北极航道进行管控，笔者认为应由包括沿岸国、使用国在内的航道利益国共商北极航道应适用的管理制度，但马六甲海峡管理模式所给予的启示是兼顾航道沿岸国和使用国等各方利益和关切才是解决航道法律地位争议的途径。

三　探索共管途径

北极航道作为未来的黄金水道，具有潜在的航运价值、经济利益和政治军事战略利益。北极航道问题的解决还涉及北极地缘政治和海洋权益等深层次的问题。如何正确面对北极航道的法律地位争议，兼顾沿岸国和航道使用国间的利益，妥善处理北极航道涉及的政治经济安全问题，实现航道的共同开发利用和各方利益共赢，是当前面临的重要课题。北极航运是跨区域问题，牵扯到不同国家的不同层面的利益，探讨恰当的共同管理方式，是值得考虑的一种选择。斯瓦尔巴地区、南极地区以及马六甲海峡的管理方式，从不同侧面为北极航道的未来治理提供了启示。要实现北极航道法律制度的协调统一，解决当前法律的碎片化问题，沿岸国和航道使用国间可通过共同磋商，寻求利益契合点，探索航道共管之路。具体有以下几点建议。

一是由不同利益方协商管理北极航道事务。借鉴现有模式，由北极航道沿岸国、使用国以及其他利益相关方共同签署一个专门适用于北极航道的条约，在现有 UNCLOS、IMO 框架内公约和极地航行规则及相关规制的基础上协商而成。通过该条约规定北极航道各航段应适用的航行制度，尽可能地为出于和平目的利用航道的船舶提供航行便利；明确北极航道的非军事化以及和平利用性质，禁止在洋底放置、试验核武器和大规模杀伤性武器，预防和遏制北冰洋成为核武器竞赛的场所；以保护北冰洋的脆弱生态环境为目的，由航道沿岸国和使用国就带有潜在环境威胁的特殊船舶共商制定分类清单，将具有特殊危险性质的船舶列入适用严格规则的清单。

理顺 UNCLOS 和 IMO 框架内公约规则等国际法律规范、区域协定以及沿岸国国内法间的关系，是北极航道治理面临的重要任务。UNCLOS 作为一部海洋宪章性质的公约，某些条款仅作了原则性的规定，缺乏具体的标准，比如第 234 条"冰封区域"条款。IMO 制定的诸多公约中多数缺乏针对北极的专门条款。专门适用于北极航道的条约可作为连接现有国际法和沿海国国内法的桥梁，可就 UNCLOS 第 234 条"冰封区域"等条款制定更为细化的标准，提高 UNCLOS 相关条款的可执行性，并可就北极航道通航面临的航行和环保技术性问题作出有针对性和可操作性的规定。

由于北极航道的法律地位存在争议，加拿大和俄罗斯单方制定国内法律法规，分别对西北航道和北方海航道进行管控。北极航道沿岸国和使用国应分别承担的国际法权利和义务并不明确。该条约作为专门针对北极航道事务的条约，有必要明确航道沿岸国和使用国的权利和义务。就北极航道沿岸国的权利而言，航道沿岸国除了和使用国一样享有和平利用北极航道的权利外，还享有 UNCLOS 等国际公约赋予的其他权利，如对在冰封区域航行的船舶制定有别于在其他专属经济区的环境保护专门法律和规章，以达到防止、减少和控制海洋环境污染的目的。就北极航道沿岸国的义务而言，航道沿岸国有义务根据其北极水域冰况的实际情况，以可信的环境资料和科学数据为依据划定冰封区域，制定专门的法律制度。对冰封区域之外海域，则应尊重其原有的法律地位。外国船舶通过其领海、毗连区、专属经济区或是"用于国际航行的海峡"，应分别适用 UNLCOS 规定的航行制度。沿岸国还负有通知、救助等义务，包括妥为公布其所知的北极航道内或航道上空对航行或飞越有危险的任何情况；当发生海难时，及时通知船舶所属国，并采取措施救助船上人员，提供必要协助，避免损失扩大等义务。沿岸国和使用国应对相关事项通过协议进行合作，包括"在海峡内建立并维持必要的助航和安全设备或帮助国际航行的其他改进办法"，和"防止、减少和控制来自船舶的污染"。[①] 其他国家则均享有和平使用北极航

———————————
① 《联合国海洋法公约》第 43 条。

道的权利。航道使用国的船舶在不损害沿岸国的和平、安全和良好秩序的前提下在领海享有连续不停、迅速通过的权利，沿海国不应妨碍或予以停止；在"用于国际航行的海峡"航行时应享有过境通行或无害通过权；在专属经济区则享有更为宽松的航行权利。就航道使用国的义务而言，各国有义务保证北极航道仅限于和平使用，不得在航道沿岸设立军事设施、驻防海军或埋伏潜艇；有义务保护北极航道内的生态环境。使用国在航行于北极航道时，不应损害沿岸国的和平、良好秩序或安全。鉴于北极气候环境问题的跨区域性特征，建议允许各国在不损害沿岸国相应权利和公共秩序及不破坏生态环境的前提下，在北极航道相关海域开展海洋科学研究，以便于更多地掌握环境资料和数据，实现信息数据共享，减少海上事故的发生，更好地保护北极环境。

二是由不同利益方成立北极航道事务组织协调机构。在上述专门适用于北极航道的条约的框架内，设立一个北极航道组织协调机构，由北极航道沿岸国和使用国以及其他利益相关国共同参与，赋予不同利益相关国家平等的发言权，确保北极航道的和平利用，保护航道内的生态环境和航行安全。成立专门的北极航道事务组织协调机构一方面是出于北极地区是一个特殊自然地理单元的考虑，北极航道本身自然条件特殊，且随着气候变化，冰况处于变化之中，成立组织协调机构将有利于根据形势发展和现实需求及时采取措施，有效管理北极航道事务；另一方面是出于北极地区现有法律制度碎片化的考虑，成立组织协调机构有利于将现有的不同领域和不同方面的法律制度协调起来，并有利于监督航道沿岸国的国内立法和国际法律制度间的协调发展。

该组织协调机构可考虑建立常设机构，并定期组织召开会议，由协议成员国派代表参加，包括但不限于履行以下职责。第一，管理北极航道日常事务，包括设立、管理和监督使用航行援助或生态环境保护基金。第二，对海洋环境的保护和保全提供可靠的科学证据，为北极航道沿岸国划定冰封区域提供具体建议。第三，应对和处理北极航道突发事件，监督北极航道的航行安全，预防和控制有毒有害物质的排放，并协助设立小型船只识别系统和海潮、风力等测量系统等。第四，协调解决相关争议，妥善处理船舶碰撞、船舶污染等事故，协同沿岸国及船旗国调查事故发生原因，确定损害赔偿责任及损害赔偿范围，提出相应解决方案。第五，与北极理事会建立的北极搜救制度相协调，配合海上搜救工作。第六，对北极航道不断涌现的新问题进行探讨并提供解决方案等。

三是以现有国际法框架为基础继续制定和完善相关规制。对于北极航道通航中遇到的法律技术层面的具体问题，比如环境保护、污染防治、海上搜救、船舶标准、船员培训等，现有 IMO 框架内公约、规则和区域协定等已有可适用于北极地区的专门规定的，直接将其适用于北极地区。对于现有国际或区域法律框架中未作专门规定的事项，可考虑在 IMO 框架内继续制定和完善相关规则。区域协定的制定和执行，应兼顾各利益相关国的关切，不得违背 UNCLOS 以及 IMO 框架内公约和规则的精神和内容。

第二节　以法律途径解决北极航道问题的潜在可能性分析

使用法律方法解决争议一般可采取仲裁或诉讼等方式。通常情况下，无论是诉讼还是仲裁，均需争端当事国之间达成协议或双方均就同一争端解决程序作出接受管辖声明，才可启动相应的程序。但 UNCLOS 附件七规定了具有强制性特征的仲裁程序，如果一国就第 234 条"冰封区域"条款的解释或适用引起的争端提起附件七仲裁，则俄、加能否规避该程序的适用值得深思。从现有仲裁案例来看，依据附件七成立的仲裁庭有扩大解释自身管辖权的倾向。俄罗斯和加拿大虽然就 UNCLOS 第 298 条第 1 款规定的事项作了排除管辖声明，但北极航道法律地位争议仍有强制提交这一程序的风险。除此之外，国际海洋法法庭全庭的咨询意见管辖权问题也值得商榷。咨询意见有别于司法程序，不针对具体的争端，也不具有法律拘束力，但由权威司法机构作出的咨询意见，影响力不可小觑。

一　诉讼程序

北方海航道和西北航道相关法律问题的解决是确定未来北极航道法律适用问题的关键一环。如果将北方海航道和西北航道界定为沿海国内水，则外国船舶通行于上述航道需完全接受沿海国的管辖；如果将其界定为用于国际航道的海峡，则外国船舶通行于北方海航道和西北航道，则可适用过境通行制或无害通过制。与此相关的还有 UNCLOS 第 234 条 "冰封区域" 解释和适用问题等。上述问题涉及 UNCLOS 的解释和适用问题，此类问题能否提交国际法院或国际海洋法法庭解决，取决于争端双方是否形成合意选择了相应的程序。因为只有经争端当事国同意，才可适用相应的诉讼程序，通过国际法院或国际海洋法法庭就某一争端作出判决。

UNCLOS 第 15 部分专门就 "争端的解决" 作了规定，其中第 2 节规定了 "导致有拘束力裁判的强制程序"，根据该节下的第 287 条第 1 款，缔约国有权选择国际海洋法法庭、国际法院、按照 UNCLOS 附件七组成的仲裁法庭以及按照附件八组成的处理其中所列的一类或一类以上争端的特别仲裁法庭，解决有关公约的解释或适用的争端。缔约国可任择上述一种或多种程序。

就诉讼程序而言，俄罗斯仅就船舶和船员的快速释放争端选择通过国际海洋法法庭解决，未选择国际法院解决有关其他 UNCLOS 的解释和适用的争端。[①] 加拿大则选择通过国际海洋法法庭解决关于该公约的解释或适用的任何争端，也未选择国际法院。[②] 俄加两国均根据该公约第 298 条第 1 款（a）、（b）、（c）作出了排除第 287 条规定的一种或多种程序管辖的声明，排除的事项包括海洋划界、历史性海湾或所有权，包括从事非商业服务的政府船只和飞机的军事活动在内的军事活动争端以及相关主权权利和管辖权的法律执行活动等争端。换言之，涉及上述内容的争端，俄加不接受第 15 部分第 2 节规定的 "导致有拘束力裁判的强制程序"。

总体而言，关于北方海航道和西北航道相关法律问题，若诉诸国际海洋法法庭或是国际法院作出判决，均需获得当事国俄、加的同意，否则不能被强制拖入司法程序。[③] 正如伊恩·布朗利所言："一般国际法上不存在解决争端的义务，以正式法律程序寻求解决的程序取决于当事各方的同意。"[④]

---

① Settlement of Disputs Mechanism，http://www.un.org/depts/los/settlement_of_disputes/choice_pro-cedure.htm，最后访问日期：2015 年 9 月 20 日。

② Settlement of Disputs Mechanism，http://www.un.org/depts/los/settlement_of_disputes/choice_pro-cedure.htm，最后访问日期：2015 年 9 月 20 日。

③ 临时措施案件除外。

④ 〔英〕伊恩·布朗利：《国际公法原理》，曾令良、余敏友等译，法律出版社，2007，第 623 页。

争端方形成合意是提起国际司法或仲裁程序的通常做法，国际法院基于争端方的同意而对国家之间的诉讼案件具有管辖权。管辖权取决于当事方意愿，这体现在《国际法院规约》第 36 条的原则中，在伊恩·布朗利看来，正是"各国主权平等的一种必然结果"①。

就目前情况分析，将北方海航道相关法律问题诉诸国际法院或国际海洋法法庭的可能性不大。因为从俄罗斯作出的选择司法管辖程序的声明来看，俄罗斯对通过司法途径解决海上争端持审慎态度，尽管选择了国际海洋法法庭来解决争端，但将交付管辖的事项限定在了船舶和船员的快速释放争端上，且就 UNCLOS 第 298 条第 1 款下的全部事项均作出了排除强制管辖声明。加拿大在接受司法途径解决西北航道相关法律问题上则存在一定的空间。除根据 UNCLOS 第 298 条第 1 款已排除的管辖事项外，加拿大还选择国际海洋法法庭解决关于 UNCLOS 的解释或适用的任何争端。这为通过国际海洋法法庭解决西北航道相关法律问题，例如加拿大北极水域的环境保护以及第 234 条"冰封区域"的解释或适用等问题提供了可能性。在接受国际法院管辖的问题上，加拿大曾经历过反复的阶段。1970 年，加拿大作出对国际法院的排除管辖声明，将渔业和污染问题排除国际法院的管辖。② 随着直线基线的公布，加拿大于 1985 年撤回了排除国际法院管辖的声明。加拿大时任外长称："准备支持我们的立场……通过法院，如果必要的话。"③ 从排斥国际法院的管辖到主动提出如有必要将在国际法院坚持立场，反映了加拿大维护北极群岛水域主权的坚决态度、十足信心。直至 1994 年 5 月 10 日，加拿大又撤回了接受国际法院强制管辖的声明④，并制定了一系列的法律、法规和规章等对其北极水域的航运进行管理。这一反复的过程反映

---

① 〔英〕伊恩·布朗利：《国际公法原理》，曾令良、余敏友等译，法律出版社，2007，第628 页。

② Canadian Declaration Concerning the Compulsory Jurisdiction of the International Court of Justice (April 7, 1970), reprinted in *Int'l Legal Materials* 9 (1970): 598 – 599.

③ J. Clark, Minister for Foreign Affairs, House of Commons, Debates, September 10, 1985, p. 6463; 参见 Ted L. McDorman, "The Northwest Passage: International Law, Politics and Cooperation", in Myron H. Nordquist, John N. Moore and Tomas H. Heidar, *Changes in the Arctic Environment and the Law of the Sea* (Leiden: Martinus Nijhoff Publishers, 2010), p. 235。

④ Notification in Relation to the Compulsory Jurisdiction of the International Court of Justice, 10 May 1994, http://www.un.org/Depts/los/LEGISLATIONANDTREATIES/PDFFILES/CAN_1994_Notification.pdf, 最后访问日期：2014 年 9 月 16 日。

了加拿大在接受国际法院解决北极群岛水域法律地位问题上的纠结。

　　总之，如果通过诉讼程序解决北极航道相关法律问题，需由争端国就某项或某几项具体争端达成协议并提交国际法院、国际海洋法法庭或其他司法机构，或双方就同一争端解决程序作出接受管辖声明。具体到北方海航道和西北航道的法律地位问题的解决方式上，俄、加均对通过诉讼程序解决争端采取了审慎的态度，但对于涉及航道的非敏感领域的海洋法律问题，并不排除争端国通过协议提交某一司法机构判决的可能性。

二　仲裁程序

　　仲裁程序与司法程序的本质区别在于仲裁中当事方可灵活地决定所适用的法律及仲裁庭的组成。仲裁常能为争端方提供较多的灵活性。[①] 这在《和平解决国际争端公约》中有所体现。与司法程序相似，启动仲裁程序通常也需当事国一致同意。在此情形下，北极航道相关法律问题是否可诉诸仲裁，向何机构提起仲裁，很大程度上取决于当事国的意愿，在此不再赘述。但在 UNCLOS 第 287 条第 1 款规定的导致有拘束力裁判的争端解决程序中，UNCLOS 附件七中的仲裁不同于传统的仲裁，其更像一个兜底程序。该程序不仅适用于争端双方都同意将争端提交 UNCLOS 附件七规定的仲裁的情形，还可能出现端国单方启动并推动仲裁的情况。[②]

　　以俄罗斯为当事国一方的"北极日出号"案，在俄罗斯明确表示既不接受有关"北极日出号"破冰船案件的仲裁程序，也不出席有关临时措施的审理的情况下，开启了"一案两诉"的局面。2013 年 10 月，荷兰就"北极日出号"船舶船员扣押事件，对俄罗斯提起 UNCLOS 附件七下的仲裁，并请求国际海洋法法庭规定"临时措施"。本案起因于绿色和平组织租用荷兰籍船舶"北极日出号"，在伯朝拉海试图登上俄罗斯一家公司的海上钻井平台以抗议俄罗斯开采北极石油。俄边防人员登临了位于俄罗斯专属经济区内的"北极日出号"，扣押了船上来自 19 个国家的 30 名人员，并向俄罗

---

① 〔英〕蒂莫西·希利尔：《国际公法原理》（第二版），曲波译，中国人民大学出版社，2006，第 224 页。

② 《联合国海洋法公约》附件七第 1 条规定，"在第十五部分限制下，争端任何一方可向争端他方发出书面通知，将争端提交本附件所规定的仲裁程序"。

斯国内相关司法机构提起控诉。俄罗斯的地方法院随后分别作出羁押船舶上所有人员和扣押船舶的裁决和命令。

荷兰作为"北极日出号"的船旗国,针对俄罗斯上述行为先后提起了UNCLOS附件七中的仲裁和临时措施请求。2013 年 10 月 4 日,荷兰正式对俄罗斯提起仲裁程序。同年 10 月 21 日,荷兰又根据 UNCLOS 第 290 条第 5款,将此案诉至国际海洋法法庭,请求国际海洋法法庭就"北极日出号"作出立即无条件放船放人的"临时措施"的决定。国际海洋法法庭应荷兰申请,经紧急审理,于同年 11 月 22 日发布命令,宣布在荷兰出具 360 万欧元的保释金的情况下,俄罗斯释放"北极日出号"破冰船以及被扣押船员,并允许船只和船员离境。俄罗斯拒绝执行上述决定,而是通过国内法灵活地解决了相关问题。

2014 年 1 月,在俄罗斯不参与仲裁也不指定仲裁员的情况下,附件七仲裁庭完成了组建任命工作。俄罗斯在相关照会中称,已通过声明排除了 UN-CLOS 第 15 部分第 2 节即"导致有拘束力裁决的强制程序"对"关于行使主权权利或管辖权的法律执行活动的争端"[①]的管辖。在裁定过程中,仲裁庭首先确认了本案存在关于 UNCLOS 解释和适用的争端。进而认为,第 298 条第 1 款 (b) 规定的事项包括以下几个方面[②]:一是关于沿海国行使关于专属经济区和大陆架上的海洋科学研究的权利或斟酌决定权引起的争端[③];二是因沿海国命令暂停或停止一项研究计划而引起的争端[④];三是关于沿海国对专属经济区生物资源的主权权利或行使此类权利的争端[⑤]。仲裁庭认为本案涉及的争端与海洋科学研究或渔业无关,不属于上述中的任何一类,因而不能排除仲裁庭对本案的管辖权[⑥],并对该仲裁案继续进行了审理。[⑦]

---

① 《联合国海洋法公约》第 298 条第 1 款 (b)。

② Award on Jurisdiction Dated 26 November 2014, para. 75, https://pcacases.com/web/sendAttach/1325, 最后访问日期: 2022 年 3 月 31 日。

③ 《联合国海洋法公约》第 297 条第 2 款 (a) (1) 和第 246 条。

④ 《联合国海洋法公约》第 297 条第 2 款 (a) (2) 和第 253 条。

⑤ 《联合国海洋法公约》第 297 条第 3 款 (a)。

⑥ Award on Jurisdiction Dated 26 November 2014, paras. 76 – 78, https://pcacases.com/web/sendAttach/1325, 最后访问日期: 2022 年 3 月 30 日。

⑦ 密晨曦:《国际海洋法法庭 2013 年审理案件的新进展》,中国国际法学会主编《中国国际法年刊 2013》,法律出版社,2014,第 624 ~ 628 页。

俄罗斯、加拿大均选择了附件七仲裁程序作为有关 UNCLOS 的解释或适用的争端解决方法之一，在争端国与俄或加达成一致意见的前提下，将北方海航道或西北航道中涉及 UNCLOS 的解释和适用的争端提交附件七中的仲裁解决是无悬念的，但两国也均就 UNCLOS 第 298 条第 1 款规定的事项作了排除管辖声明。本部分着重探讨的情形是，在俄、加不同意将北方海航道和西北航道相关法律问题提交仲裁的情况下，其他国家能否单方提交并推动仲裁程序。

UNCLOS 附件七仲裁的强制性特征具体表现为以下几个方面。一是附件七仲裁的提起不以争端当事国间的协议或合意为必要条件。在争端国一方未选择第 15 部分第 2 节规定的争端解决方法，或是争端双方虽都选择了争端解决方法，但未选择同一程序的情况下，即使双方之间没有协议，仲裁仍有可能由单方提起和推动。二是一方不参与任命和协商指定仲裁员不影响仲裁法庭的组成。三是争端一方不出庭不能阻止仲裁程序的进行。附件七仲裁第 9 条规定，"如果争端一方不出庭或不对案件进行辩护，他方可请求仲裁法庭继续进行程序并作出裁决。争端一方缺席或不对案件进行辩护，应不妨碍程序的进行"。但同时该条也规定，仲裁法庭在作出裁决前，必须查明"对该争端确有管辖权"，且所提要求在事实上和法律上均确有根据。四是附件七仲裁作出的裁决具有拘束力。附件七第 11 条进一步规定，除争端各方事前议定某种上诉程序外，仲裁法庭作出的裁决不得上诉。

但是附件七仲裁的强制适用需要受到诸多具体条件的制约。因此，作为 UNCLOS 第 2 节规定的争端解决方法之一，附件七仲裁应在公约争端解决机制的整体性的基础上进行探讨。UNCLOS 第 286 条明确规定，在第 15 部分第 3 节限制下，有关公约的解释或适用的任何争端，如已诉诸第 1 节而仍未得到解决，经争端任何一方请求，应提交根据第 2 节"具有管辖权的法院或法庭"。可见，虽然第 2 节规定了"导致有拘束力裁判的强制程序"，但此节的适用要受到第 1 节"一般规定"和第 3 节"适用第 2 节的限制和例外"的制约。

UNCLOS 第 15 部分第 1 节依据国家主权平等原则，规定了对有关公约的解释或适用的争端的自愿解决，强调了各国自由选择解决争端方法的优先权。争端国单方诉诸附件七的仲裁程序，需以已履行第 15 部分第 1 节的规定但未能解决争端为前提。协议解决争端和"交换意见"等义务是判断第 1 节争端解决方法是否用尽的重要内容。第 280 条强调了缔约国可于任何时候协议用自行选择的和平方法解决相关争端的权利，尊重争端各方协议选择任何和平方法解决争端的优先地位。第 281 条规定，缔约国关于公约的解释或适用的争议，只有在双方自行选择的解决方式没有达成结果且双方的协议未排除任何其他程序的情况下，或在双方同意的规定期限内没有达成解决的情况下，才适用公约关于争端解决的程序。第 282 条进一步规定，如果缔约国在一般性协定、区域性协定、双边协定或以其他方式签订的协议中，规定了争端解决方法，则应按照协议规定的方式解决争端。

附件七仲裁程序的强制适用还需受到第 15 部分第 3 节的制约。第 3 节规定了适用第 2 节的限制和例外。缔约国如果已根据第 298 条通过书面声明将部分争端排除在导致有拘束力裁判的强制程序之外，则"不接受"国际司法或仲裁对相关事项的管辖。俄、加均根据第 298 条对第 1 款（a）、（b）、（c）规定的事项作了排除管辖声明，意味着可以排除公约附件七仲裁管辖的事项包括以下方面：一是关于海洋划界相关条款在解释或适用上的争端，包括领海划界、专属经济区划界和大陆架划界，或涉及历史性海湾或所有权的争端[1]；二是关系到陆地领土主权和相关权利的争端，即必然涉及同时审议与大陆或岛屿陆地领土的主权或其他权利有关的争端；三是关于军事活动的争端，包括从事非商业服务的政府船只和飞机的军事活动的争端，以及公约明确规定不属法院或法庭管辖的法律执行活动争端[2]；四是关于国家安全的争端，即由联合国安全理事会执行《联合国宪章》所赋予的职务的争端[3]。对于已通过声明排除管辖的争端，只有经争端各方达成协

---

[1] 关于划定海洋边界的第 15 条、第 74 条和第 83 条在解释或适用上的争端，或涉及历史性海湾或所有权的争端，但如这种争端发生在《联合国海洋法公约》生效之后，如果经争端各方谈判仍未能在合理期间内达成协议，则作此声明的国家，经争端一方请求，应同意将该事项提交附件五第 2 节所规定的调解。不同于仲裁或司法程序，调解委员会的报告包括其结论或建议，对争端各方无拘束力。

[2] 此处指《联合国海洋法公约》第 297 条第 2 款和第 3 款规定的不属法院或法庭管辖的关于行使主权权利和管辖权的法律执行活动的争端。

[3] 但安全理事会决定将该事项从其议程删除或要求争端各方用《联合国海洋法公约》规定的方法解决该争端的除外。

议，才可适用包括公约附件七仲裁在内的导致有拘束力裁判的强制程序。①

从法理上讲，北方海航道和西北航道的相关法律问题，对于涉及国家主权主张、历史性权利、军事活动或因沿海国在管辖海域行使主权权利或管辖权的法律执行活动引发的某些涉及海洋科学研究以及渔业的争端等②，在俄、加已根据 UNCLOS 第 298 条就相关事项作出排除管辖声明的情况下，不应提交附件七仲裁解决。但从近几年来的附件七仲裁实践看，附件七第 1 条关于程序提起的规定为个别国家单方将他国强行拉入仲裁开启了隐形的黑洞，如果附件七仲裁管辖权扩张问题不能及时检视、矫正，即使俄、加拒绝将某一项或多项争端提交这一程序，一旦有争端国向俄罗斯或加拿大发出书面通知，将争端提交附件七仲裁，附件七仲裁程序也可能启动。③ 至于管辖权，则由依据附件七成立的仲裁庭决定。已有案例显示，个别依据附件七组建的仲裁庭在其管辖权问题上持极为宽松的态度，呈扩大解释其自身管辖权的倾向，包括大大地提高 UNCLOS 第 298 条规定的排除管辖事项的适用门槛，对第 15 部分第 1 节规定的"交换意见"等义务，则放低适用门槛等。

另外，如果一国将 UNCLOS 第 234 条"冰封区域"的解释或适用引发的争端提起仲裁，沿海国似难以规避仲裁程序的启动和适用。UNCLOS 第 297 条第 1 款规定沿海国在行使主权权利和管辖权时，在专属经济区的航行、飞越或铺设海底电缆和管道的自由和权利，或海洋其他国际合法用途方面，难以排除导致有拘束力裁判的强制程序的适用。

---

① 《联合国海洋法公约》第 299 条。
② 参见《联合国海洋法公约》第 297 条第 2 款、第 3 款。就海洋科学研究引发的争端而言，沿海国无义务同意将以下事项提交强制司法解决程序：（1）因沿海国按照《联合国海洋法公约》第 246 条"专属经济区内和大陆架上的海洋科学研究"行使权利或斟酌决定而引起的争端；（2）因沿海国按照《联合国海洋法公约》第 253 条决定海洋科学研究活动命令暂停或停止研究计划而引起的争端。就渔业引发的争端而言，沿海国"无义务同意将任何有关其对专属经济区内生物资源的主权权利或此项权利的行使的争端，包括关于其对决定可捕量、其捕捞能力、分配剩余量给其他国家、其关于养护和管理这种资源的法律和规章中所制定的条款和条件的斟酌决定权的争端"。
③ 《联合国海洋法公约》附件七仲裁第 1 条规定："在第十五部分限制下，争端任何一方可向争端他方发出书面通知，将争端提交本附件所规定的仲裁程序。通知应附有一份关于其权利主张及该权利主张所依据的理由的说明。"

三 咨询意见

咨询意见程序有别于司法程序，不具有法律拘束力。咨询意见功能较多地出现在国际司法机构或是西方司法体系中，通常是指由法院或法庭应请求就一项或多项法律问题发表意见，旨在为法律问题提供咨询，而非解决某一特定案件或具体争端。① 虽然咨询意见不具有拘束力，但由权威的国际司法机构作出的咨询意见，对相应领域内法律事务的发展往往有着重要的影响。国际法院和国际海洋法法庭的海底争端分庭具有咨询管辖权。由此，关于将咨询意见作为北极航道相关法律问题解决途径的可能性也放在此部分予以探讨。

国际法院咨询管辖权的法律基础和授权来源非常明确，包括《联合国宪章》、《国际法院规约》和"国际法院规则"。由于联合国及相关组织在国际司法机构不享有诉讼权，《联合国宪章》和《国际法院规约》赋予国际法院咨询管辖功能，为有关国际组织机构提出的法律问题提供咨询意见。《联合国宪章》第 96 条和《国际法院规约》第 65 条第 1 款规定，联合国大会或安全理事会可以请求国际法院就法律问题发表咨询意见。经联合国大会授权，联合国的其他组织和特定机构也可以在任何时候，就其活动范围内产生的法律问题提起咨询意见请求。从向国际法院提起咨询意见的主体的限定条件来看，以某个或某几个国家为主体，就北极航道相关法律问题向国际法院提起咨询意见请求是难以行得通的。

UNCLOS 仅规定了法庭的海底争端分庭的咨询管辖权。经国际海底管理局大会或理事会请求，海底争端分庭应对其活动范围内发生的法律问题，即国际海底区域内活动产生的法律问题提供咨询意见。当前，北冰洋的 200海里外大陆架划界尚在进展中，北冰洋的国际海底区域的范围也尚未最终确定，加之受自然环境的限制，位于北冰洋的国际海底区域的勘探开发在一定时期内尚难以实现。因此，就目前以及未来一定时期来看，北极航道涉及的法律问题与国际海底区域活动产生交集的情况几乎为零。国际海底管理局大会或理事会请求法庭的海底争端分庭就涉及北极航道相关法律问

---

① http://definitions. uslegal. com/a/advisory-opinion/，最后访问日期：2010 年 12 月 21 日。

题行使咨询管辖权的可能性极小。

　　然而，新近发生的次区域渔业委员会提起的咨询意见案，作为国际海洋法法庭的第 21 号案，也是法庭全庭的首起咨询意见案，引发了各国对法庭全庭是否有咨询管辖权这一问题的热议。UNCLOS 和《国际海洋法法庭规约》（简称《法庭规约》）并未明确规定法庭全庭是否有管辖权以及请求主体、适用范畴等事项。关于法庭全庭的咨询管辖功能，仅在法庭"规则"第 138 条①中作了规定。

　　在法庭的第 21 号案中，中国、英国、美国、泰国、西班牙、阿根廷等国认为法庭全庭对本案没有管辖权。② 这些国家主张，法庭整体拥有任何咨询管辖权，须由 UNCLOS（包括《法庭规约》）明文赋予或授权，但 UNCLOS 和《法庭规约》均未明确规定法庭全庭享有咨询管辖权。美国在其书面意见中指出，UNCLOS 仅有两个条款涉及法庭的咨询管辖权，分别是第 159 条第 10 款和第 191 条。这两个条款出现在第 11 部分中，规定的是法庭的海底争端分庭关于深海海床采矿相关活动的咨询管辖权问题。《法庭规约》也仅有一条③明确规定了咨询意见，该条仅与海底争端分庭有关。④ 还有国家指出，法庭全庭的咨询意见管辖权未经 UNCLOS 缔约国商讨决定。英国在其书面意见中指出，关于法庭全庭而非海底争端分庭的咨询管辖问题的讨论，仅在 1974 年争端解决非正式工作组磋商时，曾有一项关于法庭应国内法院请求应有权提供咨询意见的提案，但该提案并未被采纳。自此，缔约国再未讨论过此问题。法庭全庭的咨询管辖权问题在 UNCLOS 生效后召开的缔约国会议上也未被提起过。英国强调，在所有国家都有权参加的筹备委员会于 1995 年通过的"海洋法庭规则草案"中，未包含任何与第

---

① 根据法庭"规则"第 138 条：1. 如果与本公约目的有关的国际协定专门规定向法庭提交发表咨询意见的请求，则法庭可以就某一法律问题发表咨询意见；2. 关于咨询意见的请求应由任何经授权的主体或根据协定向法庭提出；3. 法庭应比照适用本规则第 130 条至第 137 条。

② 密晨曦：《国际海洋法法庭 2014 年审理案件的新进展》，中国国际法学会主编《中国国际法年刊 2014》，法律出版社，2015，第 711 ~ 718 页。

③ 《联合国海洋法公约》附件六，第 40 条第 2 款。

④ Written Statement of the United States of America（27 November 2013），paras. 9 - 10，http://www. itlos. org/fileadmin/itlos/documents/cases/case_ no. 21/written _ statements _ round1/C21 _ statement_USA_orig_Eng. pdf，最后访问日期：2014 年 12 月 10 日。

138 条相关的内容。①

笔者认为，从国际司法实践来看，法院或法庭的咨询管辖权通常需在公约或协定中明确予以规定。咨询意见虽不具有强制性的法律拘束力，但一经法院或法庭作出，必将对法庭以及相应法律事务的发展产生巨大的影响。因此，法庭有必要审慎决定全庭是否有咨询管辖权的问题。法庭"规则"第 138 条规定，符合以下条件的事项即可请求法庭全庭发表咨询意见：一是提起请求的问题是"法律问题"；二是"与本公约目的有关的国际协定"专门规定了就相关法律问题向法庭请求发表咨询意见；三是该请求已由被授权的任何主体或根据协定提交给了法庭。相比国际法院的咨询管辖功能，法庭"规则"赋予法庭全庭的咨询管辖权则宽泛得多，易导致争端被包装成法律问题提起咨询意见程序，从而为"滥诉"打开潘多拉盒子。正如美国顾虑的那样，如果任意两个或多个国家达成一个国际协议，就能够将任何的"法律问题"提交法庭发布咨询意见。② 在此情形下，北极航道涉及的法律问题，比如第 234 条"冰封区域"条款的适用、"用于国际航行的海峡"标准的界定等一切问题，经由任意两个或多个国家设计成与 UN-CLOS 目的有关的国际协定，并在其中专门规定将相关法律问题提交法庭发表咨询意见，都有可能落入法庭全庭的咨询管辖。

综上所述，就诉讼程序而言，需以当事国同意为前提。根据加拿大和俄罗斯的选择声明，加拿大可能选择通过国际海洋法法庭解决关于 UNCLOS 的解释或适用的任何争端，俄罗斯则可能仅就船舶和船员的快速释放争端选择提请国际海洋法法庭解决，两国均未选择国际法院解决相关海洋法律问题。在加、俄与争端国双方同意的前提下，北极航道中关于 UNCLOS 的解释或适用的法律争议，比如关于"冰封区域"条款的解释或适用相关争议等可能通过司法程序解决。

两国均根据 UNCLOS 第 298 条对海洋划界、历史性海湾或所有权、包括

---

① Written Statement of the United Kingdom（28 November 2013），para. 7，http://www.itlos.org/fileadmin/itlos/documents/cases/case_no. 21/written_statements_round1/21_uk. pdf，最后访问日期：2014 年 12 月 6 日。

② Written Statement of the United States of American，para. 19，https://www.itlos.org/fileadmin/itlos/documents/cases/case_no. 21/written_statements_round1/C21_Response_Round_1_USA. pdf，最后访问日期：2022 年 3 月 31 日。

从事非商业服务的政府船只和飞机的军事活动在内的军事活动争端以及相关主权权利和管辖权的法律执行活动等争端作出了排除管辖声明。就 UN-CLOS 附件七强制仲裁程序而言，对于沿海国根据第 298 条作出排除管辖声明的事项，在未征得沿岸国同意的情况下，他国不应单方诉诸这一程序。但从新近的仲裁案例看，也有个别国家对 298 条规定的事项进行包装并单方启动附件七仲裁的情况。从附件七仲裁实践来看，仲裁庭亦有扩大解释其管辖权的倾向。如果此倾向不能及时纠正，未来即使俄、加拒绝将北方海航道或西北航道相关法律争议提交附件七仲裁，仍可能被强行拖入仲裁。

咨询意见有别于司法和仲裁，不具有法律拘束力，但权威国际司法机构发布的咨询意见，对国际法的发展有着重要的影响。经分析，虽然《联合国宪章》和《国际法院规约》将提起咨询意见的主体限于联合国内相关机构，北极航道法律问题被提交国际法院发布咨询意见的可能性不大，但是国际海洋法法庭"规则"的第 138 条自行赋予法庭全庭宽泛的管辖权。虽然法庭的全庭管辖权问题备受争议，但是法庭已将次区域渔业委员会提起的咨询意见案列为 21 号案并实施了咨询管辖权。因此，诸如第 234 条"冰封区域"条款的适用、"用于国际航行的海峡"标准的界定等法律问题，经由任意两个或多个国家设计成与 UNCLOS 目的有关的国际协定，并在其中专门规定将相关法律问题提交法庭发表咨询意见，不排除相关问题被发表咨询意见的可能。

第三节　小结

本章建议在现有国际海洋法和 IMO 框架公约和规则的基础上，北极航道沿岸国和使用国协商，对北极航道涉及的原则问题达成共识，包括明确 UNCLOS 相关条款，比如"冰封区域"制度的具体执行标准；明确北极航道各航段应适用的航行制度；理顺 UNCLOS、IMO 框架内公约规则、区域协定以及沿岸国国内法间的关系；明确北极航道的非军事化以及和平利用性质；协商确定北极航道沿岸国和使用国的权利义务。在各方达成共识的基础上，可考虑设立专门的条约或协定，并在条件成熟时，成立由不同利益相关国参与的北极航道组织协调机构，具体协调管理北极航道事务。

　　本章结合相关国际司法、仲裁机构的最新动态，对北极航道治理相关法律问题提交国际司法、仲裁机构解决的可能性作了前瞻性研究，特别是对单方可能提起仲裁的法律问题作了分析。俄罗斯和加拿大虽然已就 UNCLOS 第 298 条规定的事项作出排除司法或仲裁管辖的声明，但个别极端案例反映了依据附件七成立的仲裁庭具有扩大解释其自身管辖权的倾向。咨询意见虽然没有法律拘束力，但对相关法律事务的发展具有重要的影响和意义。国际海洋法法庭全庭新近受理的咨询意见案（第 21 号案）引发各国对法庭全庭是否有咨询管辖权的关注，引发广泛争议。加、俄应与国际社会一道，共同监督，促进 UNCLOS 附件七仲裁等程序的发展，避免其沦为个别国家为实现其政治目的，单方将另一国家强行拖入仲裁等法律程序的工具。

第六章 中国在北极航道治理法律秩序构建中的角色思考

北极航道治理的未来走向,不仅要平衡商业价值和环境利益,还要兼顾航道沿岸国和国际社会的利益诉求。当前北极自然环境和地区形势处于变化中,北极相关的法律制度和规范正在酝酿和发展。中国作为北极的重要利益攸关方,始终秉承"尊重、合作、共赢、可持续"的基本原则参与北极事务。结合中国的政策理念和北极政策,笔者回顾了中国参与北极事务的实践,对中国在与北极航道治理的法律秩序构建过程中,扮演的角色和发挥的作用作了思考。

第一节 中国的北极政策和实践

中华人民共和国国务院新闻办公室于 2018 年 1 月发表《〈中国的北极政策〉白皮书》(以下简称"白皮书"),提到"在处理涉北极全球性问题方面,国际社会命运与共"①,为中国相关部门和机构开展北极活动和北极合作,推动有关各方更好地参与北极治理以及与国际社会一道维护和促进北极的和平、稳定和可持续发展提供了指导。北极的自然状况及其变化对中国的气候系统和生态环境有着直接的影响,进而关系到中国在农业、林业、渔业、海洋等领域的经济利益。多年来,中国一直致力于为北极地区的和平与可持续发展贡献中国智慧和中国力量。中国的北极活动已从科学研究逐渐拓展到全球治理、区域合作等诸多方面。

---

① 国务院新闻办公室:《〈中国的北极政策〉白皮书》,国务院新闻办公室网站,http://www.scio.gov.cn/zfbps/32832/Document/1618203/1618203.htm,最后访问日期:2018 年 10 月 9 日。

一　中国的北极政策概览

白皮书阐述了"北极的形势与变化"、"中国与北极的关系"、"中国的北极政策目标和基本原则"以及"中国参与北极事务的主要政策主张"。白皮书指出："在经济全球化、区域一体化不断深入发展的背景下，北极在战略、经济、科研、环保、航道、资源等方面的价值不断提升，受到国际社会的普遍关注。北极问题已超出北极国家间问题和区域问题的范畴，涉及北极域外国家的利益和国际社会的整体利益，攸关人类生存与发展的共同命运，具有全球意义和国际影响。中国倡导构建人类命运共同体，是北极事务的积极参与者、建设者和贡献者，努力为北极发展贡献中国智慧和中国力量。"①

白皮书明确了"北极域外国家在北极不享有领土主权"的立场，同时肯定了北极域外国家依据 UNCLOS 等国际条约和一般国际法在北冰洋公海等海域以及国际海底区域享有的相应权利，以及作为《斯约》缔约国享有的自由进出北极特定区域，并依法在该特定区域平等享有开展科研和从事包括狩猎、捕鱼、采矿等在内的生产和商业活动的权利。白皮书提及北极的自然环境正经历快速变化。"一方面，北极冰雪融化不仅导致北极自然环境变化，而且可能引发气候变暖加速、海平面上升、极端天气现象增多、生物多样性受损等全球性问题。另一方面，北极冰雪融化可能逐步改变北极开发利用的条件，为各国商业利用北极航道和开发北极资源提供机遇。北极的商业开发利用不仅将对全球航运、国际贸易和世界能源供应格局产生重要影响，对北极的经济社会发展带来巨大变化，对北极居民和土著人的生产和生活方式产生重要影响，还可能对北极生态环境造成潜在威胁。"②

白皮书提到中国是陆上最接近北极圈的国家之一，北极的自然状况及其变化对中国的气候系统和生态环境有着直接的影响，进而关系到中国在农业、林业、渔业、海洋等领域的经济利益。同时，"中国与北极的跨区域

---

① 国务院新闻办公室：《〈中国的北极政策〉白皮书》，国务院新闻办公室网站，http://www.scio. gov. cn/zfbps/32832/Document/1618203/1618203. htm，最后访问日期：2018 年 10 月 9 日。

② 国务院新闻办公室：《〈中国的北极政策〉白皮书》，国务院新闻办公室网站，http://www.scio. gov. cn/zfbps/32832/Document/1618203/1618203. htm，最后访问日期：2018 年 10 月 9 日。

和全球性问题息息相关，特别是北极的气候变化、环境、科研、航道利用、资源勘探与开发、安全、国际治理等问题，关系到世界各国和人类的共同生存与发展，与包括中国在内的北极域外国家的利益密不可分"。"中国的资金、技术、市场、知识和经验在拓展北极航道网络和促进航道沿岸国经济社会发展方面可望发挥重要作用。中国在北极与北极国家利益相融合，与世界各国休戚与共。"中国发起共建"丝绸之路经济带"和"21世纪海上丝绸之路"（"一带一路"）重要合作倡议，与各方共建"冰上丝绸之路"，为促进北极地区互联互通和经济社会可持续发展带来合作机遇。①

中国的北极政策目标是：认识北极、保护北极、利用北极和参与治理北极，维护各国和国际社会在北极的共同利益，推动北极的可持续发展。中国在北极的主要政策主张包括以下五个方面：（1）不断深化对北极的探索和认知；（2）保护北极生态环境和应对气候变化；（3）依法合理利用北极资源，以可持续的方式参与北极航道、非生物资源、渔业等生物资源和旅游资源的开发利用；（4）积极参与北极治理和国际合作；（5）促进北极和平与稳定。"尊重、合作、共赢、可持续"是中国参与北极事务的基本原则。白皮书强调，尊重是中国参与北极事务的重要基础，合作是中国参与北极事务的有效途径，共赢是中国参与北极事务的价值追求，可持续是中国参与北极事务的根本目标。

二　中国参与北极事务的实践

纵览中国相关北极实践，可以看出，中国多年来参与北极事务、开展北极活动所贯彻的原则和理念与白皮书总结并提出的北极政策目标、主要政策主张和基本原则高度一致。白皮书是对以往中国参与北极事务、开展北极活动的总结和概括，也为中国未来开展北极活动和北极合作、推动有关各方更好参与北极治理以及与国际社会一道维护和促进北极的和平、稳定和可持续发展提供了指导。中国在北极的政策目标和基本原则也贯穿于中国参与北极航道治理的过程。

---

① 国务院新闻办公室：《〈中国的北极政策〉白皮书》，国务院新闻办公室网站，http://www.scio.gov.cn/zfbps/32832/Document/1618203/1618203.htm，最后访问日期：2018年10月9日。

（一）科考基础设施建设

中国于 1996 年成为国际北极科学委员会成员国。1999 年 7 月，中国开展首次北极科学考察，此后，中国以"雪龙"号科考船、"向阳红 01"科考船为平台，成功完成了多次北极科考。2004 年，中国在斯匹次卑尔根群岛的新奥尔松地区建成"中国北极黄河站"。2018 年 10 月，中国和冰岛共同筹建的中–冰北极科学考察站正式运行。该科考站位于冰岛北部凯尔赫村，由中冰联合极光观测台发展而成。借助船站平台，截至 2021 年，中国已进行了 12 次北极考察任务，在北极地区逐步建立起海洋、冰雪、大气、生物、地质等多学科观测体系。

在基础设施建设上，中国积极发展注重生态环境保护的极地技术装备，努力推动深海远洋考察、冰区勘探、大气和生物观测等领域的装备升级，促进在北极海域石油与天然气钻采、可再生能源开发、冰区航行和监测以及新型冰级船舶建造等方面的技术创新。[①]

（二）北极航道航行实践

2019 年 6 月 4 日，国家主席习近平在对俄罗斯联邦进行国事访问并出席第 23 届圣彼得堡国际经济论坛前夕，接受俄罗斯塔斯社、《俄罗斯报》联合采访时提到："开发利用北极航道将为"一带一路"建设同欧亚经济联盟对接合作提供新契机、增添新平台、注入新动力，有利于加强中俄两国同相关各方互联互通和互利共赢。安全和环保对北极通航至关重要。中方鼓励有关中国企业积极参与，为航道商业化运作和当地经济社会发展作出实实在在的贡献。同时，相关工作应该确保绿色环保以及开发利用的可持续性，做到互利双赢、互利多赢，既有利于促进中俄合作，也有利于促进世界经济增长。"[②]

近年来，中国逐渐开展了北极航道的航行探索。"雪龙"号已分别有穿越东北航道、西北航道和中央航道的实践。2013 年，中国商船"永盛"轮首次通过北极东北航道抵达欧洲，实现了中国商船极地航次零的突破。从

---

① 国务院新闻办公室：《〈中国的北极政策〉白皮书》，国务院新闻办公室网站，http://www.scio. gov. cn/zfbps/32832/Document/1618203/1618203. htm，最后访问日期：2018 年 10 月 9 日。

② 新华社：《习近平接受俄罗斯主流媒体联合采访》，人民网，http://politics. people. com. cn/n1/2019/0605/c1024 – 31120089. html，最后访问日期：2019 年 12 月 9 日。

2013 年到 2017 年，中远海运特运公司共派出 10 艘船舶，累计完成了 14 个北极航次物流运输任务。① 2018 年至今，中远海运特运公司的北极航次继续进行。其中，2019 年 9 月，中远"天禧"轮途经北极航道，在青岛港实施卸船作业，标志着中远海运特运——山东省港口集团北极航线 2019 年首航成功。② 作为"一带一路"建设框架内北极方向的重要通道，"冰上丝绸之路"将极大地推动区域经济的发展，促进东北亚国家的共同繁荣和全球经济增长。

（三）北极国际治理与合作

从地理位置上讲，中国是受北极气候和环境变化影响最大的国家之一。近年来，中国积极参与北极全球治理和国际交流合作，致力于与国际社会一道维护和促进北极可持续发展。③ 2005 年，中国成功承办涉北极事务高级别会议的北极科学高峰周活动，开创亚洲国家承办的先河。2013 年，中国被北极理事会接纳为正式观察员国。2018 年 1 月，国务院新闻办公室发表白皮书，不仅向国际社会展示了中国积极参与北极事务的决心和负责任大国形象，也为中国与国际社会其他成员在北极事务上的合作指明了方向。

中国高度重视北极理事会在北极事务中发挥的积极作用，认可北极理事会是关于北极环境与可持续发展等问题的主要政府间论坛。④ 自 2013 年成为北极理事会正式观察员国以来，中国积极推荐相关领域专家参与北极监测与评估计划工作组、北极污染物行动计划工作组和北极动植物保护计划工作组的项目。同时，中国还积极推进北极科研国际合作，鼓励中国科学家开展北极国际学术交流与合作，推动中国高校和科研机构加盟"北极大学"协作网络。

在多边和双边层面，中国积极推动在北极各领域的务实合作，包括在气候变化、科考、环保、生态、航道和资源开发、海底光缆建设、人文交

---

① 刘诗平：《中国远洋海运集团今夏将有 10 艘以上商船穿越北极航道》，新华网，http://www.xinhuanet.com/2018－06/19/c_1123006124.htm，最后访问日期：2019 年 10 月 9 日。

② 杨柳：《山东省港口集团北极航线成功首航》，中国水运网，http://www.zgsyb.com/news.html？aid=520838，最后访问日期：2019 年 12 月 28 日。

③ 姜祖岩：《做北极事务的积极参与者建设者贡献者》，《中国海洋报》2018 年 3 月 28 日，第 2 版。

④ 国务院新闻办公室：《〈中国的北极政策〉白皮书》，国务院新闻办公室网站，http://www.scio.gov.cn/zfbps/32832/Document/1618203/1618203.htm，最后访问日期：2018 年 10 月 9 日。

流和人才培养等领域的沟通与交流。中国主张在北极国家与域外国家之间建立合作伙伴关系,与所有北极国家开展北极事务双边磋商。2010 年,中美建立了海洋法和极地事务年度对话机制。2012 年,中国与冰岛签署《中华人民共和国政府与冰岛共和国政府关于北极合作的框架协议》,这是中国与北极国家缔结的首份北极领域专门协议。自 2013 年起,中俄持续举行北极事务对话。① 同时,中国也十分注重发展与其他北极域外国家之间的合作,已同英国、法国开展双边海洋法和极地事务对话。2016 年,中国、日本、韩国启动了北极事务高级别对话,推动三国在加强北极国际合作、开展科学研究和探索商业合作等方面交流分享相关政策、实践和经验。②

中国支持北极圈论坛、中国-北欧北极研究中心等平台在促进各利益攸关方交流合作方面发挥作用,同时鼓励科研机构和企业发挥自身优势参与北极治理。中国-北欧北极研究中心作为推动中国与北欧合作交流的重要平台,已成为中国和北欧国家间重要的合作机制。2019 年 5 月 8~9 日,第七届"中国-北欧北极研究合作研讨会"在上海举行,此次会议的主题是"北极渔业、冰上丝绸之路和可持续发展实践"。③ 5 月 10~11 日,自然资源部和北极圈论坛④在上海共同主办了北极圈论坛中国分论坛。国家海洋局局长王宏在开幕式上发表题为"务实推动北极合作,携手共建冰上丝绸之路"的主旨演讲,提出三点建议。一是共同深化对北极的探索和认知,

---

① 国务院新闻办公室:《〈中国的北极政策〉白皮书》,国务院新闻办公室网站,http://www. scio. gov. cn/zfbps/32832/Document/1618203/1618203. htm,最后访问日期:2018 年 10 月 9 日。

② 国务院新闻办公室:《〈中国的北极政策〉白皮书》,国务院新闻办公室网站,http://www. scio. gov. cn/zfbps/32832/Document/1618203/1618203. htm,最后访问日期:2018 年 10 月 9 日。

③ 科学技术处等:《第七届"中国-北欧北极研究合作研讨会"在我校开幕》,上海海洋大学网站,https://www. shou. edu. cn/2019/0508/c147a245030/page. htm,最后访问日期:2020 年 1 月 2 日。2013 年 12 月,中国极地研究中心、冰岛研究中心等 10 家来自中国和北欧五国(冰岛、丹麦、芬兰、挪威、瑞典)的北极研究机构在上海成立中国-北欧北极研究中心(CNARC),秘书处设在中国极地研究中心。截至 2021 年底,已有 18 家成员机构,包括 10 所北欧研究机构和 8 家中方研究机构。

④ 北极圈论坛(Arctic Circle)由冰岛前总统格里姆松于 2013 年发起,每年 10 月在冰岛雷克雅未克举行论坛大会;在冰岛以外举办 1~2 个分论坛。截至 2019 年 5 月,在美国、新加坡、格陵兰和法罗群岛(丹麦)、加拿大、韩国等举办了 8 个分论坛。北极圈论坛中国分论坛以"中国与北极"为主题,来自中国、冰岛、美国、加拿大、欧盟、挪威、瑞典、波兰、日本、韩国、印度等国家(组织)的各界代表约 500 人参加了论坛。

中国愿继续与有关各方共同开展北极多学科科学考察，共同推动北极气候与环境变化的监测和评估，共同开展科考保障平台和基础能力建设，进一步促进北极观测数据与国际计划的融合共享。二是共同应对北极面临的生态环境挑战，愿与有关各方共同开展全球气候变化与人类活动对北极生态系统影响的科学评估，共同推进在北极物种保护和生态系统自然恢复等方面的国际合作。三是共同建设北极美好未来，希望与沿线国家不断巩固和拓展蓝色伙伴关系，强化战略对接，推动文化交流，畅通经北冰洋连接欧美大陆的蓝色经济通道，共同打造"冰上丝绸之路"。[①] 北极圈论坛主席、冰岛前总统格里姆松在致辞中表示，在中国举行此次北极圈论坛具有历史性意义，中国和亚洲的未来都和北极有着密切联系，很高兴看到中国以建设性的态度积极参与北极有关对话和合作。[②]

第二节　中国在北极航道的主要利益

北极地区形势复杂，海洋划界、管辖权争议和军事角力等问题交错。中国作为非北极圈内国家，在北极地区不存在领土和海洋划界问题，也不宜在这些敏感问题上"选边站队"。但中国在地缘上既是近北极国家，又是北极事务的重要利益攸关方，还是北半球的航运大国，处于北极航道的延长线上，将深受北极航运政治博弈格局的影响。中国依据相关公约和条约在北极地区法律地位不同的海域享有相应的权益。中国是 UNCLOS 的缔约国，中国船舶在北冰洋的公海享有航行等公海自由；在遵守相关规定的前提下，在北冰洋沿岸国的专属经济区享有航行自由，在其领海享有无害通过权，在用于国际航行的海峡适用过境通行制或无害通过制。中国对作为人类共同继承财产的北冰洋国际海底区域的资源也享有权利。中国为《斯约》的缔约国，中国公民享有自由进入斯瓦尔巴地区，平等从事海洋、工业、矿业和商业等活动的权利。

---

① 王立彬：《我国将为北极可持续发展贡献中国智慧》，新华网，http://www.xinhuanet.com/politics/2019-05/10/c_1124478690.htm，最后访问日期：2019年12月1日。

② 王立彬：《我国将为北极可持续发展贡献中国智慧》，新华网，http://www.xinhuanet.com/politics/2019-05/10/c_1124478690.htm，最后访问日期：2019年12月1日。

一　经济利益

中国是北半球国家，也是航运大国，北极航道通航对中国的货贸运输和经济发展有着重要的意义。中国约 95% 的外贸货物运输量由国际海运承担。截至 2020 年底，我国海运船队运力规模达 3.1 亿载重吨，居世界第二位。① 北极航道的开通，将拉近中国与欧洲、北美等市场的距离，大大降低运输成本。经西北航道，从中国东部到达北美东岸，比经过巴拿马运河的航程缩短 2000 ~ 3500 海里。② 东北航道一直是欧洲人眼中缩短欧洲和东亚海运的捷径，也是联接欧亚两地海上的最短航线。相关研究表明，就海运成本而言，北极航线比传统远洋航线低 11.6% ~ 27.7%。③

北极航道实现常态化通航，将改变中国对外运输格局，具有经济和安全战略上的双重吸引力。通行于北极航道，将降低中国对传统海洋运输航线的高度依赖，有利于分散中国的海洋运输安全风险，规避航道拥塞、海盗猖獗等挑战。目前中欧传统运输航线途经局势动荡地区，海盗活动频繁，特别是苏伊士—波斯湾—马六甲—台湾海峡一线。波斯湾和霍尔木兹海峡地区则面临经常性的军事活动，商船改行他道，甚至被迫强制停航的情况时有发生。北极航道沿途国家多是经济发达、政局稳定的国家，商船可避免因面临上述不确定因素而产生的运费增加、物流成本上涨的风险。

北极航道对中国的意义不仅体现为通过缩短航程、减少运输成本而产生的经济利益，还体现为由此附带产生的其他商机和利益。北极资源的开发和北极航道的通航，将促进中国与俄罗斯、北美和欧洲的经济往来和互动，同时为中国进口石油、天然气开辟新的供应地，实现能源进口渠道的多元化。北极周边国家也有与中国在北极航道建设上开展合作的需求，比如，加拿大承认中国对北极的贡献并赞赏中国在船舶制造业方面的优势；俄

---

① 《交通部：去年我国港口规模全球第一　95% 外贸运输走海运》，"新浪财经"百家号，2021 年 6 月 24 日，http://baijiahao.baidu.com/s? id = 1703416612208718590 & wfr = spider & for = pc。

② 陆俊元：《中国在北极地区的战略利益分析——非传统安全视角》，《江南社会学院学报》2011 年第 4 期，第 4 页。

③ 张侠、屠景芳、郭培清、孙凯、凌晓良：《北极航线的海运经济潜力评估及其对我国经济发展的战略意义》，《中国软科学》（增刊下）2009 年第 S2 期，第 90 页。

罗斯在北方海航道的设施建设也为中国参与北极航道合作开辟了广阔的空间。中国宜充分发挥北极航道在开启北极合作新篇章中的"金钥匙"作用。

北极航道开通将对中国国内沿海地区产业分工和经济发展战略布局产生影响。北极航道的常态化通航，对中国制造和中国装备"走出去"、能源资源"输进来"有着重要的意义。开辟和利用北冰洋航线，将大幅缩短中国北方沿海港口至西欧及美国的航程，促进国内港口和相关基础设施建设，随着北极航道纳入"一带一路"倡议，还将带动共建国家产业的发展和繁荣。中国商船已开启了在北极航道的破冰之旅。2013 年，中远集团"永盛"轮首次尝试通过东北航道抵达欧洲并获成功，积累了在极区航行的经验，以航行实践证实了东北航道的价值，开辟了中欧间往返的便捷通道。

二　环境利益

北极气候正处于变化之中，北极的生态环境也随之面临不同程度的威胁。第一，北极冰盖正在加速融化。有研究结论称，北极气候变暖的速度相当于地球任一地区的 1 倍。[①] 北极冰土中锁藏着数十亿吨甲烷，北极冰冻沼泽区域融化导致大量甲烷被释放，而甲烷是极具危害性的温室气体，威力是二氧化碳的 30 倍。[②] 释放的甲烷反过来又致使全球气候特别是北半球变温加剧，从而形成了恶性循环的怪圈。第二，北极航道面临船舶油污污染的威胁。北极航道的部分航线已实现夏季通航，海上船舶油污本就难以清理，加之北冰洋冰情复杂，生物物种特殊，一旦发生船舶漏油事故，造成的损害相对其他海域的漏油事故将更为严重，危害也更难消除。第三，北极权益之争对地区环境造成潜在威胁。环北极国家在海洋划界和由此可能引发的资源开发利用问题以及西北航道和北方海航道的法律地位问题[③]等方面，不排除存在冲突或

---

① J. Hansen, Climate Change Threatens the Baltic Sea，转引自夏立平《北极环境变化对全球安全和中国国家安全的影响》，《世界经济与政治》2011 年第 1 期，第 123 页。

② 夏立平：《北极环境变化对全球安全和中国国家安全的影响》，《世界经济与政治》2011 年第 1 期，第 123 页。

③ 参见 Office of the Under Secretary of Defense for Policy, "Report to Congress Department of Defense Arctic Strategy", June 2019, p. 4, https://media. defense. gov/2019/jun/06/2002141657/ - 1/ - 1/1/2019 - DOD-ARCTIC-STRATEGY. PDF；参见 "On Thin Ice：UK Defence in the Arctic", August 2018, para. 10, https://publications. parliament. uk/pa/cm201719/cmselect/cmdfence/388/ 38802. htm。

摩擦的可能。上述问题为北极的生态环境保护埋下隐患。

中国在地理上是北半球国家，北极的气候环境变化对中国的社会与经济发展有着直接的影响。根据中国的科学研究显示，随着北极海冰消融，每年 1 月份中国的大部分地区温度偏低，7 月份降水增加。[①] 北极的气候环境变化，可能导致中国极端气候现象以及洪水、干旱等自然灾害的产生，杭嘉湖平原、珠三角平原等粮食主产区甚至可能面临被淹没的危险[②]，这直接关系到中国的农业状况和社会稳定。保护和保全海洋环境是 UNCLOS 赋予缔约国的责任，公约鼓励各国在全球性或区域性的基础上开展合作，且合作的同时考虑区域的特点。[③] 一方面，中国应直接或通过相关国际组织和区域组织推进北极生态环境保护方面的合作，从而切实维护在北极的环境利益；另一方面应尽快制定参与北极绿色开发、环境治理的机制，并适时启动制定关于中国公民在北极活动的法律规范，体现负责任大国的形象，为清除中国利用北极航道面临的法律障碍创造条件。

三 科研利益

北极是特殊的地理单元，鉴于北极气候环境变化对全球的影响以及北极生态系统的特殊性，北极成为各国开展海洋科学研究的竞技场。依据 UN-CLOS，中国有在北冰洋的公海开展海洋科学研究的自由。挪威的斯瓦尔巴地区是特殊的法律单元。作为《斯约》的缔约国，斯瓦尔巴地区是中国参与北极事务、促进极地科学研究的重要支点，中国在此也有科研利益。除此之外，中国还有依据环北极国家的法律法规在沿海国专属经济区、领海甚至内水以合作或独立的形式开展海洋科学研究的权利。北极航道是中国赴北极相关海域以及斯瓦尔巴地区开展科学考察活动的重要途径。中国在北极航道开展科学考察，积累航行经验，掌握海冰分布，服务于北极航道的航行安全、环境保护和污染防治，既是权利，也是责任。2012 年中国北极科考队在开展第五次综合科学考察期间，首次跨越北冰洋，成功首航东北航道。在穿行高纬航

---

① 魏立新、张海影：《北极海冰减少的气候效应研究》，《海洋预报》2005 年第 22 期，第 60 页。

② 夏立平：《北极环境变化对全球安全和中国国家安全的影响》，《世界经济与政治》2011 年第 1 期，第 131 页。

③ 《联合国海洋法公约》第 197 条。

线中，"雪龙"号破冰船在海图和实时冰情信息缺乏的情况下，坚持在俄罗斯12 海里以外全程独立航行，积累了穿越极区航行的实践经验，开启了合作破冰之旅。2014 年中国第六次北极科学考察队继续对北冰洋太平洋扇区进行了考察，完成了相关作业以及 1 个长期冰站和 7 个短期冰站观测。

当前，主要海洋大国已经加大在北极地区的科研投入和科研力度。中国需继续加强对北极航道的水文、海冰以及气象等情况的监测和研究，为北极地区科研提供信息数据和技术支持，为船舶在北极航道的安全畅通行驶提供基本保障。中国还需考虑加大对建造破冰船的投入以及加强相关科研队伍的培养力度，从硬件和软件上为提升北极科考能力奠定基础。与此同时，中国还宜与北极航道沿岸国加强沟通、交流与合作。中国不仅可以与俄罗斯和加拿大分别对东北航道和西北航道进行合作研究，探讨确保海上航运和环境保护的可行方案，共享相关环境数据和资料，了解航道基础设施建设情况，挖掘中俄、中加在开发航道过程中可合作的领域；还可以与挪威、冰岛等具有北极海运研究基础的北冰洋沿岸国开展适当形式的科研合作，投入更多的资源进行极地环境和航运技术合作研究，为北极航道的可持续利用创造条件和提供技术支持。[①]

四　安全利益

2015 年 7 月 1 日通过的《中华人民共和国国家安全法》第 32 条规定："国家坚持和平探索和利用外层空间、国际海底区域和极地，增强安全进出、科学考察、开发利用的能力，加强国际合作，维护我国在外层空间、国际海底区域和极地的活动、资产和其他利益的安全。"包括北极航道在内的北极安全是"极地安全"的重要组成部分。贯彻总体国家安全观，全面、综合、系统、辩证地观察、认识和处理国家安全问题，是国际国内安全形势发展的迫切要求。北极航道安全是北极安全的重要组成部分。中国商船在通往西方的海上运输传统航线上面临海盗威胁，甚至可能因航道沿岸国的军事动荡而被迫改道。北冰洋连通亚洲、欧洲、北美洲三大洲和太平洋、大西洋两大洋，是军事大国核潜艇活动的优势区域。确保北极航道作为亚

---

① 密晨曦：《新形势下中国在东北航道治理中的角色思考》，《太平洋学报》2015 年第 8 期，第 71 ~ 79 页。

洲通往欧美的最短航线的传统和非传统安全，关乎众多国家和地区的利益。

北极航道的安全问题可分为传统安全和非传统安全两个层面。传统安全主要是指与军事因素有关的，特别是使用武力或武力威胁引起的安全威胁。冷战期间北极一直是美苏核潜艇布局和对峙的热点区域。美国在本土共部署了 30 套陆基中段拦截系统，其中有 26 套部署在北极地区的阿拉斯加州。美国反导系统布局反映了北极地区在美国安全战略中的重要地位。北极航道是从北美洲到亚洲最短的空中航线，即使缺少亚太前进基地，美国的陆基洲际导弹、潜射导弹和战略轰炸机仍可直接经北极抵达中国的东北以及华北等地区。① 任何国家在冰盖下的排兵布阵、核潜艇的水下攻击力和破坏力都不容忽视。美国国防部于 2019 年 6 月向其国会提交的北极战略报告中，提到北极是战略竞争的潜在走廊，认为"北极是跨越其《国防战略》中所确定的两个主要的持续竞争区域——印度洋 - 太平洋和欧洲——和美国本土的扩大大国竞争和侵略的潜在途径"；强调"美国的利益包括保持全球军力投射的灵活性，包括确保航行自由和飞越自由；并限制中国和俄罗斯将该地区作为竞争走廊通过恶意或强制行为推进其战略目标的能力"。② 美国的北极战略转向，以战略竞争为底色，强调增强在北极地区的军事活动，捏造"中国北极威胁论"，部署在北极地区的军事存在，成为影响北极治理未来走向的重要变量。该报告还提到了北极军事活动的增多，并推崇北约同时发动北极。此外，中国在北极航道还面临海上经济活动、海洋生态环境、海上恐怖主义和海上跨国犯罪等引起的非传统安全威胁。以上北极航道安全问题，虽多为潜在危险或威胁，但"安全"与"危险"或"威胁"本就密不可分，没有危险或威胁则不存在安全问题。因此，北极航道安全关系到各国特别是北半球国家的安全利益。③

中国的国防政策始终将战略防御作为基本原则。作为主权国家，中国

① 贺鉴、刘磊：《总体国家安全观视角中的北极通道安全》，《国际安全研究》2015 年第 6 期，第 136 页。

② Office of the Under Secretary of Defense for Policy, "Report to Congress Department of Defense Arctic Strategy", June 2019, p. 5, https://media. defense. gov/2019/jun/06/2002141657/ - 1/ - 1/1/2019 - DOD-ARCTIC-STRATEGY. PDF.

③ 国家海洋局海洋发展战略研究所课题组主编《中国海洋发展报告（2015）》，海洋出版社，2015，第 304 页。

肩负维护国家主权、安全、发展利益的国家责任和义务；作为联合国安理会的常任理事国，中国肩负"参与联合国维和行动，履行安理会授权，致力和平解决冲突，促进发展和重建，维护地区和平与安全"的国际责任和义务。① 为维护中国在北极航道的传统和非传统安全利益，中国有必要跟踪和关注北极安全态势和北极航道动态。

第三节　积极参与北极航道法律规制构建

中国连续多次当选 IMO 的 A 类理事国，是 UNCLOS 的缔约国，还是北极理事会的正式观察员国。这是中国参与北极事务、在北极航道治理中参与制定和完善航行相关法律规范、在法律秩序构建中发挥积极作用的有力支点。中国应充分利用相关国际法律规制和区域治理平台，本着"尊重、合作、共赢、可持续"的北极政策理念，积极参与北极航道治理，在北极航道法律秩序构建中发挥作用，促进北极航运秩序朝着公平、合理、科学的方向发展。

一　以国际法律机制为平台参与秩序构建

与北极航道航行直接相关的现有国际法律规制主要包括 UNCLOS 在内的国际法和 IMO 框架内法律规范。UNCLOS 对不同法律地位海域的航行制度以及相应的权利义务规定了总体框架。IMO 则从技术标准层面建立了较为完善的包括航行安全、海上搜救、船舶污染防治、油污民事责任等各方面的法律体系。美国、欧盟等国家（组织）均提出在国际海洋法和 IMO 框架内公约的基础上制定和完善北极航道的航行规则的主张。如欧盟理事会在 2009 年 12 月 8 日通过"理事会关于北极问题的决定"，明确提出欧盟的北极政策应建立在 UNCLOS 和相关法律文件的基础上，强调船旗国、港口国和沿岸国应推进完善和监督执行可在北极适用的国际公约的现有航行规

---

① 国务院新闻办公室：《2015 中国国防白皮书〈中国的军事战略〉》，中国日报网，http://www.chinadaily.com.cn/interface/toutiao/1138561/2015 - 5 - 28/cd_20821000.html，最后访问日期：2016 年 1 月 18 日。

则，以及海事安全、船舶路线体系和环境标准，特别是在 IMO 框架之内。① 正如时任中国外交部部长助理胡正跃于 2009 年出席"北极研究之旅"活动时所言："中国支持包括海洋法在内的现行北极法律秩序，同时认为这一法律秩序需要因应形势落实与细化，渐进发展。"②

在技术层面，中国应以 IMO 为平台，加强对北极航道的科学考察，不断提升北极环境监测能力，研究在北极脆弱生态环境下的航行安全标准。中国应坚持以维护航运安全和提高环境保护能力为出发点，平衡现有技术和未来发展的需要，积极参与 IMO 相关法律规则和规范的制定和完善，为切实参与技术层面的讨论奠定基础，为确保各项条款更加符合业界发展需要提供支撑，为北极航道早日在国际航运中切实发挥作用、实现北极航道的科学合理和可持续利用作出贡献。中国应坚持在以包括 UNCLOS 在内的国际法和 IMO 框架的基础上制定和发展各类北极相关航运条约、协定和规则的立场，为维护世界各国在北极航道的正常合法的通行权利贡献智慧。

在治理层面，中国可提议在 UNCLOS 规定的海洋法制度框架下，积极推动北极航道协调机制的建设。中国应发挥在北极航道沿岸国和使用国间的纽带作用，加强双边和多边交流，协调沿岸国和使用国间的关系，促进形成沟通对话渠道，以 UNCLOS 和 IMO 框架下的法律规则为主要依据，平衡航道沿岸国和使用国间的权利和义务；积极参与北极航运治理相关规则、标准和其他规范的制定，结合航运国的利益和诉求，提出中肯可行的建议，推动北极航运相关标准和规范纳入全球性船舶安全和防止污染公约的进程，在北极航运治理中作出积极贡献；探索设立北极航道组织协调机构，由所有航运利益国共同参与航道利用，力促北极航道的公平、绿色和可持续建设、开发与利用；倡导建立北极航道援助或生态环境保护基金，提供相关资金支持，体现北极责任。

二　积极发挥北极理事会观察员国作用

北极理事会第八次部长级会议批准了中国关于观察员资格的申请，既是

---

① Council of European Union, Council Conclusions on Arctic Issues, 2985th Foreign Affairs Council Meeting Brussels, December 8, 2009, pp. 1, 4, http://ec.europa.eu/maritimeaffairs/policy/sea_basins/arctic_ocean/documents/arctic_council_conclusions_09_en.pdf, 最后访问日期：2022 年 3 月 31 日。

② 杨剑等：《北极治理新论》，时事出版社，2014，第 303 页。

国际社会对中国在北极相关领域所作贡献的认可，也是对中国作为北极事务利益攸关方身份的承认。一方面，中国应加强与相关观察员国，特别是亚洲国家在东北航道治理上的合作；另一方面，中国应继续推进与北极周边国家的合作，积极参与北极航运开发利用相关问题的讨论，贡献中国智慧。

在北极理事会接纳的正式观察员国中，除中国外，还有日本、韩国、印度和新加坡等亚洲国家。北极航道的开通将对这五国的航运、港口分布等产生不同程度的影响，并带来一定的经济利益。[①] 五国均是海洋国家，其中，中、日、韩已有破冰船投入使用。[②] 相对环北极国家而言，观察员国在北极没有领土主权和海洋划界等涉及国家根本利益的问题。当面对棘手问题时，观察员国更能冷静思考，并提供中肯的意见和建议。各观察员国可充当沿岸国、环北极国家和域外国家在东北航道问题上增信释疑、开展合作的纽带。虽然正式观察员国和环北极八国在北极理事会的地位存在明显的差别，但北极理事会鼓励正式观察员参与工作组层面的事务[③]，正式观察员国也拥有项目提议权。这为观察员国在航道事务上发挥积极作用提供了条件。中、韩、日等观察员国可借此机遇加强相互间的合作，提出有利于北极航道治理的有效建议，积极参与北极航道的治理。

第四节　以适当身份参与北极航道治理

国际社会对中国参与北极事务的关注点主要体现在以下方面：一是中国政府对北极现有治理机制和法律秩序的看法和态度；二是中国政府对北极治理中重要的环境合作、科学合作和经济合作问题的看法和态度；三是

[①] 刘惠荣、陈奕彤：《北极理事会的亚洲观察员与北极治理》，《武汉大学学报》（哲学社会科学版）2014 年第 3 期，第 47 页。

[②] 刘惠荣、陈奕彤：《北极理事会的亚洲观察员与北极治理》，《武汉大学学报》（哲学社会科学版）2014 年第 3 期，第 47 页。

[③] 环北极八国对北极理事会所有层级的决定权具有排他性，永久参与者可以参与其中。而正式观察员的基本定位是观察理事会的工作，参与工作组层面的事务。Arctic Council, Observer Manual for Subsidiary Bodies, Document of Kiruna-ministerial-meeting, 2013, https://oaarchive. arctic-council. org/bitstream/handle/11374/939/EDOCS-3020-v1B-Observer-manual-with-addendum-finalized_Oct2016. pdf? sequence = 13&isAllowed = y，最后访问日期：2022 年 3 月 31 日。

在北极事务中中国如何看待和处理与环北极国家的关系问题。① 《中国的北极政策》白皮书提到："通过认识北极、保护北极、利用北极和参与治理北极，中国致力于同各国一道，在北极领域推动构建人类命运共同体。中国在追求本国利益时，将顾及他国利益和国际社会整体利益，兼顾北极保护与发展，平衡北极当前利益与长远利益，以推动北极的可持续发展。"② 在"尊重、合作、共赢、可持续"的基本原则的指导下，中国在北极航道治理和法律秩序构建中可担当起以下角色：一是北极航道合作共赢的推动者；二是北极航道和平利用的倡导者；三是环境保护和航行利益的平衡者。

一　北极航道合作共赢的推动者

从目前俄、加的主张和举措看，北方海航道和西北航道的法律地位问题非一朝一夕能够解决的。俄、加两国分别通过国内立法和相关举措，特别是公布直线基线，加强了对重要航道的控制，同时借助 UNCLOS 第 234 条"冰封区域"条款，站在环境保护的道德制高点上，为其寻求国际法依据和支持。然而，随着冰雪的逐渐消融，北极航道的航运价值日益体现。从地理分布上看，北极航道上一些重要海峡具备用于国际航行的海峡的特征。对于航道使用国而言，和平使用北极航道的权利不应受到阻碍，毕竟"便利国际交通"也是 UNCLOS 在建立海洋法律秩序时的初衷之一。③ 然而，北极航道是一个跨区域问题，关涉到不同国家的利益，航道沿岸国和航道使用国对北极航道利益关切也有所不同。在这种复杂的形势下，中国在北极航道治理过程中，不会一味仅强调自身利益，而是兼顾北极航道沿岸国和使用国的利益，在加强与北极航道利益相关国间的双边和多边交流与合作的同时，尊重沿岸国的关切，起到纽带的作用，扮演一个航道和平使用者的角色，做北极航道利益共赢的推动者，平衡各方利益、实现合作共赢。

---

① 杨剑等：《北极治理新论》，时事出版社，2014，第 302 页。
② 国务院新闻办公室：《〈中国的北极政策〉白皮书》，国务院新闻办公室网站，http://www.scio.gov.cn/zfbps/32832/Document/1618203/1618203.htm，最后访问日期：2018 年 10 月 9 日。
③ 《联合国海洋法公约》序言：认识到有需要通过本公约，在妥为顾及所有国家主权的情形下，为海洋建立一种法律秩序，以便利国际交通和促进海洋的和平用途，海洋资源的公平而有效的利用，海洋生物资源的养护以及研究、保护和保全海洋环境。

（一）促进双边和多边合作与交流

为了将北方海航道打造成连接亚洲和欧洲与北美洲的国际性水道，俄罗斯采取了一系列的举措，包括在北方海域改造和新建港口和码头；更新和扩建破冰船队；建立海岸保障系统，保障北方海航道的顺利安全运行；完善搜救系统，在摩尔曼斯克至堪察加北方海航道建立多个区域海上救援中心。① 除了加强基础设施建设，俄罗斯还对国内立法进行了修改和完善。这些硬件和软件上的投入和建设，反映了俄罗斯对北方海航道的重视。2019年底，俄罗斯政府公布《2035 年前北方海航道基础设施发展规划》，强化了北方海航道在俄北极开发整体战略中的特殊意义。② 在国家投入和能源运输需求的牵引下，北方海航道的总货运量和总航次上实现了跨越式增长，2019年总货运量达 3150 万吨，近 3 年内增幅高达 430％。③ 2020 年 3 月，俄罗斯总统普京签署命令批准《俄罗斯 2035 年前国家北极政策基础》，政策目标是改善国家北极地区居民生活质量；加速境内北极区域的经济增长，并增加其对全国经济增长的贡献；保护北极环境，保护少数民族原始栖息地和传统生活方式；在国际法的基础上开展互利合作，和平解决各项北极争端；维护俄罗斯在北极的国家利益，包括经济领域利益。④ 对内，北方海航道的开发利用，包括相关基础设施建设，是俄增强在北极的实质性存在以及促进该地区开发利用的重要一环；对外，俄罗斯在北方海航道的开发利用上，有开展合作的实际需求。中国与俄罗斯在相关领域的合作有广阔的空间和良好的基础。中俄关系提升至全面战略协作伙伴关系新阶段，为两国北极合作奠定了良好的政治基础和氛围。中俄《关于全面战略协作伙伴关系新阶段的联合声明》提到加快发展跨境交通基础设施，包括改善中方货物经俄铁路网络、远东港口及北方航道过境运输条件。⑤ 俄罗斯萨哈（雅库特）

---

① 胡德坤、高云：《论俄罗斯海洋强国战略》，《武汉大学学报》（人文科学版）2013 年第 6 期，第 44 页。

② 赵隆：《两手出击，俄罗斯继续加强北极战略》，《新民晚报》2020 年 3 月 12 日，第 23 版。

③ 赵隆：《两手出击，俄罗斯继续加强北极战略》，《新民晚报》2020 年 3 月 12 日，第 23 版。

④ 马靖：《俄罗斯出台〈2035 年前国家北极政策基础〉》，"国防科技要闻" 搜狐号，2020 年 3 月 10 日，https：//www. sohu. com/a/378950547_635792。

⑤ 《中俄关于全面战略协作伙伴关系新阶段的联合声明》，新华网，2014 年 5 月 20 日，http：// www. xinhuanet. com/world/2014 - 05/20/c_1110779577. htm。

共和国政府曾表示，有意与中国建设途经萨哈（雅库特）共和国、北冰洋的海上运输走廊合作项目，希望与中方探讨基础设施建设领域的合作。中国与俄罗斯共同推进"冰上丝绸之路"相关领域的合作，不仅将造福于两国，还将为更多国家提供福祉。

与俄罗斯相比，加拿大更为关注的是北极水域的内水地位、北方安全以及原住民利益等。加拿大在 2013 年 5 月开始第二次担任为期两年的主席国一职期间，提出的主题是"为北极地区人民而发展"，主要包括：以负责任的方式开发资源、北极航运安全、极地社区可持续发展三个领域。加拿大强调和重视在北极的主权，主张通过和平的方法和协商的方式解决相关争端。加拿大重视北极原住民的生存和发展问题。在加拿大北极政策的制定和北极活动的决策上，原住民虽然没有否决权，但对决策有很大的话语权。加拿大认识到北极航运这样的跨区域问题涉及相关国家以及国际组织的合作，提出将与有关伙伴以及北冰洋的使用者开展协作，并通过包括北极理事会和 IMO 在内的区域和国际组织开展工作。加拿大在北极理事会制定有拘束力的协议的过程中起到积极的甚至是主导性的作用。作为 IMO 的成员国，加拿大还在制定强制性极地航行规则的过程中扮演着主要角色，在 IMO 的框架下，加拿大承担了提供航行警示和气象服务的职责，以便在包括西北航道在内的大片北极区域进行海上交通安全管理。加拿大在相关领域的努力，为中加双边交流和磋商营造良好的氛围。在 2014 年 6 月 5 日加拿大驻华使馆组织的"加拿大北极事务展示与交流会"上，笔者了解到，在加拿大看来，东亚国家在北极的优势主要体现在航运、资源开发以及科技发展和气候变化方面。加认为中国在极地科学研究领域实力雄厚；中国是造船大国，在 IMO 中有较大的影响。中国可考虑加强与加拿大在西北航道问题上的沟通交流，强调和平利用包括西北航道在内的北极航道的立场，开展北极原住民研究、尊重原住民文化，并在科学研究领域以及破冰船建设方面先行开启和加拿大的合作之路。

和中国一样身处北极航道延长线并高度依赖远洋运输的国家有欧洲的英国、德国和法国等以及亚洲的日本、韩国等。亚洲的新加坡、印度和巴基斯坦以及南美洲的巴西和阿根廷等，也是将受到北极航道通航直接影响的非北极圈国家。这些国家的利益诉求共同点在于，争取北极航运权益全球共享化、倡导北极航道的共同开发和利用，反对权益分配的小集团化。①
中国还应加强与上述国家的交流与合作，共同促进北极航道的公平、合理、
科学利用和可持续发展。

（二）促进"冰上丝绸之路"建设

丝绸之路在古代是中国与西方进行政治、经济和文化往来的通道，拓
于陆，展于海。"21 世纪海上丝绸之路"在继承和延续古代海上丝绸之路的
价值和理念的同时，结合时代背景，注入了新的时代内涵。"一带一路"倡
议对中国经济发展和地区合作有着重要的意义。建设"21 世纪海上丝绸之
路"的总体思路，是借海洋将东亚、东南亚、南亚、非洲、欧洲沿海各国
连接起来，统筹各共建国家的政治、经济、文化发展需求，以保障各国社
会经济发展、推动全面合作、构建利益和命运共同体为目标，发展互利共
赢的战略合作伙伴关系，逐渐实现政治稳定、经济安全、文化包容的区域
合作。② 当前的海上丝绸之路建设重点方向分别是从中国沿海港口经南海到
印度洋，延伸至欧洲/北非，以及经南海到南太平洋。③

中国的"一带一路"倡议为北极航道沿线国家的共同繁荣提供了新的
契机。中国亦有"与各方共建'冰上丝绸之路'"，"为促进北极地区互联互
通和经济社会可持续发展带来合作机遇"的意愿。④ 北极航道作为潜在的极
具经济价值的北向航线，可发挥中国参与北极事务、增信释疑、促进沿线各
国共同繁荣的"蓝色纽带"作用。中国位于北极航道东北航线的延长线上，
将中国沿海经白令海峡—北极这一沿线作为"21 世纪海上丝绸之路"的北向
战略航线⑤，将填补"21 世纪海上丝绸之路"的北向空白，实现面向海洋的
全方位对外开放新格局，有利于发挥"丝绸之路经济带""21 世纪海上丝绸

---

① 肖洋：《北冰洋航运权益博弈：中国的战略定位与应对》，《和平与发展》2012 年第 3 期，
第 43～45 页。

② 国家海洋局海洋发展战略研究所课题组主编《中国海洋发展报告（2015）》，海洋出版社，
2015，第 32 页。

③ 国家海洋局海洋发展战略研究所课题组主编《中国海洋发展报告（2015）》，海洋出版社，
2015，第 347 页。

④ 国务院新闻办公室：《中国的北极政策》，新华网，2018 年 1 月，http://www.xinhuanet.
com/politics/2018－01/26/c_1122320088.htm，最后访问日期：2019 年 12 月 26 日。

⑤ 张利平、王梦娜：《"一带一路"战略背景下中国的北极之路》，《中国集体经济》2016 年
第 1 期，第 38 页。

之路"和北极航道的三线联合优势,形成覆盖中国在内、贯穿东西、连接南北的国际性交通运输网络,进一步完善中国的能源保障机制,促进沿线各国间的政治互信和经贸合作,增进沿线各国人民的文化交流与文明互鉴。①

要使北极航道与"一带一路"倡议相结合,发挥最大潜能和作用,需从国内、国际两个层面予以考虑。

就国内而言,提前布局,合理规划。配合国家相关政策方针,积极推动基础设施重点项目建设。贯彻中国图们江地区开发开放以及参与东北亚区域合作的有关文件精神,以大图们江经济合作机制为依托②,向北辐射东北亚、北欧和北美,形成连通中国、北冰洋和大西洋的蓝色经济走廊,构建"一带一路"的北方建设支点。《吉林省东部绿色转型发展区总体规划》也指出,吉林省东部地区"依托周边港口和北冰洋海上洲际航线,将成为'一带一路'中蒙俄经济走廊的重要支撑区和海上战略新支点"。③ 大连港将打造北冰洋航道视为其"东北新丝路"方案的重要组成部分。天津国内航运实力强劲,又是建设规则中的预设自由贸易区,也是北极航道和"一带一路"建设对接中可重点考虑的地方。在加强港口基础设施建设的同时,带动周边配套设施的发展和建设,并综合考虑海陆、海海对接问题,形成北极航线与"一带一路"网状格局。

就国际而言,借北极航道,促地区合作。一是通过与航线沿岸国开展对话,增进交流,促进中国与欧美发达国家及新兴经济体的经贸合作,构建东北亚地区及至西欧、北欧的经济合作走廊;④ 二是充分发挥中国 - 北欧北极研究中心等合作平台的作用,加强与相关国家的交流与合作;三是寻求港口、服务设施和造船等领域的合作机遇,参与北极航道沿岸基础设施和港口建设,借助北极航道促进与沿线国家的沟通与互动,体现中国参与治理的必要性;四是拓展与沿线国家在能源方面的合作空间,减少对中东

---

① 李振福、王文雅、朱静:《北极航线在我国"一带一路"建设中的作用研究》,《亚太经济》2015 年第 3 期,第 34 页。

② 1992 年,在联合国开发计划署倡导下,中、俄、朝、韩、蒙五国共同启动图们江区域合作开发项目,规划期为 2009~2020 年。

③ 吉林省发展和改革委员会:《吉林省东部绿色转型发展区总体规划》,http://jldrc.jl.gov.cn/fzgz/qyjj/dzx/201711/P020181106528049249156.pdf,最后访问日期:2022 年 3 月 30 日。

④ 刘惠荣、李浩梅:《北极航线的价值和意义:"一带一路"战略下的解读》,《中国海商法研究》2015 年第 2 期,第 9 页。

石油的依赖，转移在印度洋、马六甲海峡等传统航线的运输压力；五是与沿线国家加强在海洋生态环境保护、防灾减灾等低敏感领域的合作，实现数据信息共享，确保北极航道的航行安全、促进北极航道的可持续利用；六是增进与北极原住民的人文交流和互相了解，适时提供市场、资金及技术等，在维护北极生态环境上贡献科研力量，争取当地政府、非国家行为体和民众的支持，为中国在北极地区开展经济活动营造好的氛围。

二 北极航道和平利用的倡导者

2013 年 5 月 10 日，奥巴马政府发布《北极地区国家战略》，认为随着更多的国家开始在北极开展活动，更多的机遇及挑战将随之出现。制定此战略的目的是定位美国在北极的地位，并有效应对随之而来的挑战与新机遇。美国将确保海上自由视为国家安全利益的组成部分。美国国防部在2013 年 11 月发布的 "北极战略" 中指出，将在北极维护包括一切对海域及其邻接空域的权利（包括航行和飞越自由），将为国家在世界范围内行使这些海域和空域（包括战略性海峡内）的权利提供能力支持，包括通过战略海峡。[1] 国防部将维护美国军用和民用船舶和飞机在整个北极地区的全球机动性，包括在必要时实施 "航行自由"（Freedom of Navigation）计划，挑战其他北极国家提出的过度海洋主张。[2] 为细化战略目标，奥巴马政府于2014年 1 月 30 日发布了《美国北极地区战略实施计划》，明确各负责部门和任务期限。与此同时，包括美国国防部在内的相关部门分别推出各自部门北极战略、安全规划、路线图等以推动国家北极战略的实施。此后美国发布的北极战略政策，对此有一定的延续性。

加拿大强调直线基线内的西北航道的内水地位，俄罗斯强调北方海航道是其历史上的国家交通航线，二国皆有出于安全方面的考虑。如果承认相关海峡是用于国际航行的海峡，并适用过境通行制，加俄两国北部则形同裸露，两国不能再像当前这样通过国内法和管控措施对经过其北部水域的船舶进行较为严密的控制和追踪。如果各国潜艇或军舰在北极航道享有完全的自由通行的权利，则可能导致各国在北极地区设局布阵，进行军事

---

① Department of Defense, United States of America, Arctic Strategy, November 2013, p. 3.

② Department of Defense, United States of America, Arctic Strategy, November 2013, p. 10.

力量部署、军事钳制和竞技。而北极航道又是潜在的军事航线，北极冰层是隐藏潜艇的天然屏障。北极航道一旦被用于军事目的，比如从北冰洋地区发射导弹，将对周边国家形成巨大威胁。[①]

相关国家间不同的安全理念和安全利益关切，成为解决北极航道法律地位问题的障碍。不同国家的安全利益和关切间的协调有待时日。在这一过程中，中国应倡导北极航道的非军事化以及和平利用。首先，《联合国宪章》规定了各国维护世界和平与安全的基本原则和方法。各国应以维护和平与安全为前提，最大限度地限制和约束本国在极地的军事活动。中国作为联合国安理会的常任理事国，有权利也有责任维护北极地区海上通道的安全、保障北极航道的和平利用。第二，UNCLOS 以和平利用海洋为宗旨，要求缔约国通过和平方法解决争端。北极周边国家除了美国外，均是 UN-CLOS 的缔约国。美国虽未批准 UNCLOS，但在实践中已将该公约的相关规定视为习惯性规则予以遵守和实施。北冰洋作为世界海洋的组成部分，理应得到各国的和平利用，北极周边国家开展海洋活动和解决权益争端，也应遵从 UNCLOS 的宗旨和具体规定。第三，《禁止在海床洋底及其底土安置核武器和其他大规模毁灭性武器条约》是为维护人类以和平目的探索和使用海床洋底的共同利益，防止各国在海床洋底进行核武器竞赛而制定的条约。条约禁止签约国在海岸线 12 海里以外的海底中放置、试验核武器和大规模杀伤性武器。中国作为该条约的缔约国，在履行条约义务的同时，有权监督其他缔约国在海岸线 12 海里以外的海底的上述活动，该条约在生态脆弱的北冰洋同样适用。中国可分别与北极航道沿岸国和使用国间加强沟通和交流，与沿岸国增信释疑，与使用国探寻利益契合点。在北极航道法律秩序的构建过程中，应倡导北极航道的和平利用，禁止在洋底放置、试验核武器和大规模杀伤性武器，预防和遏制北冰洋沦为核武器竞赛的场所。

三 环境保护和航行利益的平衡者

北极地区海冰的快速融化使北极航道开发利用和北极资源开采成为可能，北极商业活动的增加也给脆弱的自然生态环境保护和原住民的传统社

① 戴宗翰：《由联合国海洋法公约检视北极航道法律争端——兼论中国应有之外交策略》，《比较法研究》2013 年第 6 期，第 91 页。

会生态维持带来威胁。中国在地缘上是"近北极国家"，北极的气候变化、环境污染等跨区域问题将直接影响中国的农业和经济发展。中国应以关注和保护北极生态环境的姿态参与北极航道治理，致力于北极航道的可持续利用和北极的可持续发展。同时，中国需和其他航道使用国一起坚定立场，将北极航道的环境保护问题纳入国际法框架解决，兼顾北极航道环境保护的同时，推动构建公平、合理利用北极航道的法律秩序。

UNCLOS 第 234 条关于"冰封区域"的特殊规定，并不意味着赋予沿海国可制定超出一般接受的国际规则和标准的权利。该条虽赋予了沿海国制定和执行相关法律和规章的权利，但此类法律和规章应是非歧视性的，且应适当顾及航行并以科学证据为基础，需要兼顾航行利益和海洋环境保护。UNCLOS 第 34 条规定，用于国际航行的海峡的通行制度，"不应在其他方面影响构成这种海峡的水域的法律地位"①。航道利益相关国尊重沿岸国在相应海域的主权、主权权利和管辖权，包括沿岸国在专属经济区享有环境保护管辖权，但沿岸国制定的环境保护法律规范不应妨碍国际海峡通行制度的法律规范的实施。兼顾环境保护和航行利益，实现沿岸国和航道利益相关国间的共赢，更符合国际社会的整体利益。

欧洲共同体委员会在其 2008 年《向欧洲议会和理事会的通报——欧盟和北极地区》中强调，海冰融化正在逐渐开放北极水域的航线航行机会。随后的章节阐述了"行动建议"，其中倡导"根据国际海事组织规则将北极的一些航线区域指定为特别敏感海域……"②。如前文所提及，IMO 于 2005 年通过了《修订指南》。基于《修订指南》的相关规定，罗伯茨确定了指定特别敏感海域的三个必要元素：（1）必须至少满足三个给定标准之一（生态，社会、文化和经济，科学和教育）；（2）必须容易受到国际航运活动的损害；（3）必须有 IMO 可采取的对认定的脆弱性的区域提供保护的措施。③

---

① 《联合国海洋法公约》第 34 条。
② Commission of the European Conmmunities, "Communication from the Commission to the European Parliament and the Council—The European Union and the Arctic Region", Brussels, COM (2008) 763, section 3.3, https://eur-lex. europa. eu/LexUriServ/LexUriServ. do? uri = COM: 2008:0763:FIN:EN:pdf, 最后访问日期：2022 年 3 月 30 日。
③ Julian Roberts, "Compulsory Pilotage in International Straits: The Torres Strait PSSA Proposal", *Ocean Development & International Law* 37, 93 (2006): 94.

《修订指南》要求："在指定特别敏感海域时，国际海事组织必须已经批准或采取相关的保护措施，以防止、减少或消除威胁或认定的脆弱性，这种措施应符合制定该措施的适当的法律文书的要求。"①

如果沿海国主权管辖范围内的特定海域经指定并成为特别敏感海域，沿海国可采取以下措施：依据 MARPOL 73/78 通过航行管理措施，包括设禁航区、采用船舶交通管理系统或强制引航等，对船舶结构提出特别要求和限制航速等；如果特别敏感海域位于沿海国领海之外，其相关措施需符合现有的公约。② 虽然在指定特别敏感海域的地区，特别是在沿海国的领海，沿海国可出于保护和保全脆弱的生态系统和环境的目的，对船舶以及船舶航行采取特殊的措施，但前提是相关区域需要经过 IMO 批准，相关措施需要符合 IMO 确立的法律的要求。特别敏感海域指南在为申请国提供指导的同时，有利于协调沿海国与船旗国的不同利益需求，平衡环境与航行利益。在一个特别区域内有两个以上国家存在共同利益时，这些共同利益国应经过协商共同提交包括相关国家的综合措施与合作程序的提案。③ 但也有学者指出，特殊敏感海域海洋污染管辖权处于从船旗国向沿海国转移的变革中，随着环境保护呼声的提高，船舶航行权利将不断受到限制。④ 为此，在推动实施特别敏感海域制度的过程中，还需警惕沿海国借环境保护扩大管辖权的问题。

在兼顾环境保护和航行利益问题上，中国应加强与自身利益相同或相近的国家、地区的沟通和交流，坚持北极航道环境保护的科学性和合理性，支持由 MEPC 指示环境保护方面的内容和事项，制定统一的判断标准，而不是由航道沿岸国自行制定相关标准。将对北极航道相关水域的特殊保护纳入国际法框架进行，可避免沿海国以环境保护为由扩大对 UNCLOS 第 234 条的解释和适用，避免国际法的适用范围和目的被沿海国单方篡改。也只有将北极航道环境保护问题纳入国际法律框架解决，才能真正发挥北极航道

---

① 参见《特别敏感海域鉴定和制定指南》（修订），第 1.2 段。
② 姜皇池：《国际海洋法》（下册），台北：学林文化事业有限公司，2014，第 1247 页。
③ 马进：《特别敏感海域制度研究——兼论全球海洋环境治理问题》，《清华法治论衡》2014 年第 3 期，第 378 页。
④ Jon M. Van Dyke, "The Disappearing Right to Navigational Freedom in the Exclusive Economic Zone", *Marine Policy* 29, 107 (2005): 109.

的国际航运功能，科学合理地保护航道环境，形成科学、合理、和平、公正的北极航道法律秩序，实现北极航道的可持续利用。

第五节　小结

中国是北极的重要利益攸关方，北极的气候环境对中国有着直接的影响，北极的安全形势关系到中国的安全和发展。作为 UNCLOS 的缔约国，中国在北冰洋沿岸国的领海、专属经济区或"用于国际航行的海峡"享有相应的航行权利，在公海享有包括航行自由在内的六大自由。国际海底区域是人类共同继承的财产，中国对北冰洋周边各国大陆架之外的"区域"也享有相应的权益。中国是《斯约》的成员国，中国国民还享有自由进入斯瓦尔巴地区的陆地及其领海，从事一切海事、工业、采矿和商业活动，以及开展科学研究的权利。

中国是海运大国，也是正在崛起的海洋大国，以何种角色参与北极航道治理和参与法律秩序构建，为国际社会所关注。笔者认为，中国在北极航道的利益主要表现为经济利益、环境利益、科研利益和安全利益。北极蕴藏着丰富的资源，北极航道沿岸国也有与其他国家合作的意愿。将北极航道纳入"一带一路"倡议，填补海上丝绸之路的北向空白，既有利于实现中国在北极航道的经济利益，建立与沿岸国稳定的合作共赢关系，也可惠及航道沿线国家和其他航道利用国。与此同时，中国还需以环境保护和科学研究为立足点，借助现有国际法律机制平台和北极理事会，结合自身利益关切，积极参与北极航道治理的法律构建，在北极航道治理中做北极航道合作共赢的推动者、和平利用的倡导者以及环境保护和航行利益的平衡者，为构建科学、合理、和平、公正的北极航道法律秩序作出贡献。

参考文献

一 中文文献

（一）专著类

1. 中国国际法学会主编《中国国际法年刊 2013》，法律出版社，2014。

2. 中国国际法学会主编《中国国际法年刊 2014》，法律出版社，2015。

3. 北极问题研究编写组编《北极问题研究》，海洋出版社，2011。

4. 蔡拓：《全球化与政治的转型》，北京大学出版社，2007。

5. 国家海洋局海洋发展战略研究所课题组主编《中国海洋发展报告（2015）》，海洋出版社，2015。

6. 郭培清等：《北极航道的国际问题研究》，海洋出版社，2009。

7. 贾宇主编《极地法律问题》，社会科学文献出版社，2014。

8. 贾宇主编《极地周边国家海洋划界图文辑要》，社会科学文献出版社，2015。

9. 姜皇池：《国际海洋法》（下册），台北：学林文化事业有限公司，2014。

10. 王军敏：《国际法中的历史性权利》，中共中央党校出版社，2009。

11. 王铁崖主编《国际法》，法律出版社，1995。

12. 王泽林：《北极航道法律地位研究》，上海交通大学出版社，2014。

13. 王泽林编译《北极航道加拿大法规汇编》，上海交通大学出版社，2015。

14. 杨剑等：《北极治理新论》，时事出版社，2014。

15. 张海文主编《〈联合国海洋法公约〉释义集》，海洋出版社，2006。

16. 赵隆：《北极治理范式研究》，时事出版社，2014。

17. 中华人民共和国海事局：《北极航行指南（东北航道）2014》，人民交通出版社，2014。

（二）译著类

1. 〔奥〕阿·菲德罗斯等：《国际法》（上册），李浩培译，商务印书馆，1981。

2. 〔英〕蒂莫西·希利尔：《国际公法原理》（第二版），曲波译，中国人民大学出版社，2006。

3. 〔英〕伊恩·布朗利：《国际公法原理》，曾令良、余敏友等译，法律出版社，2007。

4. 〔英〕詹宁斯·瓦茨修订《奥本海国际法》（第一卷第二分册），王铁崖译，中国大百科全书出版社，1998。

（三）期刊论文类

1. 白佳玉：《北极航道沿岸国航道管理法律规制变迁研究——从北极航道及所在水域法律地位之争谈起》，《社会科学》2014年第8期。

2. 黄志清、邱云明：《对〈1972年国际海上避碰规则〉2001年修正案有关地效船条款的探讨》，《船舶碰撞与对策论》论文集，2005年。

3. 贾宇：《中国在南海的历史性权利》，《中国法学》2015年第3期。

4. 贾宇：《北极地区领土主权和海洋权益争端探析》，《中国海洋大学学报》（社会科学版）2010年第1期。

5. 李春花、李明、赵杰臣、张林、田忠翔：《近年北极东北和西北航道开通状况分析》，《海洋学报》（中文版）2014年第10期。

6. 李德俊：《西北航道利用的法律地位问题探究》，《太平洋学报》2014年第2期。

7. 李靓：《直线基线的划法及其对加拿大西北航道的历史性权利主张的影响》，《知识经济》2015年第7期。

8. 李振福、李亚军、孙建平：《北极航道海运网络的国家权益格局复杂特征研究》，《极地研究》2011年第2期。

9. 李振福、王文雅、朱静：《北极航线在我国"一带一路"建设中的作用研究》，《亚太经济》2015年第3期。

10. 李振福、吴玲玲：《交通政治视角下"一带一路"及北极航线与中国的地缘政治地位》，《东疆学刊》2016年第1期。

11. 李志文、高俊涛：《北极通航的航行法律问题探析》，《法学杂志》2010年第11期。

12. 白佳玉、李翔：《俄罗斯和加拿大北极航道法律规制述评——兼论我国北极航线的选择》，《中国海洋大学学报》（社会科学版）2014年第6期。

13. 刘大海、马云瑞、王春娟、邢文秀、徐孟：《全球气候变化环境下北极航道资源发展趋势研究》，《中国人口·资源与环境》2015年第5期。

14. 刘惠荣：《"一带一路"战略背景下的北极航线开发利用》，《中国工程科学》2016年第2期。

15. 刘惠荣、陈奕彤：《北极理事会的亚洲观察员与北极治理》，《武汉大学学报》（哲学社会科学版）2014年第3期。

16. 刘惠荣、陈奕彤：《北极法律问题的气候变化视野》，《中国海洋大学学报》（社会科学版）2010年第3期。

17. 刘惠荣、董跃、侯一家：《保障我国北极考察及相关权益法律途径初探》，《中国海洋大学学报》（社会科学版）2010年第6期。

18. 刘惠荣、杨凡：《国际法视野下的北极环境法律问题研究》，《中国海洋大学学报》（社会科学版）2009年第3期。

19. 刘惠荣、李浩梅：《北极航线的价值和意义："一带一路"战略下的解读》，《中国海商法研究》2015年第2期。

20. 卢芳华：《〈斯瓦尔巴德条约〉与我国的北极利益》，《理论界》2013年第4期。

21. 刘江萍、郭培清：《保护还是搁置主权？——浅析美加两国西北航道核心问题》，《海洋世界》2010年第3期。

22. 陆俊元：《中国在北极地区的战略利益分析——非传统安全视角》，《江南社会学院学报》2011年第4期。

23. 曾令良：《全球治理与国际法的时代特征》，中国国际法学会主编《中国国际法年刊2012》，法律出版社，2013。

24. 马进：《特别敏感海域制度研究——兼论全球海洋环境治理问题》，《清华法治论衡》2014年第3期。

25. 密晨曦：《国际海洋法法庭2013年审理案件的新进展》，中国国际法学会主编《中国国际法年刊2013》，法律出版社，2014。

26. 密晨曦:《国际海洋法法庭 2014 年审理案件的新进展》,中国国际法学会主编《中国国际法年刊 2014》,法律出版社,2015。

27. 密晨曦:《新形势下中国在东北航道治理中的角色思考》,《太平洋学报》2015 年第 8 期。

28. 密晨曦:《沿海地区陆源污染风险管理的典型案例及启示》,《环境保护》2015 年第 14 期。

29. 潘敏:《论中国参与北极事务的有利因素、存在障碍及应对策略》,《中国软科学》2013 年第 6 期。

30. 钱宗祺:《俄罗斯北极治理的政治经济诉求》,《东北亚学刊》2014 年第 3 期。

31. 曲波、于天一:《历史性权利的习惯国际法地位思考》,《大连海事大学学报》(社会科学版)2012 年第 2 期。

32. 孙凯、刘腾:《北极航运治理与中国的参与路径研究》,《中国海洋大学学报》(社会科学版)2015 年第 1 期。

33. 万芳芳、王琦:《俄罗斯北极开发政策影响因素探析》,《俄罗斯学刊》2013 年第 6 期。

34. 戴宗翰:《由联合国海洋法公约检视北极航道法律争端——兼论中国应有之外交策略》,《比较法研究》2013 年第 6 期。

35. 王晨光、孙凯:《域外国家参与北极事务及其对中国的启示》,《国际论坛》2015 年第 1 期。

36. 王丹、张浩:《北极通航对中国北方港口的影响及其应对策略研究》,《中国软科学》2014 年第 3 期。

37. 危敬添:《〈1979 年国际海上搜寻救助公约〉与〈1989 年国际救助打捞公约〉的关系》,《中国远洋航务》2010 年第 3 期。

38. 危敬添:《关于〈2000 年有毒有害物质污染事故防备、反应与合作议定书〉》,《中国远洋航务》2008 年第 2 期。

39. 魏立新、张海影:《北极海冰减少的气候效应研究》,《海洋预报》2005 年第 22 期。

40. 文铂:《马六甲海峡通行制度及其管理》,《国际研究参考》2013 年第 8 期。

41. 夏立平：《北极环境变化对全球安全和中国国家安全的影响》，《世界经济与政治》2011 年第 1 期。

42. 肖洋：《北极海空搜救合作：成就、问题与前景》，《中国海洋大学学报》（社会科学版）2014 年第 3 期。

43. 肖洋：《北冰洋航运权益博弈：中国的战略定位与应对》，《和平与发展》2012 年第 3 期。

44. 杨剑：《北极航运与中国北极政策定位》，《国际观察》2014 年第 1 期。

45. 杨元华：《韩国开发北极的举措值得借鉴》，《中国远洋航务》2013 年第 9 期。

46. 甘露：《南极主权问题及其国际法依据探析》，《复旦学报》（社会科学版）2011 年第 4 期。

47. 张利平、王梦娜：《"一带一路"战略背景下中国的北极之路》，《中国集体经济》2016 年第 1 期。

48. 张侠、屠景芳、郭培清、孙凯、凌晓良：《北极航线的海运经济潜力评估及其对我国经济发展的战略意义》，《中国软科学》（增刊下）2009 年第 S2 期。

49. 周洪钧、钱月娇：《俄罗斯对"东北航道"水域和海峡的权利主张及争议》，《国际展望》2012 年第 1 期。

50. 邹克渊：《两极地区的法律地位》，《海洋开发与管理》1996 年第 2 期。

51. 管清蕾、郭培清：《北方海航道上的冲突事件（上）》，《海洋世界》2010 年第 2 期。

52. 桂静：《韩国北极综合政策及其实施评析》，《当代韩国》2014 年第 2 期。

53. 贺鉴、刘磊：《总体国家安全观视角中的北极通道安全》，《国际安全研究》2015 年第 6 期。

54. 胡德坤、高云：《论俄罗斯海洋强国战略》，《武汉大学学报》（人文科学版）2013 年第 6 期。

二　外文文献

（一）著作类

1. Alex G. Oude Elferink and Donald R. Rothwell, *The Law of the Sea and Polar*

Maritime Delimitation and Jurisdiction (Leiden: Martinus Nijhoff Publishers, 2001).

2. Blishchenko (Belyavsk, D. trans. from Russian), *The International Law of the Sea* (Moscow: Progress Publishers, 1988).

3. Bryan A. Garner, *Black's Law Dictionary* 10th ed. (Thomson West, 2014).

4. Charles Cheney Hyde, *International Law Chiefly as Interpreted and Applied by the United States* (Boston: Little Brown, 1947).

5. Clive R. Symmons, *Historic Waters in the Law of the Sea* (Leiden: Martinus Nijhoff Publishers, 2008).

6. D. P. O'Connell, *The International Law of the Sea*, Vol. I (Oxford: Clarendon Press, 1982).

7. Donat Pharand, *Canada's Arctic Waters in International Law* (Cambridge: Cambridge University Press, 1988).

8. Donat Pharand, *The Law of the Sea of the Arctic: With Special Reference to Canada* (Ottawa: University of Ottawa Press, 1973).

9. Erik Franckx, *Maritime Claims in the Arctic: Canadian and Russian Perspectives* (Leiden: Martinus Nijhoff Publishers, 1991).

10. Erik J. Molenaar, Alex G. Oude Elferink and Donald R. Rothwell, *The Law of the Sea and the Polar Regions: Interactions Between Global and Regional Regimes* (Leiden: Martinus Nijhoff Publishers, 2013).

11. Franklyn Griffiths, *Politics of the Northwest Passage* (Canada: McGill-Queen University Press, 1987).

12. Gordon W. Smith, "Sovereignty in the North: The Canadian Aspect of an International Problem", in *The Arctic Frontier* (edited by Macdonald, R.) (Toronto: Toronto University Press, 1966).

13. J. Ashley Roach and Robert W. Smith (eds.), *United States Responses to Excessive Maritime Claims*, 2nd ed. (The Hague: Martinus Nijhoff, 1996).

14. J. Ashley Roach and Robert W. Smith, *Excessive Maritime Claims* (Leiden: Martinus Nijhoff Publishers, 2012).

15. Kheng Lian Koh, *Straits in International Navigation Contemorary Issues* (New

York: Oceana Publications, 1982).

16. Leo J. Bouchez, *Regime of Bays in International Law* (The Hague: Nartinus Nijhoff, 1964).

17. Malcolm N. Shaw, *Title to Territory in Africa: International Legal Issues* (Oxford: Oxford University Press, 1986).

18. Morris Zaslow, *The Opening of the Canadian North 1870 – 1914* (Toronto: McClelland and Stewart, 1971).

19. Myron H. Nordquist (editor-in-chief), Shabtal Rosenne and Alexander Yankov (volume editors), *United Nations Convention on the Law of the Sea 1982: A Commentary*, Vol. IV (Netherlands: Martinus Nijhoff Publishers, 1991).

20. Myron H. Nordquist, John N. Moore and Tomas H. Heidar, *Changes in the Arctic Environment and the Law of the Sea* (Leiden: Martinus Nijhoff Publishers, 2010).

21. P. D. Baraboyla, *Manual of International Marine Law* (Moscow: Military Publishing House of the Ministry of Defence of the USSR, 1966).

22. Rudolf Bernhard, *Encyclopaedia of Public International Law*, Installment 7 (Amsterdam: North-Holland Publishing Co. , 1984).

23. Terence Armstrong, *The Northern Sea Route: Soviet Exploration of the North East Passage* (Cambridge: Cambridge University Press, 1952).

24. W. King, *Department of the Interior Report upon the Title of Canada to the Islands North of the Mainland of Canada* (Ottawa: Government Printing Office, 1905).

25. William E. Butler, *Northeast Arctic Passage* (Leiden: Martinus Nijhoff Publishers, 1978).

26. Yehuda Z. Blum, *Historic Title in International Law* (Oxford: Oxford University Press, 1965).

（二）英文论文

1. A. L. Kolodkin and M. E. Volosov, "The Legal Regime of the Soviet Arctic", *Major Issues* 14 (1990).

2. Agustin Blanco Bazan, "Specific Regulations for Shipping and Environmental

Protection in the Arctic: The Work of the International Maritime Organization", *The International Journal of Marine and Coastal Law* 24, 381 (2009).

3. C. Lamson, "Arctic Shipping, Marine Safety and Environmental Protection", *Marine Policy* 11, 3 (1987).

4. Claes L. Ragner, "Northern Sea Route Cargo Flows and Infrastructure-Present State and Future Potential", *FNI Report* 13 (2000).

5. David. L. Larson, "United States Interests in the Arctic Regions", *Ocean Development and International Law* 21, 167 (1990).

6. Don M. McRae, "The Negotiation of Article 234", in Franklyn Griffiths, *Politics of the Northwest Passage* (Montreal: McGill-Queen's University Press, 1987).

7. Donald R. Rothwell, "The Canadian-US Northwest Passage Dispute: A Reassessment", *Cornell Int'l L. J.* 26, 331 (1993).

8. Donat Pharand, "The Arctic Waters and the Northwest Passage: A Final Revisit", *Ocean Development & International Law* 38, 3 (2007).

9. Douglas R. Brubaker, "The Legal Status of the Russian Baselines in the Arctic", *Ocean Development & International Law* 30, 191 (1999).

10. E. D. Brown, "The UN Conference on the Law of the Sea: A Progress Report", *Curr. Leg. Probl.* 26, 131 (1973).

11. Erik Franckx, "Nature Protection in the Arctic: Recent Soviet Legislation", *International & Comparative Law Quarterly* 41, 366 (1992).

12. Franklyn Griffiths, "New Illusions of a Northwest Passage", in Myron H. Nordquist, John N. Moore and Alexander S. Skaridov, *International Energy Policy, the Arctic and the Law of the Sea* (Leiden: Martinus Nijhoff Publishers, 2005).

13. Gerald Fitzmaurice, "The Law and Procedure of the Interntional Court of Justice, 1951 – 1954: General Principles and Sources of Law", *BYIL* 30 (1953).

14. J. Ashley Roach, International Law and the Arctic, *Southwestern Journal of International Law* 15 (2009).

15. J. A. Beesley, "Canadian Practice in International Law During 1969 as Reflected in Public Correspondence and Statements of the Department of External Af-

fairs", *Canadian Yearbook of International Law* 8, 337 (1970).

16. Jon M. Van Dyke, "The Disappearing Right to Navigational Freedom in the Exclusive Economic Zone", *Marine Policy* 29, 107 (2005).

17. Julian Roberts, "Compulsory Pilotage in International Straits: the Torres Strait PSSA Proposal", *Ocean Development and International Law* 37, 93 (2006).

18. Karl M. Eger, *Marine Traffic in the Arctic*, Norwegian Mapping Authority, 2011.

19. J. Kirton and M. Don "The Manhattan Voyages and their Aftermath", in Franklyn Griffiths, *Politics of the Northwest Passage* (Canada: McGill-Queen University Press, 1987).

20. Kristin Bartenstein, "The 'Arctic Exception' in the Law of the Sea Convention: A Contribution to Safer Navigation in the Northwest Passage?", *Ocean Development & International Law* 42, 22 (2011).

21. Leonid Tymchenko, "The Northern Sea Route: Russian Management and Jurisdiction over Navigation in Arctic Seas", in Alex G. Oude Elferink and Donald R. Rothwell, *The Law of the Sea and Polar Maritime Delimitation and Jurisdiction* (Leiden: Martinus Nijhoff Publishers, 2001).

22. Leonid Tymtchenko, "The Russian Arctic Sectoral Concept: Past and Present", *Arctic* 50, 29 (1997).

23. M. Fisher, "U. S. Remains Silent over Testing Claim on Soviet Passage", *Globe and Mail* 8, 1 (1995).

24. Mark Killas, "The Legality of Canada's Claims to the Waters of Its Arctic Archipelago", *Ottawa. Rev.* 19, 95 (1978).

25. Matt Roston, "The Northwest Passage's Emergence as an International Highway", *Sw. J. Int'l L.* 15, 449 (2008 – 2009).

26. Paul A. Kettunent, "The Status of the Northwest Passage under International Law", *Det. C. L. Rev.* 929 (1990).

27. Suzanne Lalonde, "The Arctic Exception and the IMO's PSSA Mechanism: Assessing their Value as Sources of Protection for the Northwest Passage", *The International Journal of Marine and Coastal Law* 28, 401 (2013).

28. Ted L. McDorman, "The Northwest Passage: International Law, Politics and

Cooperation", in Myron H. Nordquist, John N. Moore and Tomas H. Heidar, *Changes in the Arctic Environment and the Law of the Sea* (Leiden: Martinus Nijhoff Publishers, 2010).

29. Thor E. Jakobsson, "Climate Change and the Northern Sea Route: An Icelandic Perspective", in Myron H. Nordquist, John N. Moore and Alexander S. Skaridov, *International Energy Policy, the Arctic and the Law of the Sea* (Leiden: Martinus Nijhoff Publishers, 2005).

30. V. Kenneth Johnston, "Canada's Title to the Arctic Islands", *Canadian Historical Review* 14, 26 (1933).

31. William E. Butler, "Soviet Maritime Jurisdiction in the Arctic", *Polar Record* 102, 418 (1972).

32. William L. Schachte, "The Value of the 1982 UN Convention on the Law of the Sea: Preserving Our Freedoms and Protecting the Environment", *Ocean Development & International Law* 23, 55 (1992).

33. Willy Østreng, "The Northern Sea Route: A New Era in Soviet Policy?", *Ocean Development & International Law* 22, 259 (1991).

34. Y. Ivanov and A. Ushakov, "The Northern Sea Route Vow Open", *International Challenges* 12 (1992).

35. Yehua Z. Blum, "Historic Rights", in Rudolf Bernhard, *Encyclopaedia of Public International Law*, Installment 7 (Amsterdam: North-Holland Publishing Co., 1984).

36. Zhiguo Gao and Bingbing Jia, "The Nine-Dash Line in the South China Sea: History, Status, and Implications", *American Journal of International Law* 95, 98 (2013).

37. Zou Keyuan, "Historic Rights in International Law and in China's Practice", *Ocean Development & International Law* 32, 149 (2001).

（三）案例类

1. United Kingdom V. Norway, Fisheries Cases, Judgment of 18 December 1951, ICJ (1951).

2. France / United Kingdom, the Minquiers and Ecrehos Case, Judgment of 17

November 1953, ICJ (1953).

3. The Corfu Channel Case (Merits), Advisory Opinions and Orders, Judgment of 9 April 1949, ICJ (1949).

4. Great Britain V. United States of America, The North Atlantic Coast Fisheries Case, 7 September 1910, Permanent Court of Arbitration (1910).

三　学位论文

1. 康文中：《大国博弈下的北极治理与中国权益》，博士学位论文，中共中央党校，2012。

2. 赵隆：《论北极治理范式及其"阶段性递进"机理》，博士学位论文，华东师范大学，2014。

四　报纸

1. 闫德学：《地缘政治视域的日本北极战略构想》，《东方早报》2013年8月2日，第18版。

2. 伊民：《美国海军更新北极路线图》，《中国海洋报》2014年3月5日，第4版。

3. 《〈"伦敦公约"1996年议定书〉解读》，《中国海洋报》2006年6月30日，第2版。

五　电子文献

（一）中文电子文献

1. 《统一船舶碰撞某些法律规定的国际公约》，中国人大网，http://www.npc.gov.cn/wxzl/gongbao/2000 – 12/28/content_5003108.htm，最后访问日期：2013年5月3日。

2. 《中华人民共和国与俄罗斯联邦关于全面战略协作伙伴关系新阶段的联合声明》，中华人民共和国外交部，https://www.fmprc.gov.cn/web/ziliao_674904/1179_674909/201405/t20140520_7947503.shtml，最后访问日期：2022年3月30日。

3. 《1989年国际救助公约》，中华人民共和国条约数据库，http://trea-

ty. mfa. gov. cn/Treaty/web/detail1. jsp? objid = 1531876069438，最后访问日期：2022 年 3 月 31 日。

4. 《国际动态｜国际强制性极地水域操作船舶船员资格要求和培训标准（草案）产生》，新浪网，http://blog. sina. com. cn/s/blog_c5a146fe0102vmwe. html，最后访问日期：2015 年 6 月 1 日。

5. 国务院新闻办公室：《2015 中国国防白皮书〈中国的军事战略〉》，中国日报网，http://www. chinadaily. com. cn/interface/toutiao/1138561/2015 – 5 – 26/cd_20821000. html，最后访问日期：2016 年 1 月 8 日。

（二）英文电子文献

1. Akobson, L. J. and Lee, Syong-Hong, The North East Asian States' Interests in the Arctic and Possible Cooperation with the Kingdom of Denmark (Stokholm: Stokholm International Peace Research Institute, 2013), http://www. sipri. org/research/security/arctic/arcticpublications/NEAsia-Arctic. pdf. 最后访问日期：2014 年 8 月 9 日。

2. An Act Respecting the Oceans of Canada, December 18, 1996, http://www. un. org/Depts/los/LEGISLATIONANDTREATIES/PDFFILES/CAN _ 1996 _ Act. pdf. 最后访问日期：2014 年 9 月 12 日。

3. Arctic Council, Observer Manual for Subsidiary Bodies, Document of Kiruna-ministerial-meeting, 2013, http://www. arctic-council. org/index. php/en/document-archive/category/425-main-documents-from-kiruna-ministerial-meeting #. 最后访问日期：2014 年 8 月 9 日。

4. Award on Jurisdiction Dated 26 November 2014, http://www. pca-cpa. org/showfile. asp? fil_id = 2845. 最后访问日期：2015 年 1 月 24 日。

5. Sam Bateman, Coastal State Regulation of Navigation in Adjacent Waters—The Example of the Torres Straits and Great Barrier Reef, http://www. gmat. unsw. edu. au/ablos/ABLOS10Folder/SlPl-A. pdf. 最后访问日期：2015 年 9 月 12 日。

6. Cargo transit via Russian Arctic Northern Sea Route at New Record High in 2013, http://www. hellenicshippingnews. com/99de48f5 – 9d0b – 47c4 – a2fb – 11839a08e. 最后访问日期：2014 年 11 月 12 日。

7. Commission of the European Conmmunities, Communication from the Commission to the European Parliament and the Council—The European Union and the Arctic Region, Brussels, COM (2008), http://www. eeas. europa. eu/arctic _ region/ docs/com_08_763_en. pdl. 最后访问日期: 2014 年 6 月 9 日。

8. Council of European Union, Council Conclusions on Arctic Issues. 2985th Foreign Affairs Council meeting, Brussels, http://ec. europa. eu/maritimeaffairs/ policy/sea_basins/arctic _ocean/documents/arctic _ council _ conclusions_09 _ en. pdf. 最后访问日期: 2012 年 9 月 20 日。

9. Dissenting Opinion of Sir Arnold McNair, ICJ, fisheries cases, pp. 183 – 184, http://www. icj-cij. org/docket/index. php? p1 = 3&p2 = 3&k = a6&case = 5&code = ukn&p3 =4. 最后访问日期: 2014 年 12 月 1 日。

10. Federal Act on the Internal Maritime Waters, Territorial Sea and Contiguous Zone of the Russian Federation, July 1998, http://www. un. org/Depts/los/LE GISLATIONANDTREATIES/STATEFILES/RUS. htm. 最后访问日期: 2014 年 12 月 1 日。

11. Fisheries Cases (United Kingdom V. Norway), Judgment of December 18, 1951, *I. C. J. Reports*, http://www. icj-cij. org/docket/files/5/1809. pdf. 最后访问日期: 2015 年 1 月 23 日。

12. Government of Canada Takes Action to Protect Canadian Arctic Waters, Press Release No. H078/10, http://www. tc. gc. ca/eng/mediaroom/releases – 2010 – h078e –6019. htm. 最后访问日期: 2012 年 9 月 26 日。

13. http://definitions. uslegal. com/a/advisory – opinion/. 最后访问日期: 2010 年 12 月 21 日。

14. http://ec. europa. eu/maritimeaffairs/policy/sea_basins/arctic_ocean/documents/ arctic_council_conclusions_09_en. pdf. 最后访问日期: 2014 年 6 月 2 日。

15. http://www. cdpsn. org. cn/policy/dt104l41478. htm. 最后访问日期: 2015 年 9 月 12 日。

16. http://www. icjcij. org/docket/index. php? p1 = 3&p2 = 3&k = a6&case = 5&code = ukn&p3 =4. 最后访问日期: 2014 年 12 月 1 日。

17. http://www. tc. gc. ca/eng/marinesafety/debs-arctic-acts-regulations-zds-chart-

2014. htm. 最后访问日期：2015 年 3 月 2 日。

18. http：// www. un. org/depts/los/settlement_of_disputes/choice_procedure. htm. 最后访问日期：2015 年 9 月 20 日。

19. Iceland Ministry for Foreign Affairs, Legal Status of the Arctic Ocean, Opening Address at the Symposium of the Law of the Sea Institute of Iceland on the Legal Status of the Arctic Ocean, the Culture House, Reykjavík, http：// www. mfa. is/news-and-publications/nr/3983. 最后访问日期：2012 年 2 月 3 日。

20. ICJ, The Minquiers and Ecrehos Case (France /United Kingdom), http：// www. icj-cij. org/docket/index. php? p1 = 3&p2 = 3&k = 19&case = 17&code = fuk&p3 = 4. 最后访问日期：2014 年 6 月 1 日。

21. ICJ, Reports of Judgment, Advisory Opinions and Orders, The Corfu Channel Case (Merits), Judgment of April 9, 1949, http：// www. icj-cij. org/docket/files/1/1645. pdf. 最后访问日期：2014 年 5 月 1 日。

22. Joint Communication to the European Parliament and the Council. Developing a European Union Policy towards the Arctic Region：progress since 2008 and next steps, http：// ec. europa. eu/maritimeaffairs/policy/sea _ basins/arctic _ ocean/documents/join_2012_19_en. pdf. 最后访问日期：2014 年 8 月 23 日。

23. Milestone for Enhanced Safety in Arctic Regions. Enhancing Safety of Navigation in Polar Areas, http：// www. safety4sea. com/milestone-for-enhanced-safety-in-arctic-regions-20513. 最后访问日期：2014 年 11 月 10 日。

24. The White House Office of the Press Secretary, National Security Presidental Directive/NSPD − 66, Homeland Security Presidential Directive/HSPD − 25, Ⅲ. B （5）, http：// www. nsf. gov/geo/plr/opp _ advisory/briefings/may2009/nspd66_hspd25. pdf. 最后访问日期：2015 年 6 月 1 日。

25. Notification in Relation to the Compulsory Jurisdiction of the International Court of Justice, May 10, 1994, http：// www. un. org/Depts/los/LEGISLATION-ANDTREATIES/PDFFILES/CAN_1994_Notification. pdf. 最后访问日期：2014 年 9 月 16 日。

26. Permanent Court of Arbitration, The North Atlantic Coast Fisheries Case (Great Britain V. United States of America), Award of the Tribunal, September 7,

1910, http://www. pca-cpa. org/showpage. asp? pag_id = 1029. 最后访问日期: 2015 年 4 月 3 日。

27. Report of a working group of the Ministry for Foreign Affairs, Iceland, July 2006, translated from the Icelandic original, entitled "Fyrir stafni haf", Issued 1 February 2005, http://library. arcticportal. org/253/1/North_Meets_North_netutg. pdf. 最后访问日期: 2013 年 5 月 6 日。

28. Revised Guidelines for the Identificaiton and Designation of Particularily Sensitive Sea Areas, http://www. gc. noaa. gov/documents/982 – l. pdf. 最后访问日期: 2013 年 12 月 12 日。

29. Rules of Navigation in the Water Area of the Northern Sea Route, http://www. nsra. ru/en/pravila_plavaniya/. 最后访问日期: 2015 年 3 月 30 日。

30. Shipping in Polar Waters: Adoption of an International code of safety for ships operating in polar waters (polar code), http://www. imo. org/en/MediaCentre/HotTopics/polar/Pages/default. aspx. 最后访问日期: 2015 年 12 月 6 日。

31. The Federal Law of Shipping on the Water Area of the Northern Sea Route, The Federal Law of July 28, 2012, N132 – FZ, "On Amendments to Certain Legislative Acts of the Russian Federation Concerning State Regulation of Merchant Shipping on the Water Area of the Northern Sea Route", http://www. nsra. ru/en/zakon_o_smp/. 最后访问日期: 2015 年 2 月 1 日。

32. The Ilulissat Declaration, Arctic Ocean Conference Ilulissat, Greenland, May 27 – 29, 2008, http://www. oceanlaw. org/downloads/arctic/Ilulissat_Declaration. pdf. 最后访问日期: 2015 年 12 月 3 日。

33. The Territorial Sea Geographical Co-ordinates (Area 7) Order of 10 September 1985, http://www. un. org/Depts/los/LEGISLATIONANDTREATIES/PDFFILES/CAN_1985_Order. pdf. 最后访问日期: 2014 年 9 月 12 日。

34. The Territorial Sea Geographical Co-ordinates Order of 9 May 1972, http://www. un. org/Depts/los LEGISLATIONANDTREATIES/PDFFILES/CAN_1972_Order. pdf. 最后访问日期: 2013 年 8 月 16 日。

35. U. S. Energy Information Administration, Overview on Energy of Korea, http://www. eia. gov/countries/analysisbriefs/South_Korea/south_korea. pdf.

最后访问日期：2013 年 5 月 30 日。

36. U. S. Department of Interior, Cirum-Arctic Resources Appraisal：Estimate of Un-discovered Oil and Gas North of the Artic Circle, July 2008, http：//energy. usgs. gov/flash/CARA_Slideshow. swf. 最后访问日期：2011 年 10 月 10 日。

37. United Nations, http：//www. un. org/Depts/los/settlement _ of _ disputes/choice_procedure. htm. 最后访问日期：2016 年 5 月 5 日。

38. United Nations, http：//www. un. org/chinese/law/ilc/tsea. htm. 最后访问日期：2014 年 2 月 11 日。

39. United States Department of State Bureau of Oceans and International Environ-mental and Scientific Affairs, *Limits in the Seas*, No. 112 United States Re-sponses to Excessive National Maritime Claims, March 9, 1992, http：//www. state. gov/documents/organization/58381. pdf. 最后访问日期：2015 年 1 月 1 日。

40. Written Statement of the United Kingdom, http：//www. itlos. org/fileadmin/itlos/documents/cases/case _ no. 21/written _ statements _ round1/21 _ uk. pdf. 最后访问日期：2014 年 12 月 6 日。

41. Written Statement of the United States of America, http：//www. itlos. org/filead-min/itlos/documents/cases/case_no. 21/written_statements_round1/C21 _ state-ment_USA_orig_Eng. pdf. 最后访问日期：2014 年 12 月 10 日。

附　录

环北极国家加入相关国际公约的情况

表 1　环北极国家加入《联合国海洋法公约》情况

序号	国家	批准日期
1	冰岛	1985 年 6 月 21 日
2	芬兰	1996 年 6 月 21 日
3	挪威	1996 年 6 月 24 日
4	瑞典	1996 年 6 月 25 日
5	俄罗斯	1997 年 3 月 12 日
6	加拿大	2003 年 11 月 7 日
7	丹麦	2004 年 11 月 16 日
8	美国	签字国，但尚未批准

资料来源：http：//www. un. org/Depts/los/reference_files/chronological_lists_of_ratifications. htm#The United Nations Convention on the Law of the Sea。

表 2　环北极国家加入《国际海上避碰规则公约》情况

序号	国家	签署日期	生效日期
1	冰岛	1975 年 4 月 21 日	1977 年 7 月 15 日
2	芬兰	1977 年 2 月 16 日	1977 年 7 月 15 日
3	挪威	1974 年 8 月 13 日	1977 年 7 月 15 日
4	瑞典	1975 年 4 月 28 日	1977 年 7 月 15 日
5	俄罗斯	1973 年 11 月 9 日	1977 年 7 月 15 日
6	加拿大	1975 年 3 月 7 日	1977 年 7 月 15 日

续表

序号	国家	签署日期	生效日期
7	丹麦	1974 年 1 月 24 日	1977 年 7 月 15 日
8	美国	1976 年 11 月 23 日	1977 年 7 月 15 日

资料来源：IMO Status of multilateral Conventions and instruments in respect of which the International Maritime Organization or its Secretary-General performs depositary or other functions。

表 3　环北极国家加入《国际海上人命安全公约》情况

序号	国家	签署日期	生效日期
1	挪威	1977 年 2 月 15 日	1980 年 5 月 25 日
2	瑞典	1978 年 7 月 7 日	1980 年 5 月 25 日
3	俄罗斯	1980 年 1 月 9 日	1980 年 5 月 25 日
4	加拿大	1978 年 5 月 8 日	1980 年 5 月 25 日
5	丹麦	1978 年 3 月 8 日	1980 年 5 月 25 日
6	美国	1978 年 9 月 7 日	1980 年 5 月 25 日
7	芬兰	1980 年 11 月 21 日	1981 年 2 月 21 日
8	冰岛	1983 年 7 月 6 日	1983 年 10 月 6 日

资料来源：IMO Status of multilateral Conventions and instruments in respect of which the International Maritime Organization or its Secretary-General performs depositary or other functions。

表 4　环北极国家加入《国际海上搜寻救助公约》情况

序号	国家	签署日期	生效日期
1	挪威	1981 年 12 月 9 日	1985 年 6 月 22 日
2	瑞典	1982 年 9 月 27 日	1985 年 6 月 22 日
3	加拿大	1982 年 6 月 18 日	1985 年 6 月 22 日
4	丹麦	1984 年 6 月 21 日	1985 年 6 月 22 日
5	美国	1980 年 8 月 12 日	1985 年 6 月 22 日
6	芬兰	1986 年 11 月 6 日	1986 年 12 月 6 日
7	俄罗斯	1988 年 3 月 25 日	1988 年 4 月 24 日
8	冰岛	1995 年 3 月 21 日	1995 年 4 月 20 日

资料来源：IMO Status of multilateral Conventions and instruments in respect of which the International Maritime Organization or its Secretary-General performs depositary or other functions。

表5　环北极国家加入"MARPOL 73/78 公约"情况

序号	国家	签署日期	生效日期
1	挪威	1980 年 7 月 15 日	1983 年 10 月 2 日
2	瑞典	1980 年 6 月 9 日	1983 年 10 月 2 日
3	丹麦	1980 年 11 月 27 日	1983 年 10 月 2 日
4	美国	1980 年 8 月 12 日	1983 年 10 月 2 日
5	芬兰	1983 年 9 月 20 日	1983 年 10 月 2 日
6	俄罗斯	1983 年 11 月 3 日	1984 年 2 月 3 日
7	冰岛	1985 年 6 月 25 日	1985 年 9 月 25 日
8	加拿大	1992 年 11 月 16 日	1993 年 2 月 16 日

资料来源：IMO Status of multilateral Conventions and instruments in respect of which the International Maritime Organization or its Secretary-General performs depositary or other functions。

表6　环北极国家加入《国际油污防备、反应和合作公约》情况

序号	国家	签署日期	对该国生效日期
1	冰岛	1993 年 6 月 21 日	1995 年 5 月 13 日
2	芬兰	1993 年 7 月 21 日	1995 年 5 月 13 日
3	挪威	1994 年 3 月 8 日	1995 年 5 月 13 日
4	瑞典	1992 年 3 月 30 日	1995 年 5 月 13 日
5	俄罗斯	2009 年 9 月 18 日	2009 年 12 月 18 日
6	加拿大	1994 年 3 月 7 日	1995 年 5 月 13 日
7	丹麦	1996 年 10 月 22 日	1997 年 1 月 22 日
8	美国	1992 年 3 月 27 日	1995 年 5 月 13 日

资料来源：IMO Status of multilateral Conventions and instruments in respect of which the International Maritime Organization or its Secretary-General performs depositary or other functions。

致 谢

感谢自然资源部海洋发展战略研究所提供了好的研究平台，感谢贾宇书记/研究员引领我进入极地法律研究领域、张海文所长/研究员提供国际国内交流机会并对本书提供指导！感谢吴继陆副所长对本书出版给予的支持和帮助！感谢国际海洋法法庭原法官高之国先生在本书撰写过程中提供的宝贵建议！感谢中国法学会涉外法治高端人才培养项目对本书的支持！感谢我的博士生导师，大连海事大学法学院李志文教授对我的悉心培养！感谢吴慧教授、刘惠荣教授、郭红岩教授、王泽林教授、董跃教授、白佳玉教授、卢芳华教授和袁雪副教授等专家学者先后在交流中给予的启发，使我受益匪浅！感谢李明杰研究员、张丹副研究员、丘君博士和杨一鑫博士提供的相关图表和参考资料！

感恩所有支持和帮助过我的人！感恩家人长期以来对我的包容、理解和默默奉献！

图书在版编目（CIP）数据

北极航道治理的法律问题及秩序构建 / 密晨曦著
. -- 北京：社会科学文献出版社，2022.11
（极地法律制度研究丛书）
ISBN 978 - 7 - 5228 - 0780 - 5

Ⅰ. ①北…　Ⅱ. ①密…　Ⅲ. ①北极 - 航道 - 海洋法 -
研究　Ⅳ. ①D993.5

中国版本图书馆 CIP 数据核字（2022）第 179316 号

· 极地法律制度研究丛书 ·

北极航道治理的法律问题及秩序构建

著　　者 / 密晨曦

出 版 人 / 王利民
组稿编辑 / 刘骁军
责任编辑 / 易　卉
文稿编辑 / 王楠楠
责任印制 / 王京美

出　　版 / 社会科学文献出版社 · 集刊分社（010）59367161
　　　　　地址：北京市北三环中路甲 29 号院华龙大厦　邮编：100029
　　　　　网址：www. ssap. com. cn
发　　行 / 社会科学文献出版社（010）59367028
印　　装 / 三河市东方印刷有限公司

规　　格 / 开　本：787mm × 1092mm　1/16
　　　　　印　张：14　字　数：221 千字
版　　次 / 2022 年 11 月第 1 版　2022 年 11 月第 1 次印刷
书　　号 / ISBN 978 - 7 - 5228 - 0780 - 5
定　　价 / 88.00 元

读者服务电话：4008918866